Catharina Walzberg

VOCÊ PODE TER SAÚDE BASTA QUERER

Vitalidade e bem-estar da infância à terceira idade

Rocco

EDITORA ROCCO LTDA.
Rua Rodrigo Silva, 26 – 4º andar
20011-040 – Rio de Janeiro – RJ
Tel.: (21) 2507-2000 – Fax: (21) 2507-2244
rocco@rocco.com.br
www.rocco.com.br

Printed in Brazil/Impresso no Brasil

preparação de originais
Mônica Martins Figueiredo
Ana Duarte e Pedro Karp Vasquez

revisão técnica
Dra. Liane Prudencio Martins

CIP-Brasil. Catalogação-na-fonte.
Sindicato Nacional dos Editores de Livros, RJ.

W198v

Walzberg, Catharina
Você pode ter saúde. Basta querer: vitalidade e bem-estar da infância à terceira idade/Catharina Walzberg. – Rio de Janeiro: Rocco, 2004.
. – (Saúde dia-a-dia)

Inclui bibliografia
ISBN 85-325-1550-9

1. Saúde. 2. Saúde – Estilo de vida. 3. Cuidados pessoais com a saúde. 4. Qualidade de vida. 5. Naturopatia. I. Título. II. Série

03-0391

CDD – 613
CDU – 613

Dedico este livro à memória de meu filho Gert Wolter, médico, amigo e companheiro no ideal de restabelecer a saúde dos doentes pela Naturopatia. Seu conhecimento renovou a esperança de muitos. Seu exemplo tornou-se inspiração aos colegas. Sua dedicação nos tornou mais responsáveis pela restauração da saúde dos que podemos alcançar.

AGRADECIMENTOS

Em primeiro lugar, meus agradecimentos pertencem a Deus, que me permitiu realizar o sonho de escrever este livro, abrindo-me portas, presenteando-me com o dom do tempo e com a ajuda de pessoas muito especiais. Algumas destas pessoas são:

Meu filho Dirk Wolter, que digitou e corrigiu os originais com dedos incrivelmente ágeis e incansável dedicação. Suas contribuições foram preciosas, e seu entusiasmo me estimulou a concluir a obra, apesar da escassez de tempo disponível. Obrigada, filho!

Minha amiga Alzira Cohen, cujo encorajamento foi decisivo para mim, muito além do que ela imagina. Suas revisões de texto deram a forma afável às minhas descrições de técnicas para reconquistar a saúde. Minha sincera gratidão, amiga!

Meus hóspedes amigos, que durante mais de trinta anos contribuíram, com sua presença e participação, para a minha experiência com a Naturopatia. Sua confiança, sua entrega aos tratamentos naturais, suas perguntas e sua atenção às minhas palestras me fizeram conceber esta obra.

Meus amigos, os diretores médicos das clínicas, que, durante os longos diálogos sobre os nossos pacientes, me ensinaram muito daquilo que escrevi.

Meus queridos auxiliares, as competentes e dedicadas equipes das duas clínicas, cujo apoio tornou possível que eu me dedicasse a escrever.

A todos vocês, amigos, meus agradecimentos sinceros! Só Deus poderá recompensá-los, quando um dia, na eternidade, aparecerem os frutos de seu nobre trabalho.

SUMÁRIO

Parte II

RECONQUISTANDO A SAÚDE

Parte III

A PRÁTICA NO DIA-A-DIA

PREFÁCIO

Conheci – e passei a freqüentar – o Retiro de Recuperação da Saúde em Jarinu (SP) em 1991, quando ocupava o cargo de Secretário da Saúde do Estado de Minas Gerais. Durante dez dias, atraído pelas informações acerca dos tratamentos naturais ali oferecidos, procurei fugir do estresse, na verdade a ponta de um iceberg que escondia um estilo de vida auto-agressivo, curtido com dedicação profissional insana, sedentarismo, cigarro, bebida e outros fatores de destruição da vida, socialmente não apenas aceitos, mas até enaltecidos no meio de cultura consumista, egoísta e alienante em que vivemos.

A constatação da necessidade de parar e a busca de refúgios momentâneos já são itens da agenda de consumo da elite econômica e cultural do país. Não me deixa mentir a proliferação de clínicas e spas. A novidade foi eu ter tido a oportunidade de encontrar o lugar, o método e as pessoas certas, de tal forma que aqueles dez dias não fossem apenas uma pequena ilha de sossego em meio ao oceano turbulento da minha vida. No Retiro, deparei-me, como médico e professor universitário, oriundo de uma formação alopática tradicional, com os métodos naturistas de prevenção e recuperação da saúde.

Ao submeter-me aos tratamentos naturais apresentados e explicados nas páginas deste livro, pude rever, como paciente e médico, os equívocos da nossa lógica curativa, baseada na fragmentação do corpo e do ser humano e na pressa por resultados, por isso mesmo mais eficaz em tratar dos sintomas do que em erradicar as causas dos nossos males. Submeti-me, eu, acostumado a comer por compulsão e gula, a uma dieta líquida que, além da eliminação de peso, ensinou-me a leveza da desintoxicação, quando apenas contribuo com condições propícias para que o organismo use todos os seus instrumentos para limpar o meu corpo das toxinas e radicais livres gerados pelo processo de envelhecimento celular natural e maus hábitos, recuperando o equilíbrio orgânico e a saúde. Acrescente-se a hidroterapia, a talassoterapia, a geoterapia, a fitoterapia, a oxigenoterapia, exercícios físicos na água e ao ar livre, caminhadas... você terá saúde e vitalidade, não tenha dúvida! Pode até "desenvelhecer"...

Estas (re)descobertas representam, na verdade, um acúmulo de conhecimento de milênios de observação, experimentos e práticas médicas, que foi compilado e desenvolvido por médicos naturistas, principalmente na Europa do século XIX.

Procurei, até aqui, sem pretender contar o "fim do filme", que está no livro, dar a minha impressão como médico e beneficiário dos tratamentos do Retiro. Entro agora numa questão diferencial e crucial: o êxito do tratamento é potencializado exponencialmente porque nele estão a mão e a devoção da Sra. Catharina Walzberg, a dona Cathi, com a sua capacidade organizadora, a sua liderança, o seu conhecimento aprofundado num esforço permanente de aliar observação e prática do dia-a-dia na clínica a um estudo sistematizado e ansioso por novidades cientificamente embasadas. E sobre tudo isso, e mais que isso tudo, pelo seu acendrado amor a Deus. Que se traduz em amor ao próximo, senso de missão, acatamento dos altos desígnios do Criador por mais humanamente dolorosos que sejam. São um prazer e fazem parte da vida do Retiro os momentos de reflexão religiosa pela manhã e ao cair da tarde, antes das palestras explicativas sobre o embasamento e a utilidade dos tratamentos recebidos.

Lembro-me aqui, e presto uma homenagem, do Dr. Gert Ingo Wolter, filho da Sra. Cathi, colega e amigo com quem muito aprendi, ele próprio um exemplo de como se pode tirar proveito de cada sistema médico, sem qualquer exclusão preconceituosa ou interesseira, a sua contribuição para enriquecer o arsenal de conhecimentos e práticas capazes de promover e recuperar a saúde das pessoas. Infelizmente o Dr. Gert, que deveria prefaciar este livro, nos deixou precocemente, legando-nos a luminosidade de sua competência e o vigor com que se desdobrou pela amplitude da abordagem à Saúde trabalhada no Retiro. A responsabilidade de substituir o insubstituível denota o carinho e a amizade recíprocas que me ligam à sua mãe.

Para encerrar, fica a constatação de que a medicina natural e a integralidade da sua prática desenvolvida no Retiro de Jarinu induziram-me a acatar novos parâmetros pessoais, capazes de alterar e enriquecer a minha vida, fazendo-me um ser humano que se crê melhor. Não tenho, portanto, receio em admitir que, além de conhecimentos tão simples quanto revolucionários, este livro é ele próprio um ato de amor: amor à vida, à saúde, a Deus.

José Saraiva Felipe
Médico, Professor da Faculdade de Medicina da UFMG
Ex-Secretário de Saúde de Minas Gerais
Ex-Secretário de Serviços Médicos do MPAS
Deputado Federal por Minas Gerais

IMPORTANTE: Ainda que as orientações contidas neste livro tenham como objetivo auxiliar o leitor a conquistar uma saúde mais plena e resistente, mediante a reprogramação do seu estilo de vida, elas não pretendem substituir ou dispensar a orientação médica individual.

INTRODUÇÃO

Minha experiência pessoal com a Naturopatia: trinta anos de clínica naturista

Sou neta de um médico naturopata alemão. Seus preceitos pautaram o estilo de vida de minha família durante minha infância, a ponto de nunca necessitarmos de medicamentos. Aos 12 anos tinha prazer em preparar chás medicinais, aplicar compressas em entorses ou fazer massagens na coluna dolorida de minha mãe. Já adulta, continuei a estudar, buscar e aplicar os tratamentos naturais. Fui adquirindo os livros dos grandes médicos naturistas europeus, experimentando em mim mesma os tratamentos e verificando as reações que estes causavam em meu organismo.

Até que, em dezembro de 1968, pude realizar o antigo sonho de estabelecer uma Clínica de Medicina Natural. Com a ajuda de um grande amigo, que compreendeu e abraçou meu ideal, e que alguns anos mais tarde se tornaria meu marido, consegui adquirir uma linda chácara arborizada e rodeada de campos e matas, perto da cidadezinha de Itapecerica da Serra, Estado de São Paulo. Um jovem médico, de mente aberta para a nossa proposta, examinava os pacientes e supervisionava os tratamentos.

Havia somente três quartos para acomodação dos pacientes e muitas reformas e construções a fazer. O capital inicial esgotou-se num átimo, antes mesmo de construirmos o prédio para os banhos medicinais. O único local de que dispúnhamos para aplicá-los era um banheiro amplo, também usado pelos hóspedes. Eu mesma aplicava os tratamentos e o fazia com muito entusiasmo, apesar de um detalhe técnico que dificultava bastante o meu trabalho: não havia energia elétrica na região... A água para os banhos era aquecida no fogão, a sauna a vapor funcionava com grandes pedras aquecidas sobre chapas de ferro, que eu carregava até o banheiro e mergulhava em tachos com água quente. O jato de vapor de camomila, para tratamento de dores localizadas, era produzido por um fogareiro a gás. E os lençóis e toalhas eram lavados à mão e passados com ferro a brasa. Mas nada disto, nem tampouco a inicial incompreensão de nossa proposta terapêutica, conseguia nos desanimar.

Tínhamos consciência de que a Naturopatia era praticamente desconhecida no Brasil e sabíamos que pioneiros precisam ser pessoas fortes, movidas pela fé na própria missão. E fé era o que mais tínhamos... Assim, após alguns anos de luta, nossa pequena clínica teve que ser ampliada para atender ao grande fluxo de pessoas doentes que vinham, todas as partes do país. Os resultados do tratamento natural eram tão evidentes que a notícia se espalhou rapidamente, boca a boca, entre os parentes e amigos dos nossos ex-pacientes, que haviam ido à clínica doentes e voltaram sãos. Não existe testemunho mais convincente do que o aspecto de uma pessoa que reconquistou a saúde pela Naturopatia.

A partir de determinado momento, diversas pessoas nos ofereceram, sem que lhes houvéssemos solicitado, importantes quantias em dinheiro, para a construção da seção de hidroterapia e massagens, bem como para a ampliação das acomodações e das áreas sociais. Houve também doações de móveis, banheiras, caldeiras e inúmeros outros objetos úteis ao nosso trabalho. Sentimos a mão de Deus atuando em nossa ajuda e aceitamos o desafio de crescer. Dos modestos três quartos que possuíamos, ampliamos as instalações para vinte apartamentos, sete quartos para estagiários, salas, salões e terraços, parque e piscina. Formamos uma equipe multidisciplinar de quarenta pessoas, motivada e unida no propósito de restituir a saúde plena aos pacientes.

Médicos e outros profissionais da saúde passaram a solicitar estágios, empolgados com os resultados que observavam em seus pacientes após o tratamento natural. Por conta de seu testemunho, houve muitos convites para ministrar cursos e palestras em escolas, igrejas, empresas, agências de eventos e emissoras de rádio e televisão. Nem sempre foi fácil conjugar o atendimento a estes pedidos com o meu trabalho na clínica. Mas sendo praticante das leis de saúde que ensino, via minha vitalidade renovada a cada dia, conseguindo portanto forças para seguir em frente.

Em 1990 estabelecemos uma segunda clínica em Jarinu, na região de Atibaia, também Estado de São Paulo. Meu filho, que se formara em Medicina havia algum tempo, assumiu a direção clínica desta nova unidade, e pudemos ver os mesmos surpreendentes resultados, tanto em pacientes que se hospedavam na clínica como nos que recebiam orientações para tratamento caseiro.

Enquanto prossigo com o trabalho, cresce a cada dia minha convicção de que é possível estacionar a doença, seja ela aguda ou crônica, e reconquistar a saúde, desde que aprendamos a entender as mensagens do nosso corpo. O organismo humano nasce capacitado para manter-se com saúde, e possui uma vontade indomável de restabelecer-se quando adoece. Nosso papel é apoiá-lo neste esforço.

Até hoje, cerca de oito mil pacientes beneficiaram-se de nosso tratamento. E todos eles receberam, durante sua estada, esclarecimentos sobre a causa das doenças e orientações para a reprogramação de seu estilo de vida, a fim de conseguirem manter-se saudáveis. As palestras que lhes apresentei estão sendo compartilhadas agora com você através deste livro. Selecionei também alguns depoimentos interessantes de pessoas que reconquistaram sua saúde e os espalhei ao longo do livro.

Meu desejo é que a leitura destes casos possa conduzi-lo, leitor amigo, a uma identificação profunda com a lógica dos conceitos da Naturopatia e a uma vivência pessoal de saúde plena.

O que é Naturopatia e quem a inventou?

Naturopatia significa medicina natural, integral. É a arte de renovar no organismo doente, por meio de estímulos suaves, as reações curativas e regeneradoras adormecidas que poderão vencer a enfermidade. A Naturopatia é uma ciência médica antiga e ao mesmo tempo moderníssima, pois alia os métodos naturais ancestrais, comprovados ao longo de milênios, com técnicas terapêuticas avançadas, resultantes de pesquisas recentes.

Ao contrário do que muitas pessoas pensam, a Naturopatia clássica não se baseia em experiências místicas, nem na substituição dos medicamentos químicos por chás e cápsulas de ervas. Sua grande vantagem reside no fato de ela não se contentar em eliminar os sintomas, indo à raiz do problema que os causou e reconhecendo que a principal causa das doenças modernas reside na intoxicação crônica do corpo humano e em sua desvitalização pela nutrição inadequada. Por este motivo, a Naturopatia empenha-se em desintoxicar e revitalizar o paciente, possibilitando a regeneração de todos os seus sistemas orgânicos.

Servindo-se de estímulos naturais, tais como sucos de frutas, raízes e ervas, banhos medicinais e massagens terapêuticas, a Naturopatia procura corrigir as disfunções de órgãos e glândulas, reeducando-os para que voltem a trabalhar de forma eficaz.

Em seus primórdios, toda a medicina era empírica, isto é, baseada em observações e deduções. Os médicos do antigo Egito, por exemplo, já conheciam os benefícios da exposição dos doentes à luz solar, sem saberem no entanto que isto se devia à sua ação bactericida. Também usavam o alho, a cebola e o brócolis como medicamentos eficazes. Os chineses já usavam ervas medicinais, em diversas formas de aplicação, há milhares de anos antes de nós. Enquanto os índios brasileiros são respeitados no mundo todo como exímios conhecedores da rica flora medicinal do nosso país.

Diversos estudos científicos têm sido realizados no Brasil, pela Ceme,[1] sobre as verdadeiras propriedades medicinais de um bom número destas plantas no Distrito Federal e em diversas universidades. Uma vez comprovada a eficácia das ervas e entendido o seu modo de atuar, elas são incluídas na fitoterapia brasileira como medicamentos naturais. É preciso esclarecer no entanto que a fitoterapia constitui apenas um dos muitos recursos da Naturopatia, pois há muito mais a ser feito por um doente crônico do que ministrar-lhe um chá ou um emplastro de ervas.

[1] Central de Medicamentos do governo brasileiro.

O primeiro passo nesta direção foi dado pelo "pai da Medicina", o grego Hipócrates. Como profundo estudioso do ser humano que era, ele compreendeu suas necessidades físicas, emocionais e espirituais, e também a íntima ligação existente entre estas três áreas. Hipócrates percebeu o valor do viver saudável como meio de prevenção da doença, e descobriu que a aplicação do jejum terapêutico atua na cura das moléstias agudas e crônicas. Seus ensinamentos inspiraram centenas de médicos a tratarem dos seus pacientes pelos métodos naturais. O entusiasmo por este tipo de medicina tão racional e eficaz propagou-se especialmente pela Alemanha e Suíça. Alguns leigos estudiosos, tais como os terapeutas Just, Kuhne, Kneipp, Priessnitz, Felker e outros, atraíam multidões de doentes. A fama de curar graves doenças por meios tão simples como dietas, água, argila e uso de ervas medicinais lhes rendia o respeito de muitos médicos idealistas, que se propuseram a aprender esta nova forma de tratamento.

No início do século XX, alguns médicos europeus consolidaram os conhecimentos destes leigos, após exaustivas pesquisas em si próprios e em grupos de voluntários. Este método foi denominado de "Naturheilkunde" ou Naturopatia. Os pioneiros da Naturopatia foram Dr. Max Bircher Benner, na Suíça, e Dr. Otto Buchinger e Dr. Alfred Brauchle, na Alemanha. Eles estabeleceram clínicas naturistas de grande porte, que permitem a internação dos seus pacientes.

Desde então, diversos médicos de renome internacional, tais como Dr. W. A. Lutzner (Alemanha), Dr. Paavo O. Airola (México), Dr. Carlos Lenti (Peru), Dr. Max Warmbrand (EUA) e dezenas de outros médicos em todo o mundo, têm-se dedicado à Naturopatia. Muitos de seus pacientes cardíacos, ou portadores de disfunções glandulares e digestivas, de doenças auto-imunes, distúrbios circulatórios, câncer, alergias e obesidade têm recebido um estímulo decisivo em direção à cura. Os resultados são surpreendentes, especialmente em casos de moléstias resistentes a outros tratamentos, bem como no processo de revitalização de pacientes desenganados. Estes médicos publicaram suas experiências em livros e artigos científicos, e as apresentaram em simpósios e congressos internacionais. Inúmeros estudos sobre o assunto comprovam cientificamente a eficácia da Naturopatia na prevenção e no tratamento da maior parte das moléstias.

A experiência brasileira com a Naturopatia teve seu início em meados do século XX, época em que surgiram em São Paulo vários institutos de tratamentos naturais, que atendiam seus pacientes em regime ambulatorial. Lembramos o Instituto Kuhne, a Clínica Bom Samaritano e, talvez o mais famoso entre eles, o Instituto do Dr. Kanyo, um pioneiro possuidor de grande experiência e convicção. A primeira clínica naturista que oferecia a possibilidade de internação, nos moldes europeus, foi fundada em 1968, em Itapecerica da Serra, Estado de São Paulo, e recebeu o nome de "Retiro de Recuperação da Saúde". Seus fundadores – a autora deste livro e seu esposo – perceberam que muitas pessoas doentes precisavam de um retiro para poder afastar-se por algum tempo das tensões que as faziam adoecer, o que facilitaria a recuperação da saúde. Os resultados deram-lhes razão.

A partir desta época, diversas clínicas naturistas se estabeleceram em nosso país, geralmente longe das grandes cidades, para proporcionar aos seus clientes uma recuperação tranqüila em meio à natureza. Mas ainda existe espaço para que muitas outras se estabeleçam neste imenso Brasil. Nosso povo necessita adquirir mais consciência acerca da necessidade de prevenção das doenças e da promissora alternativa de tratamento pela Naturopatia.

Hoje sabemos que as drogas convencionais são insuficientes para debelar as causas das doenças degenerativas, e que os custos com a saúde da população se tornam intoleráveis para o Estado, porque o número de doentes crônicos aumenta a cada dia.

A Naturopatia poderá ser a solução para este problema... Uma solução ecológica, sensata, econômica e verdadeiramente eficaz!

"Clínica naturista" é o mesmo que "SPA"?

Que tal passar 15 dias tomando apenas sucos de frutas, de folhas e de raízes, água-de-coco e chá, sem a menor sensação de fome ou fraqueza; fazer longas caminhadas, saunas e banhos com ervas, massagens relaxantes e hidroginástica; e emergir desta experiência visivelmente rejuvenescido, reenergizado, em alto astral e com muitos quilos a menos? Não parece um sonho? Pois pode ter esta experiência real quem escolhe uma clínica naturista para desintoxicar-se, recuperar a saúde ou eliminar o excesso de peso!

Quem ouve uma descrição como esta pode sentir vontade de conhecer mais a respeito de uma clínica naturista. Pega, então, o telefone, decidido a saber do que se trata, e inicia o diálogo com a telefonista, perguntando logo:

– Escuta, aí é um spa?

– Tem algo de spa, porém é mais do que um spa. Trata-se de uma clínica naturista.

– Ah, é uma clínica! É para doentes nervosos, tipo clínica psiquiátrica?

– Não, senhor ! Apesar de recebermos também alguns pacientes estressados ou depressivos, não é psiquiatria. Nossa especialidade é a *desintoxicação orgânica.*

– Então é para recuperação de alcoólatras? Ou de jovens viciados?

– Também não é esta a nossa especialização. A desintoxicação orgânica é para pessoas intoxicadas por uma alimentação inadequada e pela poluição ambiental, e se aplica a qualquer pessoa, em qualquer idade.

– De idade? Ah, agora entendi! É uma casa de repouso para idosos, não é?

– Veja bem, senhor: alguns dos nossos pacientes são idosos, mas não se trata de modo algum de uma clínica geriátrica. Nós trabalhamos com tratamentos naturais. É uma Clínica Naturista.

– Naturalista? (risadinha) Agora entendi! É um clube de nudismo?

Neste ponto, a telefonista se prontifica a enviar os folhetos da clínica, para que a pessoa interessada fique melhor informada sobre a origem da Naturopatia e o método aplicado em uma clínica que é naturista, no verdadeiro sentido da palavra.

A idéia de estabelecer clínicas naturistas nasceu da necessidade de facultar ao paciente a cura pelos meios naturais, que lhe poderiam ser aplicados, teoricamente, em sua própria casa, sob a orientação de um médico com experiência neste método. Acontece, porém, que a pessoa doente quer abandonar-se, entregar a responsabilidade de sua cura a profissionais de confiança, quer ser tratada, não quer fazer esforço. E tal é o objetivo da clínica naturista: hospedar a pessoa em um ambiente agradável e tranqüilo, onde ela possa relaxar das tensões de sua rotina diária; aceitar o paciente, cansado, estressado e com a saúde abalada, e compreendê-lo, amá-lo, assumi-lo integralmente, não só sob o ponto de vista físico, mas também emocional.

A partir da primeira consulta médica, que é extensa e abrangente – e às vezes complementada por exames de laboratório –, o paciente sente que ele é valorizado como ser humano. A prescrição da dieta e dos tratamentos é personalizada. A equipe de terapeutas, experiente, integrada e convicta da eficácia dos tratamentos naturais, transmite-lhe segurança e o faz relaxar. Durante toda sua estada, existe o cuidado de estimular sua motivação para o tratamento, por meio de palestras, audiovisuais e workshops que lhe transmitam todos os esclarecimentos sobre as suas próprias necessidades e sobre o poder curativo dos meios naturais. Além disto, uma clínica naturista promove uma série de vivências agradáveis e de momentos de lazer, tais como: caminhadas e excursões a lugares interessantes, serões com música, vídeos alegres e relaxantes, esportes e contato com a natureza. Esta programação lhe preenche o dia inteiro permitindo que o sono chegue cedo. Desta forma, o paciente se motiva a reprogramar seu estilo de vida em casa, de acordo com as orientações personalizadas que recebeu para conduzi-lo de volta à saúde plena.

Algumas clínicas naturistas na Europa trabalham com estes métodos há quase cem anos, adaptando-os constantemente às novas descobertas no campo da Naturopatia. Na Alemanha, destacamos as clínicas do Dr. Buchinger em Ueberlingen e a do Dr. Luetzner em Meersburg, e na Suíça a do Dr. Bircher Benner em Zurique, entre outras. A Buchinger-Klinik, por exemplo, conta com 250 leitos, que estão normalmente lotados durante o ano inteiro. Além destas, existem hoje na Europa dezenas, senão centenas de clínicas naturistas. Muitas pessoas freqüentam a sua clínica preferida todos os anos, seja para tratar de algum problema de saúde, seja como simples forma de prevenção.

Em vários países europeus é comum haver cobertura dos gastos de uma estada de 21 dias por ano em clínicas naturistas pelos convênios de saúde ou até mesmo pelo sistema previdenciário público. Esta postura resulta da certeza, baseada na experiência, de que um único tratamento anual através da Naturopatia previne gastos bem superiores com possíveis internações hospitalares, cirurgias ou aposentadoria por invalidez. No Brasil já temos perspectiva de que algo semelhante aconteça a médio prazo, posto que o interesse pela Medicina Natural vem crescendo ano a ano e várias novas clínicas naturistas foram inauguradas nos últimos anos.

O nome Spa, por sua vez, é originário da cidade de Spa Francochamps, na Bélgica, onde foi estabelecido o primeiro instituto especializado em perda de peso, combinado com tratamentos de estética facial e corporal. O regime de baixas calorias, aliado a exercícios físicos como caminhadas, musculação, dança aeróbica e esportes, resultava na eliminação das gorduras indesejáveis. As sessões de estética ajudavam a recuperar as formas do corpo e a beleza da pele. Para muitas pessoas, cujo objetivo era principalmente a estética, o resultado era tão satisfatório, que em pouco tempo muitos outros estabelecimentos do gênero foram inaugurados naquela mesma cidade. Aos poucos todas estas clínicas de estética acabaram recebendo o nome da sua cidade de origem: Spa, apesar de existirem, hoje em dia, spas em muitas cidades do mundo.

De alguns anos para cá, estabeleceram-se *day-spas*, que oferecem salas de *fitness* e de estética, além de servirem refeições hipocalóricas. Ali o paciente permanece apenas algumas poucas horas por dia, para em seguida atender os seus compromissos profissionais. Esta modalidade tem sido bem recebida por profissionais superocupados, que querem entrar em forma mas não conseguem uma pausa maior.

Os spas e as clínicas naturistas possuem alguns aspectos em comum, mas também possuem algumas diferenças básicas no que diz respeito aos objetivos, aos métodos e aos resultados. O cliente do spa em geral busca entretenimento, perda de peso e a melhoria de sua aparência. Por outro lado, quem procura uma clínica naturista o faz porque compreendeu a necessidade de desintoxicar-se para recuperar a saúde abalada ou para se prevenir de doenças futuras. Neste caso, a perda de peso – sempre que for necessária – ocorrerá naturalmente, como conseqüência da desintoxicação orgânica.

É importante compreender as diferenças, decidir sobre as prioridades e procurar o lugar adequado para conseguir o resultado ideal em seu caso.

É certo afirmar que: todo aquele que busca saúde sentirá imenso prazer ao entregar-se às terapias de uma clínica naturista. E o lucro final será sempre uma vivência de energias renovadas.

C. W.

Parte I

MANTENDO A SAÚDE NATURALMENTE

POR QUE ADOECEMOS?

Saúde não é tudo. Mas sem saúde, tudo é nada. Nem o trabalho, nem a diversão têm graça quando estamos doentes. E o que é saúde? A Organização Mundial de Saúde a define como o perfeito bem-estar físico, mental, social e espiritual.

Esmiuçando esse conceito, eu diria que saúde é o perfeito funcionamento de todas as partes do nosso ser – corpo, mente e espírito –, com entrosamento comparável ao de um mecanismo de precisão ou de uma orquestra sinfônica de harmonia perfeita, regida por um maestro eficiente. Maestro que, no caso do ser humano, é o nosso sistema nervoso central. Este mantém arquivado um modelo ideal de nosso organismo, com saúde perfeita, e se empenha constantemente em se aproximar deste ideal. Esse é o desejo de nosso Criador, e deve ser nosso próprio desejo.

Por que adoecemos? Classificando as doenças em três grupos distintos, podemos estudar melhor as suas causas:

DOENÇAS CONGÊNITAS – A causa destas doenças é, muitas vezes, desconhecida. Às vezes são conseqüências de intercorrências, durante o parto, de doenças sexualmente transmissíveis dos pais ou do uso de fumo, álcool, drogas ou medicamentos inadequados pela mãe durante a gravidez. Podem também ser herdadas, especialmente quando os pais são aparentados. Os esforços envidados pela medicina são no sentido de compensar o estado de inadequação física do doente para lhe proporcionar as melhores condições de vida possíveis.

É preciso lembrar também que o amor dos pais pode fazer verdadeiros milagres no processo de recuperação do filho doente, pois esse sentimento estimula os genes e melhora a função das células. Isso já foi comprovado por uma experiência com uma ninhada de ratos recém-nascidos em que três dos filhotes foram mantidos com a mãe e outros três afastados dela. Estes últimos, apesar de terem sido abrigados em um ninho macio e aquecido, e alimentados fartamente com leite materno, ao final de duas semanas estavam magros e muito menores que os irmãos. Foram, então, reaproximados da mãe, e duas semanas depois já haviam igualado seu peso aos demais. O amor da mãe ratazana estimulou os genes de crescimento.

O mesmo pode acontecer entre os seres humanos. Inúmeras histórias comoventes de crianças nascidas deficientes o comprovam.

É importante, pois, que os jovens se preparem conscienciosamente para o casamento e a paternidade, como forma de prevenção contra eventuais males congênitos nos filhos.

DOENÇAS DEGENERATIVAS – A grande maioria das doenças deste grupo é causada por um estilo de vida inadequado às necessidades do organismo. Se a pessoa nasceu saudável, com o corpo em perfeito funcionamento, e depois aparecem doenças, é porque suas "instruções de uso" foram desrespeitadas. Nossa filmadora, nossa máquina de lavar e nosso automóvel têm instruções que precisam ser estudadas e seguidas. E, temerosos de que qualquer desvio venha a estragá-los, somos cuidadosos com nossos equipamentos recém-adquiridos.

Ao contrário das máquinas construídas pelo homem, no entanto, nosso corpo é uma máquina viva, que consegue compensar e corrigir os erros de manutenção pelo menos por algum tempo. Então pensamos que podemos continuar a violar suas leis, uma vez que não sentimos imediatamente os efeitos dos maus-tratos que lhe infligimos.

Você abastece o seu carro com combustível de boa qualidade, mas nunca pergunta se sua comida é adequada para manter sua saúde e sua vida. Você põe na sua máquina de lavar a quantidade exata de roupa e sabão, mas não se importa em sobrecarregar o estômago com comida, nem a mente com ansiedade e trabalho. Você mantém seu cortador de grama em uso constante para não deixá-lo enferrujar, mas tem preguiça de exercitar-se, até que suas articulações endureçam.

Você percebe a incoerência?

O corpo vai pacientemente compensando tudo isto, até que um dia faz soar um alarme: "Assim não dá mais! Cuide melhor de mim!" Ele pode se expressar por meio de uma febre, de uma diarréia ou de uma erupção na pele, e chamamos a esta crise de doença aguda. Bem compreendida, toda doença aguda é um esforço do nosso organismo para se libertar das matérias tóxicas que nele se acumulam, às vezes durante dezenas de anos, por causa da falta de cuidado com as suas leis.

Se você não atende as advertências, mas apenas engole um comprimido para ficar livre dos sintomas incômodos e continua abusando das suas reservas de energia por muito tempo, o organismo finalmente acabará desistindo de lutar e a doença tomará conta dele. O sistema imunológico, responsável pelas autodefesas, se enfraquece a tal ponto que não consegue mais combater as bactérias, nem os vírus, nem as células malignas, e a pessoa torna-se vítima de toda espécie de infecções, alergias e outras doenças decorrentes da deficiência imunológica.

Em seu estado normal de saúde, nosso organismo consegue defender-se perfeitamente contra estes ataques. Os germes estão em toda parte, mas nem todos pegam uma gripe ou pneumonia. As células malignas estão presentes em todas as pessoas que vivem em nosso século, mas nem todas desenvolvem câncer. A diferença está no sistema imunológico de cada um. Quando este falha, não há defesas, e alguma doença se instala. Às vezes ela leva à morte; outras vezes evolui de maneira arrastada, como na artrite, nas alergias de pele ou nas moléstias do aparelho digestivo. A cura destas moléstias se apresenta difícil, e a qualidade de vida deixa muito a desejar.

Embora a medicina natural, em muitos casos, consiga reverter o processo, reativando as defesas orgânicas, ainda permanece muito válida a frase: Um grama de prevenção vale mais do que um quilo de tratamento.

DOENÇAS PSICOSSOMÁTICAS – As causas estão na mente, na alma, nas emoções, e refletem-se sobre o nosso corpo através do sistema nervoso. O termo "psicossomáticas" é muitas vezes mal compreendido: pensamos tratar-se de doenças imaginárias ou provenientes do mau humor ou da vontade do doente de chamar a atenção para si mesmo.

A verdade é que estas doenças são muito reais, tão reais quanto aquelas provenientes da má formação de algum órgão. Elas resultam da incapacidade da mente em lidar com certos tipos de problemas como estresse excessivo, emoções negativas ou sofrimento prolongado. Quando estas situações não são solucionadas, elas podem transtornar o sistema nervoso central a tal ponto que ele passa a emitir mensagens incoerentes ou exageradas para os diversos sistemas do organismo. Com a repetição contínua destas mensagens, a doença acaba se tornando bem real.

Um exemplo bastante conhecido deste processo é a famosa "úlcera de fundo nervoso". Mas existem muitas outras doenças que podem ser produzidas ou desencadeadas por transtornos do sistema nervoso central, como: a bronquite asmática, a hipertensão arterial, o diabetes, a enxaqueca, as doenças dermatológicas, alguns problemas cardíacos e até o câncer. As pesquisas revelam que entre 70 e 90% de todas as doenças atuais são de fundo emocional. Imagine o que significaria eliminá-las completamente de nossa vida!

Sem dúvida, a vida agitada que muitas pessoas são obrigadas a levar hoje as predispõe a uma quase insuportável sobrecarga da mente. Mesmo assim, e também para este tipo de doenças, a prevenção é possível, se buscarmos a conscientização a respeito das leis de nossa mente e de seus reflexos sobre o corpo.

Doença, o que é? Castigo merecido? Ou a casualidade de uma bala perdida que nos atinge, ninguém sabe por quê? É destino, do qual não há como escapar? Idéias assim fatalistas eram correntes em séculos passados. Hoje, a ciência descobre mais e mais evidências de que a maioria de nossas moléstias é conseqüência de nosso estilo de vida.

Se nosso organismo é semelhante a um mecanismo de precisão, é, com certeza, regido por leis muito precisas de manutenção: movimento, combustível, refrigeração, lubrificação... A sabedoria consiste em conhecer e compreender estas leis para pô-las em prática no dia-a-dia. Ouvir as mensagens de seu corpo e atendê-las.

Viver do modo mais natural possível dentro de um mundo que representa uma ameaça constante para sua saúde.

Descubra as necessidades básicas de seu organismo:

SAÚDE E QUALIDADE DE VIDA							
AR PURO	LUZ SOLAR	EXERCÍCIOS FÍSICOS	REPOUSO	ÁGUA PURA	ALIMENTAÇÃO SAUDÁVEL	MODERAÇÃO	ATITUDE MENTAL POSITIVA
OBEDIÊNCIA							

Obedecendo com equilíbrio e perseverança às leis naturais, você estará sustentando sua saúde e ganhando a qualidade de vida que sempre desejou.

Como você verá, a prática destas oito regrinhas não é difícil.

LEIS DA SAÚDE

Respirando corretamente

Você pode viver muitos dias sem alimento, alguns poucos dias sem água, mas somente um minuto sem oxigênio. É muito importante, portanto, respirar corretamente, e poucas pessoas fazem isso. A respiração que você pratica automaticamente é insuficiente para levar aos pulmões o oxigênio necessário para a total purificação das células e do sangue.

A capacidade pulmonar de um adulto é de aproximadamente três litros, e normalmente inspiramos não mais do que meio litro, o que corresponde apenas à sexta parte da sua capacidade. É muito menos do que os nossos pulmões necessitam para purificar o sangue venoso. Imagine uma dona-de-casa com muita louça para lavar e apenas uma pequena jarra de água à disposição. Dá vontade de desistir, não dá? Este é o desafio que os nossos pulmões enfrentam todos os dias. Ainda bem que eles não desistem, senão morreríamos asfixiados.

Podemos facilitar em muito o trabalho de nossos pulmões e garantir a completa purificação do sangue e a boa oxigenação de nossas células, se praticarmos exercícios respiratórios com regularidade. Normalmente, arejamos apenas os lóbulos superiores dos pulmões, e com isso limitamos a sua capacidade global de expansão. Até mesmo naqueles exercícios que aprendemos na escola, em que encolhemos o ventre e inflamos o peito, estamos usando somente os lóbulos superiores, o que é insuficiente para o trabalho e para a saúde dos pulmões.

O melhor exercício é a respiração diafragmática, ou abdominal, em que a expansão se inicia pelos lóbulos inferiores, atingindo depois a porção média e finalmente os lóbulos superiores, abrangendo assim a totalidade dos pulmões.

Tente realizar este exercício: Ponha-se em pé, com a coluna ereta, os ombros para trás, os pés ligeiramente separados e as mãos espalmadas sobre o abdome. Agora inspire lentamente pelo nariz, sem levantar os ombros, fazendo seu abdome crescer com a inspiração. Segure o ar... expire devagar pela boca, apertando o ventre com as mãos e curvando o tórax para a frente, como que espremendo para fora todo o gás carbônico contido nos pulmões. Endireite o corpo e inspire novamente como antes. Segure o ar... expire completamente...

Agora, vamos acrescentar a respiração torácica e superior. Comece como antes: inspire para fazer crescer o abdome, depois procure inflar a porção média, a região das costelas e por fim a parte superior do tórax, levantando os ombros. Segure o ar... solte-o, comprimindo os pulmões. Vamos repetir...

Você terá de treinar um pouco para acertar sempre. Comece hoje. E amanhã cedo, inicie o dia praticando pelo menos cinco vezes esse exercício respiratório. Antes de almoçar, repita-o mais cinco vezes. Antes do jantar, novamente. Isto demandará apenas alguns minutos de seu dia. Se você é daqueles que vivem sem tempo para nada, lembre-se de que por mais que seu tempo seja precioso, a qualidade do seu sangue e a oxigenação das suas células são muito mais preciosas, pois elas determinam a qualidade total de sua vida.

Há mais algumas regrinhas para ajudá-lo a respirar corretamente: Durma com as janelas de seu quarto sempre abertas, mesmo no inverno. Talvez precise vencer o medo do ar frio. É uma questão de decisão, e ela virá naturalmente com a conscientização de que você e os que com você dormem expiram gases tóxicos durante a noite, e que esses gases estarão voltando para os seus pulmões, se não houver contínua renovação de ar puro no quarto.

Caso você more em um local com má qualidade de ar, programe-se para mudar o quanto antes. Até a mudança, procure todos os dias a proximidade de árvores para respirar profundamente, e ponha plantas em sua casa, seu terraço, seu jardim... Elas liberam oxigênio durante o dia: uma árvore de tronco bem desenvolvido produz oxigênio suficiente para uma família de quatro pessoas. Planeje passeios para locais de ar puro nos fins de semana e aproveite para "lavar" seus pulmões.

Colabore para a manutenção da pureza do ar, não queimando lixo, mantendo bem regulado o motor do seu carro, não usando aerossóis ou inseticidas e não fumando. O oxigênio é um dom precioso e gratuito. Aproveite-o e desfrute dos resultados. Você logo sentirá a diferença em sua capacidade mental, na memória, na concentração e também na aparência. Ao praticar essa primeira regra de saúde, você se surpreenderá com a sua disposição de começar a praticar também todas as demais.

Comece hoje mesmo a buscar mais oxigênio, o mais importante ingrediente de sua vida!

Luz solar – irradiando saúde

Sol é vida. As plantas precisam do sol, os animais e os seres humanos também. Uma planta colocada num canto escuro da sala perde a cor, deixa de produzir flores e fica cheia de pragas. Também nós, os seres humanos, ficamos pálidos, desanimados e mais vulneráveis às doenças quando não recebemos sol.

A luz solar controla nossas funções orgânicas e dilata os vasos sangüíneos, estimulando assim a circulação. Também purifica o sangue, ativa as funções hormonais, a atividade cerebral e o crescimento. Usando o excesso de colesterol, produz vitamina D na pele, que fixa o cálcio nos ossos, prevenindo o raquitismo em crianças e a osteoporose nos idosos.

Há quem prefira tomar cápsulas de óleo de fígado de bacalhau para suprir a necessidade de vitamina D. A verdade é que o sol irradia-se sobre a superfície das águas e com isto produz vitamina D nas algas. O bacalhau se alimenta das algas e armazena a vitamina D em seu fígado. O pescador pesca o bacalhau, e o laboratório extrai-lhe o óleo do fígado e o embala em cápsulas. Mas se tomarmos o nosso banho de sol diário, obteremos o mesmo benefício, sem gastos, e de maneira muito mais natural.

Os raios solares matam os germes, tanto em nosso corpo quanto em nossa casa. Quando penetra nos olhos, através das pálpebras, a luz solar estimula a produção de serotonina, o hormônio da serenidade que nos mantém calmos durante o dia e se transforma, quando escurece, em melatonina, imprescindível para desfrutarmos um bom sono. O sol é também um excelente agente terapêutico. Já no antigo Egito, os médicos aplicavam os banhos de sol em casos de doenças crônicas, e ainda hoje aproveitamos os seus benefícios terapêuticos, indicados, por exemplo, para tratamento da artrite, do reumatismo, de certas doenças de pele e diversas infecções.

A capacidade bactericida dos raios solares é surpreendente! Testemunhei casos de infecções urinárias crônicas, resistentes ao tratamento com antibióticos, completamente curados em uma semana, com apenas uma hora diária de exposição ao sol. Pessoas debilitadas se beneficiam grandemente com a exposição à luz solar, pois, através dos terminais nervosos na pele, o corpo todo absorve sua energia.

Infelizmente algumas pessoas exageram no banho de sol e se prejudicam com isto. Talvez acreditem que estejam perfeitamente protegidas pelo filtro solar, e assim se sintam livres para expor-se ao sol durante horas seguidas, muitas vezes nos horários mais impróprios. É preciso muito cuidado, pois os célebres "buracos da camada de ozônio" na atmosfera impedem a devida filtragem dos raios ultravioleta A e B durante a incidência vertical dos raios solares no meio do dia. Estes excessos de irradiação podem prejudicar e envelhecer precocemente a pele, e até produzir câncer de pele pelo efeito cumulativo. Os horários mais apropriados são até as 9h da manhã e após as 16h, no verão, e até as 10h da manhã e após as 15h no outono, inverno e início da primavera. Esta orientação é imperativa principalmente para as pessoas de pele e olhos claros, mas quem tem pele morena também não deve distanciar-se muito dela.

Caso você tenha abusado do sol e esteja experimentando os desagradáveis sintomas da queimadura, o melhor a fazer é usar muita água fria para se reidratar, apelando para duchas, banhos e compressas. Em seguida, use uma boa loção hidratante de aveia ou um gel de babosa (*aloe vera*). E não se esqueça de tomar muitos copos de água.

Faça um programa para se expor ao sol se possível diariamente, logo de manhã, por pelo menos trinta minutos. Se você não estiver acostumado e tiver pele clara, comece com 15 minutos e vá aumentando gradativamente. O melhor é movimentar-se durante o banho de sol. A fim de garantir a produção de vitamina D, não use filtro solar nesta exposição, pois ele a impede. Procure passar o máximo de tempo possível ao ar livre no decorrer do dia. Mesmo em dias nublados ou à sombra de árvores, você pode tirar proveito da luz solar.

Alguns testes revelam que a produção de vitamina D na pele diminui quando se toma um banho com sabonete antes do banho de sol, porque este remove a camada de gordura necessária ao processo. Do mesmo modo, é melhor não se banhar logo após o banho de sol, pois o corpo precisa de algum tempo para absorver a vitamina D que o sol produziu na pele. Se for inevitável, tome uma ducha fria rápida, sem sabonete e sem esfregar a pele.

Para reduzir o risco de contrair catarata, use óculos de sol de boa qualidade. Consulte seu oftalmologista. Se os óculos forem impróprios para seu caso, não somente deixam de ser úteis como podem até tornar-se prejudiciais à visão. De qualquer forma, use-os somente quando houver excesso de claridade, e não simplesmente por hábito, pois os olhos se adaptam à luminosidade que nos cerca, muito melhor do que pensamos.

A luz solar em dosagem correta mantém a pele saudável, sendo um valioso amigo que ajuda na prevenção e na cura. Além disto, combate a depressão, restaura a energia e gera bem-estar, conforto e vivacidade mental.

Exercitar-se vale a pena?

Nossos seiscentos músculos foram projetados para uso contínuo. Assim, quando não são exercitados com regularidade, enfraquecem e atrofiam... gerando mal-estar e diversas mazelas físicas. Por exemplo: a nossa coluna vertebral é sustentada por grandes feixes musculares que temos nas costas. Quando não os exercita, a pessoa de vida sedentária logo apresenta desvios e desajustes das vértebras, podendo sofrer com dores, não apenas na coluna, como também na cabeça, nos ombros, nas costelas, nas pernas e nos pés, além de correr o risco de contrair deficiências como surdez, má digestão e constipação intestinal (intestino preso).

A prática de atividade física é natural ao ser humano. O homem foi criado para cultivar um jardim e para produzir seu alimento a partir do solo lavrado. Quando inventou aparelhos, máquinas, veículos e elevadores, deixou de usar a energia física, acomodou-se numa poltrona ou no banco do automóvel e começou a ficar doente, sem saber por quê. Todavia, é fácil ter uma idéia a respeito quando se sabe que as pesquisas realizadas nos países industrializados atestaram que os problemas cardíacos aumentaram na mesma proporção que o conforto e a conseqüente vida sedentária.

A maioria de nós não depende mais da atividade física para ganhar seu sustento. Mesmo as donas-de-casa, que antes lavavam a roupa no tanque, esfregavam o chão com o escovão e batiam os tapetes para livrá-los do pó, agora apenas apertam o botão da máquina de lavar roupas, da enceradeira e do aspirador, e sentam-se novamente na poltrona.

Veja agora o que o exercício físico pode fazer para renovar você. Sua musculatura, antes flácida e tensa, vai adquirir um novo vigor; seu porte ficará mais ereto, os movimentos mais ágeis, você se sentirá mais jovem e mais capaz. A circulação sangüínea será ativada, contribuindo para eliminar as impurezas do sangue. Sua pele, seu cérebro e suas extremidades ficarão melhor irrigados, sua respiração se tornará mais profunda. Ao ocorrer a transpiração, você eliminará grandes quantidades de matérias tóxicas, principalmente metais pesados como chumbo, ferro sérico e outros, que poderiam produzir doenças graves. Não tema a transpiração provocada pelo exercício: os sais minerais essenciais como cálcio, magnésio e potássio praticamente não são eliminados no suor de uma pessoa em atividade física. Basta tomar bastante água para repor o líquido das células.

Todos sabemos que a atividade física faz com que percamos peso, porque gastamos calorias, e estimulamos o metabolismo a queimar gorduras acumuladas. Mas nem todos sabem que ela também auxilia no controle do diabetes, porque incentiva o metabolismo da insulina, o hormônio que transporta a glicose para dentro das células. Durante a atividade física, as células dos músculos necessitam de mais glicose para produção da energia necessária. Com isso estimulam a produção de insulina e aumentam a captação da glicose do sangue, o que reduz a glicemia do diabético. O mesmo princípio funciona na prevenção da osteoporose: músculos atuantes e vigorosos estimulam a formação de ossos fortes. Há acentuados benefícios da atividade física também em pessoas hipertensas e cardíacas, desde que orientadas pelo médico de sua confiança. Se a sua vida sedentária produz um desequilíbrio emocional pelo excesso de atividade mental e falta de exercício físico, o exercício diário restabelece este equilíbrio e faz de você uma pessoa eficiente e serena. Além de tudo isso, ao exercitar-se vigorosamente, você produz um precioso hormônio, a endorfina. Esta, além de amenizar e até eliminar dores, gera uma sensação de grande bem-estar e otimismo, a ponto de reduzir a fome compulsória em pessoas obesas e a ansiedade em pessoas tensas.

Escolha, de acordo com sua idade e estado geral, o tipo de atividade física que melhor lhe convém: jardinagem, natação, ciclismo, jogos de bola ou peteca, ginástica ou caminhadas. Evite envolver-se em jogos muito competitivos, pois a tensão pode produzir um estresse excessivo. Se tiver mais de quarenta anos e não estiver acostumado a nenhum tipo de exercício, consulte seu médico sobre a melhor maneira de começar.

O exercício ideal é a caminhada, que pode ser praticada sem dificuldades pela maioria das pessoas. Para isso, sugerimos algumas regras:

- Antes de começar, faça exercícios de alongamento das pernas, braços e tronco.
- Use roupas e calçado confortáveis e adequados à atividade.
- Mantenha a coluna ereta, os ombros para trás, os braços soltos, o abdome e os glúteos contraídos. Sinta os seus passos partirem do abdome e não da coluna lombar. Pise corretamente: primeiro o calcanhar, depois o resto do pé, tendo cuidado para não flexionar demais as pernas, para manter a elasticidade do seu andar. Movimente a cabeça como se estivesse seguindo com os olhos o vôo dos pássaros ou o trajeto das nuvens.
- Caminhe devagar no início, acelerando o ritmo gradativamente e até mesmo correndo por algumas dezenas de metros caso suas condições físicas o permitirem. Quando sentir cansaço, retome um ritmo mais lento. E aproveite para respirar profundamente. Assim você estará exercitando todos os músculos do corpo.

O ideal é uma caminhada diária de 40 a 60 minutos de duração. Se você achar uma pessoa amiga para ser sua companheira de caminhada, será mais fácil perseverar.

O que é fundamental, pois é perseverando que você conseguirá todos os preciosos benefícios da atividade física.

Sono, repouso, relaxamento

Tudo na natureza tem o seu ciclo: os dias e as noites, as estações do ano, as marés. Todos os seres vivos têm seu ritmo diário de atividades e repouso. Assim como os humanos, os animais também descansam. Até mesmo algumas flores fecham as pétalas à noite e as reabrem pela manhã.

O ciclo alternado entre atividade e repouso chama-se ritmo circadiano, e varia de espécie para espécie. Alguns animais, os chamados noctívagos, costumam caçar à noite e repousar de dia, tais como as corujas, os leões e as panteras. Outros, ao contrário, acordam bem cedo e procuram o lugar de repouso logo ao pôr-do-sol, como as galinhas, as vacas e as ovelhas. O ser humano faz parte do grupo diurno, pois seu biorritmo sofre uma queda acentuada entre 18 e 24h, para depois retomar a curva ascendente, até de manhã.

Contudo, em virtude da combinação dos hábitos da sociedade moderna com a ambição incontrolada, muitas pessoas desrespeitam esse ritmo, o que lhes prejudica o sistema nervoso e lhes rouba a vitalidade. Quando vão dormir, já tarde da noite, têm sono irregular, superficial e, com freqüência, povoado de pesadelos. O que as faz acordar com a cabeça pesada e preguiçosa. Isso porque somente o sono profundo, que ocorre nas horas que antecedem a meia-noite, restaura realmente as energias gastas durante o dia.

Durante esse período, os batimentos cardíacos, a pressão arterial, as funções digestivas e a atividade do cérebro diminuem bastante. Enquanto isto, aumenta a produção de lecitina, do hormônio de crescimento e dos linfócitos que protegem o organismo contra os vírus e as células malignas. O processo de multiplicação saudável das células do corpo, em geral, e da pele, em particular, também intensifica-se consideravelmente durante o sono que antecede a meia-noite, chegando a dobrar seu ritmo normal. Portanto o sono profundo não equivale apenas à recarga das baterias, mas também a um banho de beleza e medicina preventiva de alta qualidade.

Um médico alemão, pesquisador do sono, sugere o seguinte programa para a cura das mais diversas doenças crônicas: aproveitando um período de férias, em que você é dono do seu tempo, planeje recolher-se tão cedo quanto possível, após o pôr-do-sol, portanto entre as 19 e 20h aproximadamente. Você estranhará nos primeiros dias, mas logo se acostumará ao novo ritmo e acordará bem disposto às duas ou três horas da madrugada. Levante-se, faça ginástica e exercícios respiratórios, tome um rápido banho frio e vista-se com roupas confortáveis. Dedique-se então a escrever aquele trabalho, a resolver aquele problema, a estudar aquela matéria em que você nunca conseguia concentrar-se corretamente. Observe sua facilidade de captação e de memorização, que o levará a perseverar em sua tarefa, sem se cansar, durante várias horas. Lá pelas cinco horas talvez você sinta um pouco de sono. Volte então à cama por mais uma hora, e levante cedo. Você se surpreenderá com a disposição que sentirá para enfrentar aquele dia. Procure preservar este ritmo em sua rotina diária. Se houver alguma exceção, não há problema. E se você não conseguir dormir às 20h, pelo menos adote como regra não exercer nenhuma atividade produtiva após acender a luz elétrica. Antes da invenção da luz elétrica ninguém trabalhava à noite, e isso era natural e muito benéfico. Alguns cientistas chegam a afirmar que as horas que você dorme antes da meia-noite valem em dobro.

Mas não apenas o horário garante a qualidade do sono. Precisamos aprender a relaxar para descansar bem. Neste ponto posso ouvir alguns dizendo: Aí é que está! Esse é o problema: não consigo relaxar! Há pessoas que, em virtude da personalidade hiperativa, da impaciência e do estilo de vida repleto de tensões, correm para o quarto, "desmaiam" na cama, trazendo consigo todo o estresse do dia acumulado no subconsciente. Ao mergulharem no sono, exaustas porém tensas, mantêm o cérebro em hiperatividade, produzindo sonhos que não permitem o relaxamento dos músculos. Falam, se debatem, rangem os dentes e acordam mais cansados do que antes.

Se você faz parte deste grupo, programe um relaxamento antes de dormir. Estabeleça um período de lazer entre as atividades do dia e o sono da noite. Faça uma caminhada, leia um bom livro, brinque com os filhos, cultive um hobby. Depois prepare-se conscientemente para o sono. Um banho morno, uma massagem nos ombros e na nuca feita por alguém da família, uma oração sincera em que você entrega suas preocupações, ansiedades e culpas a Deus, uma música suave... Ao deitar-se, procure a posição mais confortável no leito e pratique o relaxamento muscular, deixando os pensamentos se elevarem ao céu azul, às nuvens e mais além das nuvens, até você adormecer em oração.

O quarto de dormir precisa ser bem ventilado, o colchão e travesseiro adequados ao seu peso, o cobertor leve. A melhor posição é deitado sobre o lado direito, com as pernas encolhidas, a chamada "posição fetal". Deitar-se de costas é agradável para algumas pessoas e também é correto. Neste caso, o travesseiro deve ser baixo. Como vê, é preciso planejar o seu sono para que ele lhe traga todos os benefícios de que você necessita. Você verá que o esforço é válido.

No entanto, é útil lembrar que repousar não é apenas dormir. Significa também ter períodos regulares de descanso em meio às atividades. Por exemplo: durante um trabalho que sobrecarrega sua vista, faça uma pausa para fechar os olhos por um minuto, cobri-los com os dedos, depois abri-los e olhar para locais distantes, de preferência matas ou colinas verdes. Repousar pode ser levantar-se da posição sentada e espreguiçar-se, respirar, bocejar. Significa sair da rotina do trabalho semanal para um descanso consciente e completo no sétimo dia, se possível em algum local afastado da cidade e de suas tensões. A comunhão com a natureza é um precioso meio de restabelecimento da energia vital. Aproveitar realmente o tempo de repouso requer também um bom planejamento de suas férias, de forma a que elas lhe proporcionem ocupação oposta à que você exerce durante sua vida profissional. Só assim esse período lhe propiciará relaxamento e renovação energética.

Repouso não é desperdício de tempo. É uma pausa que você merece, e da qual necessita para estar apto a enfrentar a luta diária novamente.

O uso inteligente da água

Nosso corpo é composto de cerca de dois terços de água. No interior das células e nos tecidos que as rodeiam há abundância de água. É por meio dela que se processa a absorção dos nutrientes pelas células, é ela que refrigera o organismo e ajuda os rins a expulsarem as matérias tóxicas do sangue. Sem água não há vida. As plantas, os animais e os seres humanos dependem dela para viver. Um bebê tem mais de 80% de seu peso formado por água. Por isso ele é tão liso e macio. Isto nos mostra que poderíamos prolongar a aparência jovem se cuidássemos sempre da nossa hidratação interna.

Costumamos ter fartura de água à disposição. Talvez seja este o motivo de não darmos suficiente valor a ela. Uma parte da água de que necessitamos nos é fornecida pelos alimentos: frutas, verduras, sopas etc. Mas além desta quantidade relativamente pequena precisamos de mais 6 a 8 copos de água por dia. Em épocas de muito calor ou durante exercícios vigorosos, a necessidade de água aumenta ainda mais. Se você não toma água porque não sente sede, pense no cuidado que você tem com o reservatório de água do seu carro, antes de viajar. Você não deixaria de verificar o nível da água, dizendo que tomará providências no momento em que aparecer a luz vermelha no painel. Pois a sede é a nossa luz vermelha, indicando que já estamos com relativa desidratação do organismo.

Experiências realizadas com atletas demonstraram que os que tomavam pouca ou nenhuma água se cansavam facilmente e sua temperatura subia a 38ºC após um curto período de treinamento. Os que bebiam somente de acordo com a sua sede, agüentavam o esforço por mais tempo e a sua temperatura corporal subia mais lentamente. Mas os que bebiam sistematicamente a quantidade calculada como necessária para o seu caso, quantidade esta que ultrapassava bastante a quantidade pedida pela sede, suportavam o treinamento por horas e horas a fio, sem que a temperatura aumentasse e sem sinais de cansaço. Afirmavam que, se necessário, poderiam continuar o esforço indefinidamente.

Os refrigerantes, o café, chás e outras bebidas não podem substituir a água. Tampouco o leite a substitui, pois é alimento, composto de proteínas e gorduras, e não bebida. Procure tomar água de fonte ou de poço, filtrada, ou adquira água mineral de boa qualidade.

Aqui está um plano prático para tomar entre 6 e 8 copos diários de água:

- Logo ao levantar, tome um copo de água fresca, ou morna ou quente.

- Planeje seu desjejum para no mínimo meia hora depois.
- Após essa refeição, deixe passar pelo menos duas horas, enquanto a digestão se processa para, em seguida, tomar de forma intercalada de 2 a 3 copos de água, até meia hora antes do almoço.
- À tarde repita a operação, e à noite tome mais um copo antes de dormir.
- Para facilitar a aquisição deste hábito, pingue algumas gotas de limão em cada copo de água.

O ideal seria *imantar* a sua água antes de bebê-la. A exposição da água a campos magnéticos promove uma reorganização das moléculas e do pH (potencial de Hidrogênio) tanto da água como do organismo que a recebe.[1] Esta nova condição físico-química favorece a eliminação de matérias tóxicas, assim como o fluxo de oxigênio para as células. Ao mesmo tempo, ela estimula a filtragem do sangue pelos rins, impedindo a formação de cálculos renais e ajudando a dissolver os já existentes. Também revigora os movimentos peristálticos do intestino e normaliza a acidez excessiva no estômago e em todo o resto do corpo. Ingerindo água imantada, você poderá descobrir ainda muitas outras mudanças favoráveis em sua saúde, tais como a diminuição da tendência a micoses e infecções, e a sensação geral de uma nova energia física. A maneira mais prática de imantar a água é colocar água de poço ou fonte, filtrada, ou água mineral de boa qualidade em uma jarra ou suporte especiais, dotados de pequenos ímãs. Estes ímãs se atraem mutuamente, produzindo com isto um campo magnético que se transmite à água que você irá beber, fazendo dela uma verdadeira fonte de saúde.

Dada a importância da água, seu uso externo diário é também imprescindível. Os banhos, de chuveiro ou banheira, produzem enorme sensação de bem-estar e conforto em pessoas doen-

---

1 *Magnetoterapia*, M. Matheus de Souza.

tes e também nas saudáveis, que se sentem refrescadas e aliviadas da tensão.

Uma vez por semana, lembre-se de esfregar a pele com uma esponja, uma bucha ou uma toalha felpuda pequena para conseguir a limpeza completa dos poros. Neles se acumulam o pó e a fuligem do ar, que se combinam com a secreção das glândulas sebáceas e, com o tempo, formam pequenas rolhas que entopem os poros, prejudicando a respiração pela pele. Os banhos quentes não devem ser muito demorados, e o sabonete deve ser neutro (não alcalino) para que a camada de gordura e ácido que protege a pele não seja destruída. Quando é continuamente destruída, a pele envelhece rapidamente e fica vulnerável às micoses e infecções. Após o banho quente, tome sempre uma rápida ducha fria para fechar os poros. Esta medida também aumenta as autodefesas do organismo. Pessoas que usam a ducha fria diariamente, dificilmente pegam um resfriado ou gripe.

Além de suas qualidades refrescantes, purificadoras e revigorantes, a água tem inúmeras aplicações medicinais. Em compressas, fricções, banhos gerais e parciais, duchas e vaporizações, ela constitui um eficiente meio de tratamento e cura para muitos mal-estares, tanto agudos como crônicos.

As indicações são múltiplas e as técnicas muito simples. Aprendê-las pode representar grande benefício para você e sua família. (Confira essas técnicas no capítulo A prática da hidroterapia.)

**Use água em abundância, com inteligência,
por dentro e por fora!**

Alimentando a vida

A maioria das pessoas acredita estar alimentada depois de ter enchido o estômago com a comida de que gosta e consome habitualmente. Todavia, alimentar-se corretamente é muito mais do que isto: é enriquecer o sangue, nutrir as células, fortalecer os órgãos e as glândulas, prevenir doenças e até curá-las quando já se instalaram. Tudo depende do alimento que você costuma utilizar.

É preciso conscientizar-se das necessidades do seu organismo: as células de cada parte do seu corpo precisam de nutrientes diferentes. Cálcio para os ossos e dentes, ferro e vitamina B12 para o sangue, complexo B e lecitina para o sistema nervoso, vitaminas A e D para a pele...

Você tem certeza de que sua alimentação contém todos os nutrientes necessários para o bom funcionamento do seu organismo, para a reconstrução das células, para a obtenção de energia e para as autodefesas que combatem as doenças? Em outras palavras: Você já parou para pensar se a comida lhe oferece nutrição ou apenas "combustível" para continuar andando? Seres vivos precisam de nutrição! Seu carro, este sim, só precisa de combustível. Mas após 15 ou vinte anos de uso ele terá virado sucata. Certamente não é isso que você deseja para seu corpo. Também seria uma pena, pois ele foi projetado para durar 120 anos com saúde.

Planejar as suas refeições é tarefa determinante para seu bem-estar e de sua família. Não é boa a conduta de escolher a comida apenas pelo paladar e pelo hábito, tentando complementá-la com preparados de vitaminas sintéticas adquiridas na farmácia. Seu organismo é orgânico e natural, necessitando portanto de nutrientes orgânicos e naturais.

Assim sendo, procure evitar os alimentos industrializados, as conservas, os cereais "beneficiados", o açúcar e o sal refinados, preferindo os produtos naturais. A natureza disponibilizou a nutrição completa para você nos cereais integrais, nas verduras, raízes e frutos, nas nozes e castanhas, legumes e leguminosas. Prepare-os da maneira mais simples possível, com poucos condimentos e sem usar frituras; procure obter vegetais de plantio orgânico; faça somente três refeições por dia, cada uma composta de 3 a 4 pratos, variando bastante de uma refeição para outra. Inicie toda refeição com alimentos crus (frutas ou saladas), que devem perfazer aproximadamente 50% do volume total da refeição. Mastigue bem e não beba líquidos durante as refeições. Esta alimentação purificará o sangue, e lhe dará um vigor até hoje desconhecido. Você notará a diferença em poucas semanas.

Suas funções intestinais se recuperarão rapidamente. Sua digestão será leve, o hálito puro, o sono mais profundo. Logo você perceberá uma nova beleza em sua pele, que se tornará pura e rosada. Seus cabelos terão mais brilho e maciez, independentemente do xampu que você usar. Sua silhueta se transformará gradativamente. Muitas dores e mal-estares desaparecerão e, junto com eles, também o mau humor.

Você notará que dificilmente irá contrair infecções como gripe, amigdalite ou resfriado. E pode estar certo de que, alimentando-se da maneira correta, estará se prevenindo contra mais de sessenta enfermidades, algumas delas graves, como o câncer e as doenças cardíacas.

A causa do poder preventivo e até regenerador do alimento natural, enriquecido com boa proporção de vegetais crus, reside em sua riqueza de vitaminas, sais minerais, proteínas de fácil assimilação, gorduras insaturadas, clorofila, enzimas vivas e energia solar concentrada. Esta é aproveitada no organismo para aumentar o potencial das células e intensificar os processos de desintoxicação. "A vivacidade do nosso alimento proporciona vivacidade ao nosso organismo", dizia o Dr. Bircher Benner.

Alimentar-se de maneira saudável é uma ciência e também uma arte. Ciência, porque é necessário aprender a escolher os alimentos saudáveis e as melhores combinações. Arte, porque é importante servi-los de maneira atraente para satisfazer o nosso senso de estética, o olfato e o paladar. O resultado será saúde para toda a sua família.

Moderação – a regra áurea da vida saudável

Conheci certa vez uma senhora de meia-idade, ultranaturista, que tinha o peso ideal, colesterol e ácido úrico perfeitos, sendo ferrenha defensora de um regime estritamente vegetariano e praticante do *jogging* diário, fizesse sol ou chuva. Ainda assim, ela temia estar intoxicada e por isso praticava jejuns terapêuticos de 7 a 10 dias todos os meses. Seu programa diário girava em torno das "medidas de saúde", com refeições minuciosamente planejadas para serem perfeitas. Ela chegava ao ponto de nunca aceitar um convite para comer fora de casa. Era uma verdadeira neurótica do naturismo, e aos sessenta anos morreu de câncer do estômago!

Aparentemente, esta experiência contradiz tudo aquilo que você leu até aqui. Mas citei propositadamente este caso para salientar o fato de que a moderação em todas as coisas, mesmo nas coisas saudáveis, constitui uma das regras básicas de saúde. Por exemplo: O mel é um ótimo alimento, repleto de vitaminas e sais minerais; mas se você comer todo um pote de mel de uma só vez, passará muito mal. Farelo de trigo é bom para o intestino e útil contra o colesterol; mas se comermos farelo demais, estaremos acelerando excessivamente o trânsito intestinal e não dando tempo suficiente para a devida assimilação dos nutrientes. A luz solar pode ser um bom remédio para diversas doenças; mas se exagerarmos na exposição ao sol correremos risco de adquirir queimaduras, insolação e até câncer de pele. O exercício físico é necessário; porém as pessoas que malham seis horas por dia na academia acabam muitas vezes com lesões sérias ou desenvolvem um comportamento obsessivo. Talvez o maior abuso de coisas primariamente benéficas aconteça com os fanáticos por cápsulas de vitaminas e sais minerais. Conheci pessoas que tomavam até trinta cápsulas de suplementos naturais por dia, e estavam... intoxicadas.

Tenho certeza de que a maioria dos meus leitores jamais cometeu tais equívocos, o que fará com que se congratulem consigo mesmos ao ler estas advertências. Entretanto, antes que você chegue à conclusão de que já está fazendo tudo certo, reflita um instante sobre os possíveis erros no seu estilo de vida. Você pode estar com carências nutricionais e, neste caso, algum suplemento alimentar lhe faria bem. Você pode estar com os músculos atrofiados ou sentindo dor na coluna porque jamais pratica exercícios. E pode ser que esteja abusando do açúcar em vez de usar mel.

A regra áurea é sempre a moderação. É manter o equilíbrio em todas as coisas! O ideal é eliminar completamente o uso de substâncias tóxicas, tais como o fumo, o álcool, as drogas, o café e todos os medicamentos que não sejam estritamente necessários e devidamente prescritos por seu médico. O importante é usar moderadamente todas as coisas boas com as quais a natureza nos brinda, sem cometer abusos ou descambar para o fanatismo!

Todo aquele que resolve estudar as regras da alimentação saudável chegará à conclusão de que uma pizza, por exemplo, não é um bom alimento. Mas seria realmente uma pena perder aquela reunião de família na pizzaria por causa do "tanto de queijo que vai nestas pizzas", não é mesmo? Se todos forem à pizzaria, e você ficar sozinho em casa, a frustração lhe fará mais mal do que a pizza faria. Isso não quer dizer que você deva jantar na pizzaria todos os dias, porque, de fato, o excesso de queijo acabaria lhe fazendo mal. Só estou afirmando que uma pequena escapadela das regras estritas de vida saudável será compensada por seu organismo sem grandes problemas. Desde que sejam mesmo exceções, especialmente naquelas ocasiões que envolvem a família e os amigos, num ambiente de alegria e afetividade.

Todo radicalismo faz mal à saúde – e isto explica, em parte, a doença e a morte da senhora ultranaturista descrita no início, que tentava compensar com seu perfeccionismo um profundo ressentimento que nutria na alma havia dezenas de anos. Por outro lado, a negligência das sábias leis de seu organismo também pode ser perigosa!

Moderação significa nem oito, nem oitenta...
É o constante equilíbrio em todo seu estilo de vida!

Atitude mental positiva

Para manter a saúde integral, é indispensável que a mente colabore. Não permita que sentimentos negativos como ódio, inveja, ganância, frustração, medo, rejeição ou culpa intoxiquem seu organismo e produzam tensões prejudiciais.

Evite sobrecarregar o cérebro com filmes de suspense e relatos de tragédias. Mesmo que eles não o afetem conscientemente, permanecem no subconsciente, onde costumam gerar traumas.

Além disto, disparam os mecanismos de defesa do corpo, produzindo hormônios do estresse, que geram tensões e deprimem o sistema imunológico. E tudo isto desnecessariamente, sem haver perigo real para a sua vida.

Procure ocupar sua mente com pensamentos positivos de paz e de amor, com ideais nobres e elevados, com as coisas belas ao seu redor. Auxilie as pessoas menos favorecidas e tente renovar-lhes a esperança. Cultive a amizade com pessoas que já tenham adotado esta atitude, para mútua edificação.

Leia bons livros. Medite sobre a bondade de Deus e permita que Ele faça sua fé crescer. A confiança em Deus desaloja a ansiedade de sua mente. Há dezenas de estudos médicos comprovando a influência da fé sobre a saúde. Citaremos apenas aquele realizado na Faculdade de Medicina de Dartmouth. Este estudo revelou que a probabilidade de pacientes cardíacos sobreviverem após a cirurgia de peito aberto é 14 vezes maior entre aqueles que têm fé em Deus e encontram conforto na religião. Pessoas que crêem vivem mais e melhor.

Adquira o hábito de cantar, seja sozinho, no chuveiro, em família ou com amigos. Sempre que possível, ouça boa música, com melodias alegres e harmoniosas, pois ajudará a melhorar seu estado de ânimo, tornando-o mais calmo e feliz.

Aprenda a relaxar. Se você se inscreve entre aqueles que ainda não acharam o botão do interruptor para desligar as preocupações, continue procurando. Ele existe, toda pessoa o tem. Tente expulsar as preocupações de sua mente, enchendo-a com pensamentos construtivos, interessantes e positivos. Assim, as preocupações perderão o espaço que era delas. Ou imagine-se guardando todos os seus problemas em uma caixa, fechando-a e colocando-a no porão durante a noite, para que nada lhe perturbe o sono.

Use o exercício físico para se desligar, ou um mergulho na piscina ou uma ducha morna. Aprenda técnicas de relaxamento muscular. Assim será mais fácil desligar-se das ansiedades para gozar o seu lazer e superar o cansaço. (Ver os exercícios de relaxamento no capítulo A arte de relaxar.)

Quando você retornar às suas atividades diárias, tudo terá um novo aspecto, porque você terá renovado as forças mentais.

O melhor antídoto contra o excesso de estresse é o amor. Comece por amar a si mesmo. Conheça-se, corrija-se quando necessário, mas não deixe de se aceitar e de se elogiar quando o merecer. Descubra-se como indivíduo, com um universo de virtudes e defeitos, experiências e hábitos. Sinta-se especial, único, precioso. Quando estiver em perfeita paz consigo mesmo, terá energias liberadas para amar as pessoas ao seu redor.

Decida amá-las como ama a si mesmo, entendendo-as, aceitando-as como são e procurando ajudá-las a crescer. Não se exceda, amando-as mais do que a você mesmo, senão você ficará sobrecarregado. Também não as ame menos do que a você mesmo, senão você se tornará egoísta e infeliz. Procure amar a tudo e a todos: a natureza, as pessoas, os animais, o trabalho e o lazer.

Pessoas que amam muito são mais felizes e serenas.

UM GRAMA DE PREVENÇÃO VALE MAIS

Como evitar as doenças que mais matam hoje em dia

Em fins de abril de 1998, um repórter da revista *Veja* foi enviado a Brasília para entrevistar o deputado Luiz Eduardo Magalhães, provável candidato à Presidência da República nas eleições de outubro daquele ano. Chegando ao aeroporto, o repórter ligou para a residência do deputado e recebeu a seguinte resposta: "O deputado passou mal durante o *jogging*, foi levado ao hospital, e provavelmente não poderá comparecer à entrevista hoje. Por favor, ligue mais tarde." Uma hora depois, recebeu a notícia que chocou o Brasil inteiro: Luiz Eduardo Magalhães falecera vítima de um infarto. Um jovem político de 38 anos, certamente atendido pelos melhores médicos... Ele não cuidara de sua saúde enquanto havia tempo, e não teve mais tempo de se tratar quando a doença o surpreendeu. Mas não estava ele praticando exercícios, inclusive na hora em que passou mal? E não dizem sempre que o exercício faz bem ao coração?

O repórter da *Veja* voltou para São Paulo, e no dia seguinte embarcou para Washington, para entrevistar Dean Ornish, médico famoso por ser o cardiologista do então presidente dos Estados Unidos, Bill Clinton, e de sua esposa Hillary, e que seria o principal convidado estrangeiro para o Congresso Internacional de Cardiologia previsto para ocorrer em maio no Rio de Janeiro.

Ainda chocado com a morte de Luiz Eduardo, o repórter indagou ao cardiologista: "Dr. Ornish, o que poderia ter sido feito para que isso não acontecesse?" A resposta do especialista foi a seguinte: "Uma corridinha somente no fim de semana não basta para que tudo se ajeite no organismo. Muito pelo contrário: os atletas de fim de semana têm grande chance de morrer no fim de semana. A maneira mais eficiente de evitar um ataque cardíaco precoce é mudar totalmente o estilo de vida descuidado, desde já. Isto produz no organismo uma química mais eficaz do que qualquer remédio." A próxima pergunta: "E como seria este novo estilo de vida?" Respondeu o Dr. Ornish: "Uma dieta saudável, exercício físico adequado, sono suficiente e controle do estresse, não fumar nem ingerir bebidas alcoólicas, meditação e oração, vida social e afetiva satisfatória."

No decorrer da entrevista, o cardiologista relatou o grande êxito que, com o seu método, vinha conseguindo na prevenção do infarto. Tornou-se tão famoso que dezenas de convênios médicos nos Estados Unidos ressarcem seus conveniados das despesas de um tratamento preventivo na clínica do Dr. Ornish (U$8 mil). Isto porque as seguradoras preferem evitar as despesas com uma possível cirurgia de ponte de safena, com seus riscos e eventuais seqüelas, em um país onde as doenças cardíacas são a *causa mortis* número um. "E mesmo quando ocorre um infarto, em casos de indivíduos que não fizeram prevenção", continuou o médico, "as estatísticas provam que há um índice de sobrevivência muito maior e uma recuperação bem mais rápida entre os infartados que se submetem ao meu tratamento, em relação àqueles que sofrem cirurgia de peito aberto." Novamente as seguradoras concordam, a ponto de facultarem ao doente ou à sua família a escolha entre as duas opções de tratamento. O método do Dr. Ornish tem como base a adoção de uma dieta vegetariana estrita, contendo apenas 10% de gordura, exercícios físicos e respiratórios, acompanhamento por um guia espiritual, que pode ser padre, pastor, rabino ou monge budista, para reavivar a ligação do paciente com Deus, e outras medidas tão surpreendentes e pouco ortodoxas quanto estas. O método Ornish vem sendo aplicado em muitos hospitais norte-americanos, cujas equipes foram treinadas pelo seu autor, e que estão conseguindo obter os mesmos resultados altamente positivos.

E o que faríamos para prevenir uma doença como o câncer? Poucos meses após aquela entrevista, em agosto de 1998, a capital de São Paulo sediou um Congresso Internacional de Oncologia. Centenas de especialistas do mundo inteiro proferiram conferências, debateram e reuniram-se em workshops durante quatro dias. No fim do congresso, o porta-voz da Organização Mundial de Saúde apresentou a conclusão a que haviam chegado quanto à possibilidade de reduzir a alarmante incidência do câncer no mundo: "Caso todos os fatores que favorecem o câncer permanecessem inalterados, mas a população pudesse ser levada a adotar um hábito extremamente simples – o de consumir cinco porções de vegetais crus diariamente –, poderíamos reduzir em 50% o risco de desenvolvimento dos 12 tipos mais comuns de câncer." E você sabe o que a OMS considera "uma porção" para efeito deste estudo? Uma xícara de cenoura ralada ou de verdura picada, ou uma fruta de tamanho médio (uma maçã, por exemplo) ou ainda um copo pequeno de suco de frutas. E, obviamente, os participantes do congresso acharam que isto deveria ser bem possível para a maioria dos habitantes do planeta.

No entanto, existem muitos outros expedientes para prevenir o câncer. As estatísticas nos demonstram, por exemplo, que 93% dos casos de câncer de pulmão, laringe, boca e lábios poderiam ser evitados se as pessoas simplesmente deixassem de fumar. A exposição ao benzopireno, outro grande fator produtor de câncer, poderia ser reduzida em muito se existissem leis obrigando os motoristas a usar um catalisador e a fazer uma perfeita regulagem do motor em seus veículos, periodicamente. Mas não se esqueça de que o seu churrasco pode se tornar tão perigoso quanto os gases de escapamento dos carros. O calor do fogo derrete a gordura da carne e, ao cair na brasa, esta gordura é queimada, volta a subir em forma de fumaça e impregna o churrasco que você vai comer. A fumaça da gordura queimada é composta em grande parte por benzopireno.

Cientistas de renome mundial estão continuamente realizando pesquisas acerca das possíveis causas do câncer. Uma destas pesquisadoras, a Dra. Hulda R. Clark, que trabalhou para o governo dos Estados Unidos durante 22 anos, chegou a conclusões surpreendentes: Ela afirma que a presença de um parasita intestinal chamado *Fasciolopsis buskii,* no fígado humano, pode provocar o câncer. Ao sair do intestino e se alojar no fígado, o parasita produz um fator multiplicador de células chamado "ortofosfotirosina", capaz de estimular as células de qualquer órgão com baixa imunidade a se multiplicarem desordenadamente. Em sua experiência clínica, a Dra. Hulda relata ter encontrado o parasita e a ortofosfotirosina em 100% de seus pacientes com câncer. Ela também afirma que todos os pacientes que seguiram suas orientações se curaram do câncer, depois de eliminarem o perigoso parasita e de se submeterem à desintoxicação por ela prescrita.[2] (Para maiores detalhes: ver capítulo Des-Helmint.)

Existem, além disto, diversos alimentos que ajudam a prevenir o câncer: Suco de salsinha, se você já foi fumante; morangos, amoras e uvas para neutralizar as substâncias cancerígenas às quais você fica exposto no seu dia-a-dia; soja, brócolis e repolho para fortalecer suas defesas e até mesmo destruir células malignas. O betacaroteno da cenoura e da beterraba, assim como os sucos de nabo e de salsão também ajudam muito. Adicione a isto uma atitude mental feliz e o hábito de exercitar-se diariamente. Assim seu cérebro produzirá mais endorfina, o precioso hormônio que fortalece os linfócitos na tarefa da eliminação das células cancerosas.

A terceira maior causa de morte é a hipertensão arterial, que pode provocar um acidente vascular cerebral, ou AVC. É o acidente que geralmente se chama de "derrame", e que pode levar à morte ou à invalidez por hemiplegia – a paralisia de um lado do corpo. Dependendo da área cerebral afetada, o doente pode também perder a fala, a visão ou a lucidez. A melhor forma de prevenção é o controle da pressão arterial por meio de um estilo de vida saudável.

Se o doente for obeso, precisa perder peso com urgência. Ao eliminar os primeiros cinco quilos de excesso, sua PA (pressão arterial) cai em média dois pontos nos valores mínimo e máximo. A inclusão de saladas de folhas verdes na dieta produz muito bom resultado, por causa da riqueza em potássio. O controle do estresse é imperativo, pois é quase sempre durante um momento de

---

[2] *The Cure of All Cancers*, Dra. Hulda R. Clark. New Century Press.

explosão emocional que a PA sobe, chegando a ponto de produzir um derrame. Aqui emerge novamente a necessidade de procurar a calma confiança em Deus. O fumo e o álcool precisam ser abandonados, assim como o café, as bebidas que contêm cola e o uso do guaraná em pó. O exercício físico moderado e perseverante reduz a PA já a partir dos primeiros dias. Controle e normalize seus níveis de colesterol e triglicérideos. O uso do suco de alho possui efeito imediato para reduzir a PA, por conter adenosina, uma substância que relaxa as artérias tensas de modo a facilitar a passagem do sangue com maior fluidez e menos pressão.

Consulte também o capítulo Pronto-atendimento natural caseiro sobre o tratamento da hipertensão arterial por meio de chás de ervas, compressas e banhos. Não se esqueça, porém, de medir sua PA pelo menos de manhã e à noite, e de usar os medicamentos prescritos por seu médico, sempre que ela estiver elevada.

O diabetes é outra doença que faz muitas vítimas. Existem no Brasil 8,8 milhões de diabéticos, dos quais cerca de 25 mil morrem a cada ano em decorrência desta doença. Para colocá-lo de maneira mais exata, existem dois tipos de diabetes: O diabetes tipo I, que ocorre em crianças e jovens, chamado de "diabetes juvenil"; e o diabetes tipo II, que se inicia após os quarenta anos, chamado de "diabetes do adulto". O diabetes tipo I decorre de uma falência das células do pâncreas produtoras de insulina. Este hormônio é responsável pelo transporte para o interior das células da glicose recebida através do alimento. Na falta da insulina, a glicose não é assimilada pelas células, mas permanece circulando no sangue (glicemia alta), o que pode gerar problemas graves. No caso do diabetes tipo II, ocorre uma diminuição gradativa da produção de insulina por cansaço do pâncreas. Em outros casos, porém, nota-se uma incapacidade das células abrirem seus receptores de glicose, mesmo quando a insulina está presente e já transmitiu o sinal químico pedindo a recepção.

Se quisermos prevenir os casos do diabetes tipo I, o mais importante a fazer é evitar o casamento de dois diabéticos. É muito provável que os filhos deste casal nasçam com a propensão para o diabetes juvenil, porque a dupla herança genética nestes casos é muito forte. A segunda medida de prevenção é evitar o uso do leite de vaca. Em recente congresso pediátrico, os especialistas chegaram à surpreendente conclusão de que uma grande porcentagem das crianças é alérgica à proteína do leite animal. Em algumas destas crianças a alergia se manifesta em forma de rinite, bronquite asmática, erupções na pele, má digestão ou cólicas abdominais. Já em outras, também alérgicas, ela não se manifesta logo. O sistema imunológico fica lutando em silêncio contra as moléculas de proteína estranha que recebe cinco vezes ao dia, acaba confundindo estas "invasoras" com moléculas semelhantes, pertencentes ao organismo, e começa a destruí-las. As mais semelhantes são as células de Langerhans, produtoras de insulina. Por isso, o conselho que muitos pediatras dão às mães hoje em dia é o de amamentar o bebê o máximo de tempo possível, e depois passar a alimentá-lo com leites vegetais, como, por exemplo, o de soja. Caso a criança contraia sarampo, é preciso manter o tratamento o mais natural possível, pois se este for inadequado a enfermidade pode resultar em diabetes juvenil.

Quanto à prevenção do diabetes tipo II, não se trata somente de cortar o açúcar. Significa também usar uma alimentação saudável, capaz de manter a vitalidade e o bom funcionamento de todos os órgãos – inclusive do pâncreas – até a velhice. E esta dieta deve incluir cereais e açúcares, sim, pois eles são necessários para fornecer a glicose às células. Entretanto, devem ser usados somente cereais integrais e açúcares complexos, como os das frutas e do mel. Eles não agridem o pâncreas, forçando-o a uma liberação imediata de grandes quantidades de insulina, como acontece com o açúcar e os cereais refinados. Outra medida de prevenção é evitar o excesso de gorduras. Em muitos portadores do diabetes tipo II, apesar da taxa de glicose alta, há suficiente insulina no sangue. Isto quer dizer que o pâncreas está exercendo bastante bem a sua função. Por que, então, a glicose fica flutuando no sangue em vez de entrar nas células? Já vimos que nestes doentes as células se tornaram incapazes de abrir seus receptores de glicose, apesar dos sinais químicos enviados pela insulina para que o façam. Isto ocorre por causa do excesso de gordura consumida durante muitos anos e depositada na membrana das células, o que "emperra" os receptores. Portanto, a melhor prevenção para o diabetes tipo II é a moderação no uso de gorduras, de preferência aliada à prática diária de exercícios físicos.

Como evitar algumas outras doenças

Para prevenir a osteoporose devemos consumir alimentos ricos em cálcio, magnésio, boro e vitaminas B6, K e D, nutrientes contidos em hortaliças, nozes e leguminosas. Os raios ultravioleta do sol colaboram na produção da vitamina D, que fixa o cálcio nos ossos. Para obter este benefício, precisamos fazer planos para expor-nos ao sol diariamente, de preferência nas primeiras horas da manhã ou após as 16 horas. Nestes horários, você pode dispensar o uso de filtros solares, pois eles impedem a penetração dos raios ultravioleta na pele, o que impossibilita a formação da vitamina D. Nunca é demais frisar a necessidade de exercitar-se todos os dias. O exercício parece aumentar a densidade óssea em até 2%, ou pelo menos evita que ela diminua, enquanto o idoso se mantém em atividade física diária. A caminhada de quarenta minutos é um bom início, mas diversos estudos indicam que a musculação faz surtir ainda melhores resultados na prevenção da osteoporose.

O que mais conspira contra a conservação da massa óssea é a acidificação excessiva do sangue. Nesta condição, o organismo se empenha em restabelecer o pH correto, usando as substâncias alcalinas disponíveis, tais como o cálcio e o magnésio dos ossos. Para impedir a acidificação excessiva do sangue, devemos evitar o consumo de carnes, de café e de açúcar.

Um estudo citado pela Dra. Agatha Trash mostra que, se uma pessoa tiver 45 anos ou mais e ingerir uma xícara pequena de café ao dia, mesmo que seja sem açúcar, ela está sujeita a perder 1,4% de sua massa óssea em um ano. Isto equivaleria a 14% em dez anos e a 28% quando ela chegar aos 65 anos. Imagine o que pode acontecer se ela tomar 5 ou 10 xícaras de café ao dia, e se ainda adoçá-lo com açúcar refinado!

Na prevenção de cálculos renais é imprescindível deixar de fumar. A cada tragada de nicotina, os glomérulos dos rins entram em espasmo, o que produz o acúmulo de sais e oxalatos no tecido renal. É também importante beber muita água, para facilitar aos rins a expulsão destes detritos pela urina, evitando assim que eles se compactem em forma de pedras. Se possível, passe a usar água imantada. (Ver capítulo O uso inteligente da água.)

Como forma de evitar a catarata, use óculos de sol de boa qualidade e coma bastante espinafre. Esta verdura contém uma substância capaz de destruir os radicais livres que favorecem a catarata. Para prevenir a miopia e a cegueira noturna, tome muito suco de cenoura, rico em betacaroteno, a pró-vitamina A que fortalece o nervo óptico.

Aqui estão dois conselhos para a prevenção de mais de sessenta enfermidades e do envelhecimento precoce:

- Use alho diariamente, prevenindo assim infecções e mantendo as artérias limpas.
- Componha suas refeições com pelo menos 50% de vegetais crus. Todas as frutas e verduras cruas contêm propriedades antioxidantes, capazes de neutralizar os radicais livres perigosos que provocam a degeneração e a morte das células.

Quando as frutas e verduras não fazem parte do cardápio diário, faltará oxigênio no trato intestinal, o que tende a provocar um desequilíbrio entre as bactérias de putrefação (que aumentam quando falta oxigênio, pois são anaeróbicas) e os lactobacilos necessários à boa digestão (que precisam de oxigênio e morrem quando não o recebem). Este desequilíbrio se chama "disbiose" e constitui a base para a putrefação intestinal, a má absorção do alimento e o aumento da temperatura no intestino. A febre intestinal, por sua vez, favorece o ressecamento das fezes e gera obstipação. Além disto, o aumento do calor nos intestinos promove uma multiplicação anormal de fungos e bactérias em todo o abdome, o que propicia a candidíase, as infecções da bexiga, da próstata e dos ovários, além de diminuir a função dos ovários e das supra-renais. Como conseqüência, ocorre uma baixa produção de cortisona natural e uma maior tendência ao desenvolvimento de doenças auto-imunes. É bom lembrar também que as fibras dos vegetais crus estimulam a função intestinal. Na falta deste estímulo, os movimentos intestinais se tornam preguiçosos e o trânsito do bolo alimentar é lento, gerando putrefações e aumentando o perigo de uma intoxicação geral do organismo. Tudo isto pode ser evitado com o uso abundante de frutas e verduras em sua alimentação.

Fica a pergunta: O que é mais eficaz: prevenção ou tratamento? E o que é mais fácil: prevenir um infarto ou tratá-lo? Prevenir um câncer, um derrame cerebral, um diabetes ou tratá-los? Além disso, o que é mais econômico, a prevenção ou o tratamento? Todos nós conhecemos a resposta a estas perguntas. E o que é mais comum? Infelizmente, o mais comum é se deixar tudo como está até ficar doente, e depois começar a tratar... se ainda houver tempo.

Um grama de prevenção vale mais do que um quilo de tratamento!

PREVENINDO-SE CONTRA AS DOENÇAS PSICOSSOMÁTICAS

Você é um ser integrado – corpo, mente e espírito. É impossível compreender e obter a saúde verdadeira se tentarmos separar o ser humano em partes. A mente influencia o corpo e o corpo influencia a mente. Tome como exemplo aquela gastrite de fundo nervoso que aparece cada vez que você fica ansioso ou com raiva. É a mente agindo sobre o corpo através do sistema nervoso central. E como fica seu ânimo quando tem dor de estômago? Abatido, não é mesmo? Deprimido, sem coragem, enquanto a dor não passa? É o seu corpo agindo sobre sua mente através do mesmo sistema nervoso central.

Há uma interligação muito forte entre a mente e o corpo. Por isto, é impossível ter boa saúde física se não forem respeitadas as leis da saúde mental. Mesmo que cumpra todas as leis físicas do corpo, você não terá saúde se houver ódio, inveja, ciúmes, sentimentos de culpa, de rejeição, de inutilidade ou ansiedade contínua em sua mente.

Infelizmente, a vida moderna propicia o desenvolvimento da ansiedade e de todas as emoções negativas. O cidadão do século XXI está exposto a muita tensão, muito ruído, problemas insolúveis, clima humano decepcionante, sobrecarga constante, conflitos e agressões e à rotina massacrante do dia-a-dia, da qual não há como fugir. Muitos são tratados como meros números ou dados estatísticos e acabam se sentindo assim. A dignidade e a autoestima sofrem. A mente fica perturbada, irritada, explosiva... É o estresse excessivo, incontrolável, que abre terreno para doenças nervosas e uma grande variedade de moléstias físicas. Os especialistas da área calculam que 70% ou mais das doenças que hoje nos afligem são de fundo emocional – as chamadas doenças psicossomáticas.

Para preveni-las, são necessárias duas coisas:

- Fortalecer o seu sistema nervoso para que suporte o estresse inevitável sem se desequilibrar.
- Aprender a administrar o estresse, controlando-o em vez de ser controlado por ele.

O sistema nervoso necessita de boa nutrição, repouso conveniente e revitalização pelo contato com a natureza. Os nutrientes necessários ao cérebro – principalmente complexo B, fósforo e lecitina – são encontrados na alimentação natural e balanceada. Procure evitar a ingestão de qualquer substância química que possa afetar seu sistema nervoso: café, chá-preto e mate, álcool, fumo, drogas, chocolate, analgésicos, calmantes, antidepressivos, moderadores de apetite. O repouso que você necessita advém do sono bem planejado, do equilíbrio entre lazer e trabalho e do descanso encontrado na confiança em Deus.

É importante livrar-se da sobrecarga mental e emocional regularmente, verbalizando suas ansiedades. Os psicólogos chamam a isto de "catarse" (purgação, purificação), e chegam a obter resultados espetaculares no tratamento de moléstias crônicas ao levarem o paciente a "desabafar", revelando seus conflitos interiores. Mas lembre-se também de que existe a via espiritual, que pode dar alívio e conforto, para aqueles dotados de fé, mesmo em momentos de grande tensão.

Para revigorar o sistema nervoso, é muito útil andar descalço, por alguns minutos diariamente, sobre a terra, a areia ou a grama molhada de orvalho. Neste exercício, que pode ser acompanhado de respiração profunda e movimentos com os braços, o corpo descarrega na terra a eletricidade excessiva que acumulou. Ao mesmo tempo, os terminais nervosos das plantas dos pés são estimulados pela massagem da grama e pelo frio do orvalho, transmitindo esta vitalização ao cérebro por ação reflexa. Deitar-se sobre a relva ensolarada, encostar-se ao tronco de uma árvore, receber a carícia do sol, da chuva, do vento sobre a pele nua, acompanhar o vôo das aves ou o trabalho dos insetos, contemplar as nuvens ou as estrelas... tudo isto é revitalizante para os nervos cansados.

Uma vez fortalecido o sistema nervoso, é mais fácil enfrentar o estresse, que, afinal, não é doença. É apenas o conjunto das tensões – tanto negativas quanto positivas – às quais estamos expostos. O estresse é inevitável e pode até ser benéfico, desde que seja mantido sob controle. O desafio é precisamente este: o de mantê-lo dentro dos limites do suportável. Isso porque não é o estresse em si, mas nossa incapacidade em administrá-lo o que nos predispõe à doença.

Podemos dividir as tensões em mentais (excesso de trabalho intelectual) e emocionais (dor, perda, desapontamento, conflito). Ambos os tipos precisam ser, em primeiro lugar, reconhecidos como fatores estressantes para que possamos exercer controle sobre eles. Por isso é preciso que você pare e se observe. Qual o tipo de tensão que mais o afeta? Se for o trabalho mental excessivo, você não acha possível diminuí-lo reconhecendo seus limites, reduzindo sua competitividade e seu perfeccionismo? Assim agindo, é possível que você nunca chegue a ser o primeiro em tudo, mas decerto terá mais tempo para o lazer e, sobretudo, mais paz de espírito. Aprenda a delegar poderes às pessoas de sua confiança e a dividir as responsabilidades com seus colegas.

Interrompa suas atividades a períodos regulares para fazer alguns exercícios ou uma rápida caminhada. Respire fundo, beba um copo de água, feche os olhos, solte os ombros, gire a cabeça, aplique alguns pontos de pressão na nuca e nos músculos dos ombros, espreguice-se... e recomece o trabalho com nova disposição. Procure organizar suas tarefas de modo a poder executá-las com calma, uma após a outra. Tente prever os problemas e estudar as soluções com antecedência para não ter de enfrentar emergências a toda hora.

Reconheça o valor de seu trabalho e o de seus colegas e assessores. Aprenda a amar o que você faz, a sentir-se útil para a sociedade. Crie um clima afetivo e descontraído em seu ambiente de trabalho, e se surpreenderá com a colaboração espontânea de seus colegas.

Valorize seu lazer. Repousar não é sempre espreguiçar-se: é relaxar as tensões ocupando-se de atividades de natureza oposta àquelas que geram as tensões. No caso de excesso de trabalho mental, o melhor lazer é um hobby em que você use os músculos ou a habilidade manual para criar algo enquanto sua mente pode divagar à vontade.

Caso sua tensão seja originada por emoções negativas, será preciso certa disciplina mental para reprimi-las. Os sentimentos e emoções têm sua sede no hemisfério direito do cérebro. O raciocínio, a razão, a memória e a força de vontade estão domiciliados no hemisfério esquerdo, e é este que precisa manter o controle da situação. Isto é importante quando os sentimentos negativos ameaçam o seu equilíbrio emocional, produzindo tensão insuportável. A aquisição deste controle lhe custará algum esforço no início, mas com o tempo o hemisfério da razão assumirá a gerência, sempre que necessário, de modo perfeitamente natural. E é importante observar que não se trata somente de controlar a manifestação externa dos seus sentimentos, e sim a formação de níveis prejudiciais destas emoções em sua alma. Se você "engolir" a sua raiva para não manifestá-la, terá tanta probabilidade de contrair uma gastrite nervosa quanto no caso de "explodir de raiva". O ideal é superar e sublimar as emoções negativas.

Imagine as seguintes situações e o diálogo entre os seus hemisférios cerebrais, após você ter aprendido a ativar a supremacia do hemisfério esquerdo sobre o direito em momentos de tensão:

Situação 1: Solidão em lugar escuro e potencialmente perigoso. Hemisfério direito: "Estou com muito medo." Hemisfério esquerdo: "Não preciso ficar com medo, porque sei que estou protegido. Deus está comigo e sabe cuidar de mim, mesmo nas situações mais perigosas."

Situação 2: Agressão verbal injusta e demorada. Hemisfério direito: "Este cidadão está me levando à raiva." Hemisfério esquerdo: "Não quero ficar com raiva, pois ela me rebaixaria e me faria mal. É provável que ele esteja me agredindo porque é infeliz. Não devo levá-lo tão a sério. Devo manter-me calmo. Logo ele estará se arrependendo do que diz."

Situação 3: Solidão de pessoa idosa ou enferma. Hemisfério direito: "Parece que ninguém se importa mais comigo." Hemisfério esquerdo: "Isto não é verdade. Se pensar bem, lembrarei de muitas pessoas que me amam. Que tal telefonar ou escrever para uma delas? E além disto, Deus me ama incondicionalmente."

Situação 4: Negócios que vão mal, excesso de responsabilidades, desajuste familiar ou profissional. Hemisfério direito: "Meus problemas são pesados demais, me esmagam, não têm solução! São centenas de dificuldades ao mesmo tempo! Fico angustiado, sufocado!" Hemisfério esquerdo: "Pensando bem, não são tantos assim. Vou analisá-los um por um, ponderando: o que já fiz para resolvê-los? O que ainda posso fazer? Qual será a pior conseqüência caso não encontre solução? Se pedir a Deus, Ele certamente me mostrará o que devo fazer. E se não conseguir resolver as coisas como eu desejo, Ele transformará tudo em benção, no fim. Basta seguir em frente, dando o melhor de mim, e aguardar com calma."

Situação 5: Sentimento de culpa. Hemisfério direito: "Errei, pequei feio! Como pude fazer isto de novo?! Desta vez o peso da culpa me esmaga! Não há volta!" Hemisfério esquerdo: "Nunca é tarde para voltar atrás, arrepender-se sinceramente e pedir perdão, quer seja aos homens, quer seja a Deus."

Situação 6: Sentimentos de inveja. Hemisfério direito: "Por que os outros sempre têm mais do que eu? Têm posição social mais elevada, mais dinheiro, uma casa maior, um carro melhor?" Hemisfério esquerdo: "A inveja é mesquinha e só destrói aquele que a cultiva. Comparar-me aos outros é tolice, principalmente quando me baseio em bens materiais. Quando olho para trás, vejo quantas coisas maravilhosas possuo, mais do que muitos dos meus conhecidos, certamente bem mais do que boa parte da humanidade. Na realidade, tenho motivos de sobra para estar contente!"

Situação 7: Mais uma tentativa não deu certo. Hemisfério direito: "Fracassei novamente! Outra vez não consegui o que eu tanto queria! Não tenho jeito, é inútil lutar! Nunca conseguirei vencer... Que desânimo, tenho vontade de jogar a toalha!" Hemisfério esquerdo: "Acho que estou exagerando. Pensando bem, já consegui muita coisa. E se fracassei agora, apenas perdi uma batalha. Não é por isto que vou abandonar a luta! Além disto, aprender a perder, às vezes, pode ser até mais útil do que aprender a ganhar."

Implantar a liderança da razão sobre as emoções negativas é uma atitude realista e eficaz. Não é auto-sugestão, e sim um sóbrio esforço pessoal para vencer o desânimo e a doença pelo resgate de conceitos positivos armazenados em sua mente.

A pessoa que sucumbe às pressões e mergulha em sentimentos sombrios e a que é constantemente agitada por ansiedades, frustrações e medos fazem com que o sistema nervoso central emita mensagens a um grupo de glândulas que produzem os hormônios do estresse: adrenalina, noradrenalina, cortisona etc... Eles são necessários em certas emergências, para preparar-nos para a defesa, mas se tornam extremamente prejudiciais quando a presença no corpo é constante. A pior das conseqüências é a depressão que produzem no sistema imunológico, enfraquecendo os linfócitos e outras células de defesa. É assim que as doenças se instalam. Em contrapartida, o cérebro estimula a produção de serotonina, o hormônio da serenidade, quando você mantém contato com a natureza, recebe bastante luz solar e pratica exercícios de relaxamento... A serotonina o habilita a tomar decisões ponderadas e favorece um sono tranqüilo e reparador.

Se, além disto, você cultivar uma atitude mental positiva, plena de alegria, esperança, amor e louvor a Deus, estará estimulando a produção de endorfina. Ela poderá aumentar ainda mais com a prática de exercício físico vigoroso, e o resultado será uma nova condição de saúde, com surpreendente resistência a todas as doenças. É que a endorfina, um precioso hormônio produzido em nosso cérebro a partir de emoções felizes e radiantes, além de ser analgésica, neutraliza os hormônios do estresse, renova o vigor do sistema imunológico e aumenta poderosamente a eficácia dos linfócitos T – responsáveis pela destruição de vírus e células malignas. Ao serem estimulados pela endorfina a cumprir suas funções com total eficiência, os linfócitos podem não apenas proteger seu corpo contra doenças, mas até mesmo restabelecer sua saúde após doenças crônicas e graves e ajudá-lo a evitar as doenças psicossomáticas.

PREPARE-SE PARA A TERCEIRA IDADE: DESENVELHEÇA AGORA!

Certa vez, ao conversar com um geriatra, perguntei-lhe qual seria a idade ideal para começar a consultá-lo. Ele respondeu: "Trinta anos." Fiquei surpresa com a resposta, até que ele me explicou que uma terceira idade de alta qualidade de vida precisa ser preparada a partir da idade em que a pessoa se encontra no auge do vigor. O ideal é manter a vitalidade, a saúde e a vivacidade mental no nível mais alto possível durante todos os dias da vida.

Precisamos para tanto buscar orientação profissional com a firme convicção de realmente segui-la. Os gerontólogos, apesar de defenderem diversas teorias a respeito das causas do envelhecimento precoce, são unânimes em recomendar um estilo de vida saudável, com uma dieta nutritiva, sono, exercício e luz solar adequados, com abolição do uso de fumo e álcool, e o devido equilíbrio entre atividade e repouso. Em 1º de novembro de 2000, a revista *Veja* divulgou os resultados de um estudo da Universidade de Stanford, EUA, sobre os fatores que levam uma pessoa a ultrapassar os 65 anos: 20% do peso recai sobre o meio ambiente em que as pessoas vivem; 17% dos fatores têm a ver com a herança genética; 10% são determinados pela assistência médica a que tiveram acesso; porém 53% dos fatores responsáveis pela longevidade das pessoas estudadas eram referentes ao seu estilo de vida!

Alguns exemplos poderão explicar esta afirmação: Em homens e mulheres com idade inferior a quarenta anos, o consumo de álcool está associado ao que se chama de "maior mortalidade por todas as causas". Em outras palavras, consumidores de bebida alcoólica, com menos de 40 anos, morrem de qualquer causa em maior número do que pessoas que não bebem. O tabaco é responsável pelo maior número de mortes no mundo; este índice de mortalidade supera o provocado por acidentes em geral, incêndios, AIDS, uso de álcool e de outras drogas viciantes, somados! Os não fumantes vivem em média 18 anos a mais do que os fumantes crônicos.[3]

Quando eu citava alguns dados iguais a estes em uma de minhas palestras, alguém no auditório se levantou e pediu a palavra: "Meu avô bebeu cachaça, fumou e comeu carne de porco durante toda a sua vida, e morreu aos 98 anos, só porque foi atropelado enquanto ia a pé até a cidade..." É bem verdade que a herança genética é um dos fatores propiciadores da longevidade e existem sem dúvida indivíduos privilegiados com uma constituição excepcionalmente forte. É preciso lembrar no entanto que este quadro está se tornando cada vez mais raro, de forma que a maioria de nós não deveria apostar em ter tanta sorte... Pois bem, se você é jovem, o melhor é começar a seguir estas orientações agora para ter uma velhice com qualidade de vida. Anote a seguir alguns conselhos específicos, elaborados por geriatras famosos:

- Para manter a boa aparência e disposição, não se permita engordar, cuide bem da sua função intestinal, não fume e evite a ingestão de carne. Isto é importante, porque durante a digestão a carne libera amoníaco, um grande produtor de envelhecimento precoce, assim como a nicotina.

- Durma cedo, pois o hormônio do crescimento, fator que se mede para determinar a idade biológica de uma pessoa, atinge seu pico de produção durante as horas de sono que precedem a meia-noite.

- Pratique exercícios físicos diariamente com orientação profissional. A prática da musculação é muito importante, porque entre os 30 e 70 anos perdemos de 30% a 40% de nossa massa muscular, se não nos exercitarmos constantemente. No entanto, estudos médicos com idosos demonstram que, além da massa muscular, a densidade óssea

[3] Revista *Vida e Saúde*, edição especial nº 1. Casa Publicadora Brasileira.

aumenta entre 10 e 15% em dois anos, quando é seguido um programa regular de musculação adequado à idade.

- Diminua a ingestão de proteínas e gorduras, dando preferência a carboidratos integrais, frutas e verduras. Estes alimentos contêm antioxidantes naturais que previnem doenças, rugas e flacidez.
- Procure a orientação de um médico ortomolecular para lhe prescrever os suplementos nutricionais e antioxidantes que possam beneficiá-lo.

O Dr. Nicholas Perricone, professor de dermatologia da Yale University School of Medicine, EUA, afirma: "A melhor dieta para ter uma boa saúde e uma pele maravilhosa é composta de frutas, legumes e verduras frescos, combinados a fontes de proteína com baixo teor de gordura, carboidratos complexos e água limpa. Sem seguir uma alimentação adequada, descansar o suficiente e praticar exercícios moderados, é impossível parecer jovem."[4]

Vimos até agora o enfoque biológico do preparo para a terceira idade. No entanto, como você não é um ser puramente biológico, precisamos levar em conta também o aspecto emocional ou psicológico do processo de envelhecimento.

Um estudo comparativo elaborado com mulheres americanas entre 45 e 65 anos, com níveis hormonais baixos devido à menopausa, e com mulheres indígenas maias da mesma faixa etária, que apresentavam os mesmos níveis de hormônios, revelou que 97% das mulheres americanas sofriam de um ou de vários sintomas da menopausa, em graus variados de gravidade. Em comparação, somente 4% entre as mulheres indígenas apresentavam esses sintomas. Como explicar este fenômeno? Se as mulheres de ambos os grupos apresentavam taxas hormonais igualmente baixas, não deveriam também sentir os mesmos sintomas? Considerando que a cultura dos Estados Unidos propicia a convicção de que a mulher só tem valor enquanto permanece jovem, bonita e sexy, compreenderemos que, quando a menopausa chega, a maioria das mulheres

---

[4] Nicholas Perricone, MD: *O fim das rugas*. Editora Campus.

se encolhe, desiste de se cuidar e muitas vezes entra em depressão. Entre as índias mexicanas, ao contrário, o início da menopausa representa um alívio e uma festa. Um alívio porque, numa comunidade que não usa métodos anticoncepcionais, a mulher finalmente se vê livre da obrigação de dar à luz um filho a cada ano. Uma festa porque, a partir deste momento, ela passa a ser considerada uma pessoa sábia e respeitada, tornando-se conselheira das mulheres mais jovens. Será que isto nos ensina algo? Pensando bem, parece que precisamos desaprender alguns dos tradicionais preconceitos, tanto sobre a menopausa como sobre a velhice em geral...

Você não é apenas um laboratório que produz hormônios! Mesmo após chegar à menopausa ou à andropausa, continua sendo uma pessoa especial, única e importante para o mundo. Você não deixa de ser bonita(o) só por ter rugas no rosto. As esteticistas chamam as rugas de "sinais de expressão", e estão cobertas de razão. Estes sinais provam que você viveu, sofreu, se alegrou e soube expressar seus sentimentos. Ninguém vai deixar de amá-la porque seus cabelos agora estão brancos, seus movimentos são mais cuidadosos ou sua coluna está mais encurvada do que na juventude. Se você amou os idosos quando era jovem, você sabe muito bem disso. E se você ainda é jovem, aprenda agora a amar os idosos, para conseguir sentir-se amado pelos jovens quando um dia a sua terceira idade chegar.

Resumindo, aqui estão alguns conselhos de ordem psicológica para esta nova fase de sua vida:

- Se você ainda estiver ativo na vida profissional, comece a fazer planos para o período posterior à sua aposentadoria agora, senão poderá sofrer um impacto emocional profundo quando essa época chegar.
- Aprenda um novo hobby. Minha mãe, que dirigiu seu Jardim-de-Infância até os oitenta anos, dedicou-se a partir de então a aprender um tipo de artesanato bastante raro naquela época: a colagem de flores e folhas desidratadas em cartões. Mandou construir uma pequena estufa, saía de casa para comprar cartolina de diversas cores, fazia longas caminhadas para achar diferentes espécies de flores e folhas,

e organizava eventos para expor os seus trabalhos. Estava sempre ocupada e realizada. Sentia-se feliz e transmitia alegria a muita gente por meio da sua arte, até falecer aos 94 anos, lúcida e sem apresentar doença alguma, sentindo-se apenas fisicamente cansada. Deixou um exemplo de qualidade de vida para muitos jovens e idosos.

- Para conservar a mente lúcida e alerta, mantenha a ousadia para inovar e a curiosidade intelectual: leia, viaje, participe dos acontecimentos em família e na comunidade, partilhe os interesses dos jovens; estude um idioma novo, quanto mais difícil, melhor. Dizem que na terceira idade as melhores línguas a serem estudadas são o japonês e o russo: se você não chegar a falar o idioma, o tempo despendido valerá pelo esforço do estudo, que conservará sua mente jovem e o cérebro bem irrigado.
- Tenha um cantinho bem aconchegante em seu lar, um cantinho só seu. Use-o para pensar sobre a vida, sempre mantendo uma abordagem positiva; elabore bons conselhos para os mais jovens e, eventualmente, escreva-os em um bonito cartão; trace um programa construtivo para o dia seguinte; ouça boa música; enquanto isso, pense no maior número possível de parentes, vizinhos e amigos seus, e imagine alguma coisa que você poderia fazer para dar-lhes um momento de alegria. Escolha pelo menos uma destas pessoas por dia para colocar sua idéia em prática: Dê-lhe um telefonema ou faça-lhe uma visita, envie-lhe um cartão ou algumas flores, um pão integral ou um bolo feito por você, mande-lhe um convite para jantar em sua casa ou para um passeio no fim de semana...
- Não se permita entrar em depressão! Arrume-se, saia para uma caminhada ou para um passeio no shopping, compre um presentinho para alguém que você ama ou para você mesmo. Se a tendência à depressão continuar, converse a respeito com um amigo. Talvez você esteja tendo pouca atividade. Matricule-se em cursos para a terceira idade ou visite um orfanato, preparando antes uma história para contar

Uma equipe de zoólogos acompanhou, na África, o comportamento de um bando de leões. O grupo era composto por um macho dominador, quatro fêmeas, alguns filhotes e três machos jovens. Estes eram obrigados a obedecer ao "rei" e não tinham o direito de acasalar-se com as fêmeas. De vez em quando, os machos jovens desafiavam o chefe com seus rugidos, mas o rugido do velho macho era muito mais forte, e eles se submetiam vez após vez. Um dia o "rei" se feriu com um espinho. Nada de grave, mas a dor o incomodava, e ele não conseguia remover o espinho, o que o deixava estressado. Depois de algum tempo, os machos jovens o desafiaram novamente com seus rugidos, e desta vez o dele respondeu mais fraco do que de costume. Isto bastou para que eles se atirassem sobre ele, de modo que ele precisou bater em retirada. Uma vez vencido, deixou de ser o macho dominador. Seus exames de sangue mostraram uma rápida queda da testosterona, e em poucas semanas o "rei" envelheceu e morreu, simplesmente por falta de motivação para continuar vivendo.

às crianças... Ninguém consegue ser feliz sem se sentir útil, e isto se aplica a qualquer idade, não apenas aos idosos.

Um exemplo clássico de longevidade, tirado do reino animal, é o da abelha-mãe, a rainha da colméia. Ela vive entre 2 e 3 anos, enquanto todos os milhares de abelhas operárias conseguem sobreviver no máximo 45 dias. E, acredite, a carga genética das operárias é a mesma da abelha-mãe!

Quando pergunto a um grupo de ouvintes o motivo para esta incrível longevidade da abelha-mãe, invariavelmente me respondem que é a geléia real que faz a diferença. A resposta é correta, pois a geléia real é um dos alimentos mais ricos e concentrados que existem, e a abelha-mãe a recebe como alimento exclusivo. Mas devem existir outros motivos, porque a rainha do formigueiro e a rainha dos cupins alcançam a mesma longevidade, e nenhuma delas recebe geléia real. O que estes insetos têm em comum, além da vida longa? Nos três casos, as rainhas são únicas em seu domínio, e suas súditas as rodeiam permanentemente, fazem-lhes reverência, cuidam de suas necessidades e lhes colocam o alimento na boca. Parecem babás preocupadas em tratar carinhosamente de um bebê mimado. Isto gera nas rainhas a reação comportamental de não envelhecerem.[5]

A psicóloga Ellen Lange realizou em 1979 um estudo com idosos, aplicando este mesmo princípio aos seres humanos. O resultado desta pesquisa talvez mude para sempre o seu conceito sobre a velhice: É POSSÍVEL DESENVELHECER!

A experiência foi realizada utilizando-se o padrão Harward, famoso por gerar resultados rigorosamente reais e fidedignos. Dois grupos de cinqüenta idosos com mais de 75 anos foram convidados a passar cinco dias em um hotel fazenda, gratuitamente. Eles desconheciam o objetivo da pesquisa. O grupo "A" era o grupo de estudo e o grupo "B" servia como grupo de controle. Os idosos do grupo "A" foram orientados a trazer fotos, roupas, calçados, chapéus e outros objetos que usavam vinte anos antes. O hotel fazenda foi decorado de acordo com a moda de

---

[5] *Desenvelhecimento*, Leocádio Celso Gonçalves. São Paulo: Editora LTR.

1959, e as louças, os talheres, os jornais e revistas, bem como a música ambiente, eram todos daquela década. Ao chegarem, passaram por minuciosos exames físicos e psicológicos que determinaram a idade biológica de cada um; foram tiradas muitas fotos, de frente, de perfil, de corpo inteiro, das mãos e da pele. O grupo "B" passou pelos mesmos testes em um outro hotel fazenda, distante do primeiro, com decoração convencional, e sem receberem as instruções do primeiro grupo.

Nenhum dos grupos recebeu dieta especial ou suplementos alimentares de qualquer tipo. Os idosos do grupo "A" foram orientados a se lembrarem de detalhes de suas vidas vinte anos antes e a tentarem sentir, falar e agir da maneira como o faziam então. A maioria deles conseguiu cooperar muito bem, devido ao clima de férias e ao espírito alegre do grupo. Passados os cinco dias, foram novamente submetidos aos exames físicos e psicológicos, aos testes e à sessão de fotos, e depois os idosos, muito felizes, voltaram para suas casas. Então os líderes do estudo apresentaram os testes e as fotos a médicos e psicólogos que nada sabiam do objetivo da experiência, solicitando avaliação sobre quais das séries de dados seriam mais antigas e quais seriam mais recentes. O resultado foi surpreendente: Em 100% dos casos do grupo "A", as fotos e os testes colhidos após os cinco dias da experiência foram avaliados como sendo três anos ou mais recentes do que aqueles realizados no início da pesquisa. Trocando em miúdos: Os idosos haviam desenvelhecido três ou mais anos em apenas cinco dias, só porque conseguiram sentir-se mais jovens e agir como tal! Entre os participantes do grupo "B" não foram verificadas mudanças significativas.

Fomos projetados para viver 120 anos e sempre plenos de saúde! Você conhece o ditado: "Não queira pôr tantos dias em sua vida! Ponha mais vida em seus dias?" E por que não as duas coisas?

Se nos livrarmos do conceito errôneo de que a velhice precisa ser triste, dolorosa, sem sentido, se nos lembrarmos de como éramos na juventude e procurarmos sentir-nos como pessoas jovens, poderemos, realmente, desenvelhecer!

Parte II

RECONQUISTANDO A SAÚDE

RECONQUISTANDO A SAÚDE PELA NATUROPATIA

Em recente congresso de cardiologia, chegou-se à conclusão de que o ser humano foi projetado para viver em média 120 anos, e mais: sempre com saúde. Por que, então, a realidade do século XXI é a de pessoas obesas, hipertensas, diabéticas, estressadas, cardíacas e portadoras das mais diversas disfunções e moléstias? Por que o câncer, a AIDS, as alergias, as doenças reumáticas?

A Naturopatia se empenha em explicar que a falta de atenção às leis de funcionamento do nosso corpo produz intoxicação crônica, carências, degeneração dos órgãos e queda da defesa imunológica. Quando o corpo se encontra nestas condições, as doenças crônicas se instalam facilmente, porque o organismo perdeu a capacidade inata de se recuperar espontaneamente.

Se o seu estilo de vida, nos últimos anos, não levou em conta as leis de saúde, é provável que você esteja se sentindo intoxicado, sem vitalidade, incomodado pelos mais diversos sintomas que estão lhe tirando a alegria de viver. Nem sempre você tem conseguido viver de acordo com as reais necessidades do seu corpo, não é mesmo? Você come tudo aquilo de que mais gosta, sem olhar muito para a qualidade, não tem mantido o equilíbrio entre trabalho mental e exercício físico, vem dormindo tarde sem relaxar antes, por causa das tensões do dia, esquece-se de beber bastante água, de fazer exercícios respiratórios e até mesmo de tirar férias... Assim, aos poucos, a sua saúde foi declinando, e agora você se sente doente.

Talvez você já tenha procurado um médico, e tenha ouvido dele que a sua doença é crônica e, portanto, incurável. Mas você não se conforma com este diagnóstico, quer se livrar do seu problema para poder voltar a ser forte e saudável como antes. Você começa a procurar uma alternativa, um método de tratamento diferente, que lhe abra a esperança de reconquistar a saúde. Alguém lhe fala sobre a Naturopatia, e você passa a querer entender melhor o que ela lhe pode oferecer. Será que ela cura realmente ou apenas alivia os sintomas? E como funciona? Dizem que ela substitui os medicamentos de farmácia por remédios naturais. É preciso ser místico para acreditar nela? E que tipos de enfermidades ela seria capaz de curar?

A estas perguntas é possível responder afirmando que a Naturopatia pode muito, desde que você esteja disposto a compreendê-la e a colaborar com a sua parte. O famoso médico naturopata Dr. Max Bircher Benner declarou: "A verdadeira medicina, assim como eu a vejo, é o caminho dos inteligentes e dos corajosos..."

Recuperar a saúde significa lutar pela regeneração das células, pois são elas os "tijolos" que constituem os nossos tecidos, ossos, sangue, órgãos e glândulas, e que, portanto, determinam o funcionamento de todo o nosso organismo. Se as células estiverem intoxicadas, desvitalizadas e se encontrarem, portanto, meio confusas quanto às suas funções, é óbvio que nenhum medicamento, seja ele alopático, homeopático ou natural, será capaz de regenerá-las.

A Naturopatia conseguiu criar uma abordagem bastante diversificada para enfrentar este desafio. Alguns dos métodos mais comuns empregados pela Medicina Natural são relacionados a seguir e explicados com mais detalhes nos capítulos seguintes.

Desintoxicação orgânica: É o método que emprega uma dieta líquida aliada a tratamentos à base de água (Hidroterapia). O processo de desintoxicação orgânica induz o organismo a se livrar espontaneamente das matérias tóxicas que o estão debilitando.

Revitalização celular: Conseguida pelo uso orientado dos remédios que se encontram na natureza, tais como o sol, o orvalho, o oxigênio, a água pura, a argila, além de sucos e chás de ervas e de raízes. Em alguns casos, ainda são acrescentados certos suplementos nutricionais, também naturais, em cápsulas.

Des-Helmint: Aborda de maneira natural e completa o problema da possível contaminação por parasitas intestinais e extra-intestinais, e por vírus, bactérias e fungos que neles se desenvolvem.

Dietoterapia ou **Trofoterapia:** Consiste na arte de elaborar uma dieta terapêutica que proporcione um estímulo de regeneração específico para cada caso, a partir dos "alimentos-remédio" oferecidos pela natureza.

Hidroterapia: É o agradável e relaxante tratamento com água, que possui uma grande versatilidade no alívio de mal-estares diversos. Pode também auxiliar os princípios ativos dos "alimentos-remédio" a chegar às células doentes.

Talassoterapia: É o tratamento com a água do mar ou com água pura acrescida de sais marinhos ou algas, tanto por via oral quanto em banhos medicinais.

Geoterapia: É a aplicação de argila, caulim, dolomita, lodo orgânico ou fango em forma de cataplasmas e de banhos ou em uso interno.

Oxigenoterapia: Indicada em casos especiais, possivelmente por via endovenosa, podendo, quando aplicada desta forma, gerar grandes resultados. No entanto, é muito fácil de ser aplicada por via oral ou local, em uso caseiro, para prevenir ou remediar pequenas moléstias.

Fitoterapia: É o tratamento com ervas medicinais, seja como acréscimo a banhos, seja em sucos, chás ou cápsulas de uso interno. A flora brasileira é riquíssima em variedades medicinais, cujo conhecimento e aplicação requerem um profundo estudo; algumas ervas porém são tão conhecidas e eficazes que podem ser usadas sem receio, desde que preparadas por um laboratório de confiança.

Massoterapia e **Quiropraxia:** É a arte de usar as mãos para proporcionar alívio das dores, melhora da circulação e relaxamento de contraturas, pela massagem e pela manipulação da coluna vertebral.

Relaxamento: Para que todas estas terapias possam ser completamente eficazes, é preciso desfazer as tensões musculares, que se comunicam a todos os tecidos e células, mantendo-as em constante atrito. Pode ser aprendido por todos, após a orientação inicial, e aplicado em casa, tantas vezes quantas forem necessárias, ou diariamente antes do repouso noturno. (Ver capítulo A arte de relaxar.)

Com toda esta riqueza de tratamentos tirados da natureza, é muito provável que você também consiga alcançar o seu objetivo.

SAÚDE E NOVA VITALIDADE PELA DESINTOXICAÇÃO ORGÂNICA

Para nos livrarmos dos mosquitos que proliferam em um pântano, temos duas opções: a) pulverizar inseticida para matá-los – isto resolverá por um tempo, até que a chuva lave o veneno e, dos ovos, nasçam novos mosquitos; b) drenar o pântano, tirando assim aos mosquitos as condições de sobrevivência. O mesmo princípio se aplica ao nosso corpo: germes de doenças só conseguem proliferar em um organismo "pantanoso", isto é, intoxicado. Se o desintoxicarmos, tiraremos às bactérias ou vírus as condições de sobrevivência e não precisaremos dos antibióticos com todos os seus riscos.

Baseados nesse princípio, alguns médicos europeus reconheceram a necessidade de uma purificação do organismo e criaram um conjunto de terapias naturais que chamaram de "Desintoxicação orgânica", que começou a ser aplicada simultaneamente na Alemanha e na Suíça, no início do século XX. Consiste em induzir o organismo a purificar-se espontaneamente, mediante uma dieta especial, apoiando seus esforços com estímulos naturais como termalterapia, banhos medicinais com ervas, massagens terapêuticas e cinesioterapia. O processo é tão eficaz para a prevenção de doenças que todos deveriam praticá-lo pelo menos uma vez por ano, mesmo que não se sintam doentes. Praticamente todas as pessoas carregam no organismo matérias tóxicas, prejudiciais à saúde, que começaram a se formar pela fermentação da primeira mamadeira de leite com açúcar e foram se acumulando pelo uso constante de doces, chocolates, carnes em excesso, frituras, excesso de sal e condimentos, bebidas alcoólicas, fumo, aditivos químicos e agrotóxicos, excesso de medicamentos, radiações, estresse e vida sedentária, sem falar nos poluentes do ar que respiramos todos os dias. Tudo isto acaba produzindo matérias tóxicas de efeitos devastadores em nosso organismo, tais como fenol, uréia, amoníaco, indol, escatol, cadaverina etc.

Efeitos da presença de matérias tóxicas

- Depósitos no tecido conjuntivo, o que prejudica o bom funcionamento dos órgãos internos.
- Retenção de líquido entre as células de todos os órgãos e também nos tecidos, devido à ingestão excessiva de sal. Obviamente, haverá mau funcionamento dos órgãos afetados, bem como facilidade para engordar.
- Depósito de matérias estranhas e gorduras nas paredes internas das artérias e veias, o que impede a livre circulação do sangue e favorece a ocorrência de arteriosclerose e infarto. Com isto, teremos células mal alimentadas e mal oxigenadas, degeneradas e enfraquecidas, propensas a mutações indesejáveis podendo originar câncer e leucemia.
- Aumento da viscosidade do sangue, o que dificulta ainda mais o fluxo sangüíneo.
- Irritação do sistema nervoso central (angústia, insônia, agitação) ou entorpecimento do mesmo (depressão, desânimo, comandos fracos aos órgãos e glândulas).
- Diminuição do peristaltismo estomacal e intestinal, e conseqüente prisão de ventre e má digestão.
- Impermeabilização dos glóbulos vermelhos, o que impede sua oxigenação nos pulmões.
- Ataque ao tecido ósseo (osteoporose) e depósito de matérias estranhas nas articulações (artrite).
- Sobrecarga do fígado e dos rins, responsáveis pela purificação do sangue.

- Aumento da tendência às alergias, queda das autodefesas e conseqüente vulnerabilidade às doenças infecciosas.

Em resumo, o organismo intoxicado está sujeito a inúmeras enfermidades e ao envelhecimento precoce. Vários médicos de renome já defendem hoje a tese de que doenças como câncer e AIDS somente se instalam em pessoas cujo sistema de autodefesa foi enfraquecido pela toxemia crônica.

Para evitar esses danos, nosso organismo procura constantemente eliminar os resíduos tóxicos. Por isso, temos mau hálito e odor desagradável da pele após o sono da noite. São evidências de uma parcial desintoxicação que ele conseguiu fazer enquanto dormíamos. Mas ele só consegue expelir uma fração das toxinas que se acumulam, porque em condições normais está quase sempre ocupado com a digestão do que comemos. Só mesmo de madrugada a digestão termina e ele tem uma pequena folga para exercer a função desintoxicadora. Resta-lhe acumular o que não pôde expelir, sempre na espera do dia em que terá condições de livrar-se deles de uma vez.

Para manter a vida, o organismo precisa exercer duas grandes funções: A primeira é a digestão e assimilação do alimento, o que se chama de anabolismo; é um movimento de fora para dentro. A segunda é a expulsão das matérias tóxicas, chamada de catabolismo, um movimento de dentro para fora. Essas funções não são exercidas simultaneamente. Enquanto houver comida para digerir, o organismo terá que digeri-la. Somente quando o libertamos desta tarefa, nutrindo-o de tal forma que não haja necessidade de digestão, ele perceberá que chegou a tão esperada folga, e a aproveitará imediatamente para executar a completa desintoxicação.

Nosso sistema nervoso central tem um "modelo de saúde" gravado num "disquete" com a seguinte mensagem: "sangue puro, tecidos, artérias e articulações limpos, funções perfeitas". É isto que ele procura realizar. Em primeiro lugar, expulsa as piores toxinas. Por exemplo, no caso de uma pessoa obesa com tumor maligno, ele desfará primeiro o tumor e depois as gorduras acumuladas. Assim, ele continua a limpeza, até a completa purificação do organismo. É o que ocorre durante o jejum terapêutico ou dieta líquida; uma abstenção voluntária de alimentos sólidos e uma nutrição balanceada com sucos coados de frutas e vegetais crus, caldos de verduras, água-de-coco e chá com mel. Esta dieta deve ser variada, saborosa e revitalizante, por isto se usam sucos integrais e frescos, que fornecem boa concentração de vitaminas e sais minerais. A nutrição é tão boa que a partir do terceiro dia as pessoas se sentem cheias de energia e com muita disposição para caminhadas e outras atividades físicas.

É interessante notar que a pessoa que jejua nestas condições não sente fome. Isso porque o ácido clorídrico, responsável pela fome, só é produzido pelo estômago quando há alimento sólido para digerir. Ao receber a dieta líquida, que dispensa a digestão, ele não o produz. Além disso, os sucos concentrados fornecem toda a nutrição de que o organismo necessita, por períodos curtos a médios. O ideal normalmente é um tratamento de 21 dias, mas há casos em que é necessário prolongá-lo por um ou dois meses, e há outros em que dez dias já produzem bom resultado. Depende da moléstia a ser tratada e do grau de intoxicação de cada pessoa. O caso recorde, no Retiro de Recuperação da Saúde, foi de 160 dias de jejum terapêutico. O paciente era um homem obeso e doente, que praticamente não andava mais. No fim dos 160 dias, caminhava 12km por dia e havia perdido 1/3 do seu peso original. Seus exames de sangue estavam perfeitos, em todos os níveis, e acusaram melhora de 32% em seu sistema imunológico.

O jejum terapêutico, com o devido acompanhamento médico, é uma maneira confortável e segura de emagrecer. A dieta de sucos soma apenas 300 a 400 calorias diárias, não deixa sensação de fome, não enfraquece e dispensa medicamentos. Se for combinada com exercício físico, respiração profunda, tratamentos naturais e a firme decisão de emagrecer, os resultados podem ser excelentes e, o que é mais importante, duradouros. A desintoxicação orgânica ajuda a vencer a tendência à obesidade por normalizar as funções digestivas e glandulares. Durante o jejum, o estômago tende a voltar ao tamanho normal, o que facilitará o controle da ingestão de alimento após o tratamento. Em dez dias de jejum terapêutico pode-se eliminar de 5 a 10 quilos. Após a devida readaptação à dieta definitiva, observa-se geralmente uma perda de 2 a 4 quilos por mês nas pessoas que seguem corretamente as orientações alimentares. Isto se torna fácil porque a partir do jejum terapêutico inicial ocorre uma reeducação do paladar e dos hábitos alimentares. Desta forma em muitos casos consegue-se a superação definitiva da obesidade.

O jejum terapêutico teve origem quando Hipócrates, o pai da Medicina, que viveu na Grécia de 460 a 377 a.C., observou que os animais domésticos, quando doentes, recusavam o alimento, bebiam muita água e repousavam. E, assim agindo, em poucos dias estavam restabelecidos, sem tomar medicamentos. Notou também que os seres humanos, na maioria dos casos de doença, sofrem de inapetência, sentem-se indispostos e desejosos de repousar. Aplicou então esses princípios a seus pacientes e obteve resultados fabulosos. Eles ficavam de 2 a 3 semanas deitados, tomando apenas água. Obviamente, apesar das promessas de cura, nem todos apreciavam esse tratamento. Coube a médicos pesquisadores como o Dr. Dewey, nos Estados Unidos, e os Drs. Bircher Benner e Buchinger, na Europa, o mérito de adaptar o antigo e comprovado método, introduzindo os sucos frescos de frutas e outros vegetais e os tratamentos naturais. Com isso, tornaram-no agradável e ainda mais eficaz.

Doenças que respondem bem à desintoxicação orgânica:

- Doenças reumáticas: reumatismo agudo e crônico, artritismo e gota.
- Doenças metabólicas: obesidade ou magreza crônica, diabetes e hipoglicemia.
- Distúrbios digestivos: colite, obstipação e diarréias crônicas, gastrite, úlceras gástricas e duodenais, dispepsias (azia, má digestão) e hepatite crônica.
- Doenças das vias respiratórias : rinite, sinusite, bronquite e asma.
- Distúrbios cardiocirculatórios: angina pectoris, taquicardia, hipertensão e hipotensão arterial, varizes, flebite e tromboflebite, úlcera varicosa, arteriosclerose em sua fase

inicial e claudicação intermitente (insuficiência circulatória paroxística dos membros inferiores).

- Doenças das vias urinárias : cistite, nefrite e pielonefrite.
- Doenças ginecológicas: inflamações crônicas, cistos de ovário, fibromas, irregularidades da menstruação e distúrbios de climatério.
- Doenças de pele : eczemas, psoríase, acne, erisipela e erupções alérgicas.
- Moléstias do sistema nervoso: estafa, esgotamento, insônia, depressão, nevralgias, neurites, dor ciática e enxaqueca.
- Prevenção do câncer e de outras doenças degenerativas.
- A desintoxicação é aplicada também com êxito em todos os estados de alteração e intoxicação do sangue, provenientes de infecções crônicas, nicotina, álcool, cafeína, entorpecentes, abuso de calmantes e outros medicamentos, e quando os exames de laboratório acusam elevação dos níveis de colesterol, uréia, ácido úrico etc.

Esta abrangência pode ser facilmente explicada. Um organismo intoxicado e desvitalizado por hábitos de vida descuidados perde sua capacidade de defender-se contra as doenças. Para voltar ao seu estado original de saúde, ele precisa ser desintoxicado e revitalizado. A Naturopatia proporciona estes estímulos, por meio do jejum terapêutico e da dietoterapia, aliados a medidas de apoio cuidadosamente prescritas como: hidroterapia, massoterapia, cinesioterapia, repouso físico e mental e alguns medicamentos naturais. Há também uma surpreendente reorganização de todos os órgãos e de todas as glândulas durante o jejum terapêutico. Na falta do alimento sólido, ocorre um estado de alerta geral em que todas as matérias estranhas são atacadas. O sistema nervoso central envia mensagens de emergência para os órgãos e glândulas, exigindo a normalização de todas as funções deficientes. Se a duração do jejum for suficiente, o organismo se habitua ao novo ritmo e o mantém definitivamente. Ao mesmo tempo, o nível de tolerância a toxinas cai, o que leva o organismo a expulsar tudo o que o perturbava. O sistema imunológico é fortemente estimulado, de maneira que um doente crônico volta a reagir positivamente contra a sua doença. Alguns exemplos:

- No caso de cistos ou tumores, o organismo literalmente digere estas matérias supérfluas quando você está na dieta líquida.
- Na artrite e na gota são eliminados os cristais ácidos que favoreciam a inflamação das articulações, porque o jejum proporciona uma forte alcalinização do sangue.
- Pelo restabelecimento da imunidade, as alergias e algumas infecções crônicas muitas vezes desaparecem rapidamente.
- O coração é beneficiado tanto pela limpeza profunda das artérias e veias como pela fluidificação do sangue e do fortalecimento do músculo cardíaco.
- Nos problemas digestivos, os órgãos conseguem restabelecer-se durante essa pausa que lhes é concedida, e os tratamentos naturais que acompanham o jejum terapêutico os revigoram.

É claro que nem sempre esses resultados aparecem por completo em 21 dias de tratamento, mas o organismo doente terá recebido um forte impulso para a mudança de rumo e conseguirá superar a doença crônica, seguindo a orientação recebida.

Existem, porém, alguns resultados imediatos, observados na maioria dos casos, após uma desintoxicação orgânica completa:

- Novo equilíbrio físico e mental.
- Rejuvenescimento visível e sensível.
- Porte mais ereto, andar mais ágil.
- Pele corada e viçosa, cabelos macios, unhas mais resistentes, olhos brilhantes.
- Ritmo cardíaco mais calmo e vigoroso, e perfeita circulação sangüínea.

- Regressão ou desaparecimento de aftas, mau hálito, seborréia, acne, inchaços e dores nas articulações.
- Acentuada perda de peso em pessoas obesas e ligeiro aumento de peso em pessoas excessivamente magras.
- Taxas de ácido úrico, colesterol etc... melhoradas ou normalizadas.
- Sensação de bem-estar, vitalidade física e mental, predisposição ao otimismo, facilidade de captação e de decisão.

Antes de iniciar um jejum terapêutico é imprescindível consultar um médico experiente no método, pois existem algumas contra-indicações. Pacientes muito debilitados ou muito idosos, gestantes e crianças pequenas e portadores de algumas doenças, como, por exemplo, o hipertireoidismo, não deveriam praticar um jejum prolongado. Já pessoas idosas que conservaram uma certa vitalidade podem jejuar e sentirão um rejuvenescimento real do corpo e da mente. Isto acontece porque ao eliminar as matérias estranhas durante o jejum terapêutico, o organismo elimina também grandes quantidades de células velhas e mortas e as substitui por células novas e jovens.

Condições para fazer a desintoxicação orgânica em casa:

- Consultar um médico experiente com disponibilidade para acompanhar o tratamento, pessoalmente ou por telefone.
- Compreender realmente o tratamento e tomar a decisão pessoal de praticá-lo.
- Escolher uma época em que não haja excesso de responsabilidades, que poderiam levar à tensão nervosa.
- Encontrar tempo para repousar, relaxar, meditar e para alguns tratamentos indispensáveis.
- Preparar os familiares e amigos para que eles compreendam e apóiem seu tratamento.

- Obedecer meticulosamente às orientações do médico quanto à readaptação ao alimento sólido, após o jejum. É necessário reiniciar a alimentação com muito cuidado, pois o aparelho digestivo precisa de tempo para voltar às atividades.
- Ingerir muita água pura, aproximadamente dois litros por dia, além dos sucos e caldos.
- Tomar banhos de sol e andar descalço, na grama ou na areia.
- Praticar exercícios físicos e respiratórios todos os dias.
- Aplicar os tratamentos básicos de apoio, rigorosamente, conforme prescrição médica.
- Cultivar pensamentos positivos de esperança, alegria, saúde etc., durante todo o tratamento.

Nos primeiros dias de tratamento podem aparecer alguns sintomas como dor de cabeça, dificuldade para conciliar o sono ou uma leve erupção na pele. Isso, porém, não é sinal de piora, ao contrário: indica que a desintoxicação começou. As matérias tóxicas são lançadas no sangue e levadas também até o cérebro, onde podem incomodar um pouco, até que o sangue seja purificado nos rins e no fígado. São sintomas inofensivos e passageiros, que podem ser aliviados com tratamentos naturais e devem encorajar o paciente a perseverar.

Quando não é possível reunir essas condições, recomendamos uma "minidesintoxicação" de uma semana, que pode ser repetida a cada mês, e que não impede as atividades normais. Resumindo, seria assim: 1 dia de dieta líquida, 2 dias de dieta de frutas, 2 dias de dieta crudívora, 2 dias de dieta crua acrescida de batatinhas cozidas e pão integral. (Ver capítulo Dietas terapêuticas.) Os resultados talvez não sejam tão evidentes após esta "minidesintoxicação" como o seriam após um jejum mais prolongado, mas se ele for repetido uma vez por mês e alternado com uma dieta ovo-lacto-vegetariana integral, a recuperação da saúde pode ser a recompensa final.

Existe ainda a opção de passar um dia a cada semana com a dieta líquida. Ela ajuda a eliminar o excesso de toxinas e dá descanso ao aparelho digestivo. Como é de curta duração, é fácil e sem contra-indicações, podendo ser seguida por praticamente todas as pessoas, proporcionando benefícios visíveis para a saúde.

Veja este exemplo de cura de pressão arterial anormal em um casal: Ambos eram pessoas de meia-idade. Ela era alta, forte, estava um tanto acima do peso ideal, tinha voz grave, rosto vermelho e postura bélica. Sua pressão oscilava entre 150 x 100 e 200 x 120 mmHg. Seu marido era bem mais baixo do que ela, magro, pálido, friorento, falava sempre com voz baixa e fraca. A sua pressão arterial era de 90 x 50mmHg. O casal se dava muito bem; andavam sempre juntos, de mãos dadas. Ambos tinham vindo para normalizar a pressão arterial. O tratamento começou. A pressão da esposa subiu a 210 x 120mmHg no primeiro dia, para depois ir descendo gradativamente. A do esposo caiu para 8 por 4 e ele teve de ficar dois dias deitado, por sentir tonturas, mas no terceiro dia já estava em 100 x 60mmHg. Na terceira semana, o início de nossa dinâmica de grupo na sala de estar, todas as noites, passou a ser uma pergunta ao casal desigual, sempre sentadinho no sofá, de mãos dadas: "E como está a sua pressão hoje?" Com sua voz grave, ela respondia invariavelmente: "13 por 8!" "E o senhor?" Lá vinha sua voz tímida, mas agora bem mais forte: "13 por 8!" Como entender que o mesmo tratamento fez a pressão arterial abaixar em uma pessoa e se elevar em outra? A resposta é simples: a desintoxicação orgânica simplesmente normalizou a função das glândulas supra-renais em ambos os casos. E isto costuma acontecer em praticamente 100% dos casos.

REVITALIZAÇÃO CELULAR

Após a purificação do organismo pela desintoxicação orgânica, as células voltam a ficar sensíveis aos estímulos de seus genes para reassumir as suas funções de maneira correta. Muitas células velhas e inativas foram substituídas por células jovens. As matérias tóxicas que produziam estímulos viciosos e contraditórios, deixando-as confusas quanto à sua tarefa, já foram eliminadas. O sistema nervoso central está promovendo um movimento geral para a retomada do ritmo de saúde. Seria de esperar que a doença fosse vencida imediatamente, não é mesmo?

Só que isto, na maioria das vezes, não ocorre logo em seguida à desintoxicação, porque as células ainda não possuem vitalidade suficiente para atender aos estímulos, e os genes ainda estão emitindo estímulos fracos demais para conseguir a devida atuação das células. É como se todo o sistema estivesse convalescente. Lembre-se de que, durante anos, sua alimentação foi insuficiente em elementos vitais.

Estou convicta de que o mesmo poder que deu vida às suas células ao criá-las está disposto a restabelecê-las agora. Quando você consegue mentalizar suas células recém-desintoxicadas e as entrega conscientemente ao seu Criador para serem revitalizadas, uma faísca elétrica de poder divino atinge os genes enfraquecidos e estes estimulam as células a uma nova vibração. Você pode comprovar este fato observando que seu desejo por determinados alimentos ricos em minerais e vitaminas parece começar a crescer inexplicavelmente, você sente mais desejo de beber água, sente vontade de dormir mais cedo e se apaixona pela caminhada diária à luz dos primeiros raios do sol da manhã. É o milagre da cura que está acontecendo: a sabedoria instintiva do seu organismo começou a ser restabelecida.

Lembro-me de um caso que um médico palestrante relatou durante um congresso. Seu paciente era um dos executivos de uma multinacional e tinha nascido na Coréia. Fora um menino pobre, e o alimento típico, quase único, das pessoas pobres em sua pátria era o milho. O menino cresceu, estudou, ficou rico e prometeu a si mesmo que nunca mais comeria milho, para não voltar a se identificar com a pobreza da sua infância. Porém, durante uma viagem, comeu algo que lhe provocou uma diarréia forte e prolongada, que ele conseguia manter razoavelmente sob controle com o uso de medicamentos. Depois de uma semana encontrava-se bastante debilitado pela diarréia contínua. Ao mesmo tempo, começou a sentir um forte desejo de comer milho, ao qual resistiu muito por causa da promessa que fizera. Mas o desejo continuava e cada vez mais forte. O médico palestrante explicou ao auditório que, nos casos de diarréia crônica, existe uma forte eliminação de magnésio, e que um dos alimentos mais ricos em magnésio é justamente o milho. O executivo da nossa história não sabia disso, porém suas células o sabiam. Felizmente, após 15 dias de ausência, ele regressou à sua casa. A esposa, com a intuição da pessoa que ama, e apesar de conhecer a sua promessa, serviu-lhe um jantar de milho-verde e o convenceu a prová-lo, sem na verdade entender por que estava agindo daquela maneira. Ah! Foi só experimentar! Ele devorou seis espigas, e pediu mais milho para o dia seguinte. Comeu milho durante toda a semana e, assim, suas forças se restabeleceram rapidamente.

O fato é que o milho continha aqueles nutrientes que seu corpo tinha perdido durante a diarréia e que seriam necessários para a revitalização das células. É por resistirmos a esses apelos do nosso organismo que muitas vezes retardamos o restabelecimento de nossas próprias energias.

Os remédios da natureza são os nossos mais poderosos aliados na reativação do vigor de nossas células, se soubermos usá-los com sabedoria e perseverança. Algumas sugestões de como fazê-lo:

- Andar descalço sobre a grama molhada de orvalho revigora as células do sistema nervoso central, por ação reflexa, enquanto descarrega para a terra a eletricidade excessiva que foi acumulada no corpo. Ao mesmo tempo, esta atividade estimula a função de diversos órgãos, cujos terminais nervosos estão situados na sola dos pés. Você pode aumentar este estímulo se em seguida caminhar sobre areia grossa ou pedrinhas redondas. Vá à praia sempre que lhe for possível. Respire o ar energizante, caminhe na areia e na beira da água, e banhe-se nas ondas do mar.

- Deitar-se sobre a grama ou sobre a areia, ou aplicar cataplasmas de argila sobre algum órgão enfraquecido também são hábitos muito saudáveis. O contato direto com a terra tem grande valor terapêutico.

- Praticar a respiração diafragmática três vezes ao dia melhorará sensivelmente todas as suas funções orgânicas, porque o oxigênio é um poderoso tonificante celular. Sempre que tiver oportunidade, sente-se sobre a relva, encostado ao tronco de uma árvore de grande porte. As árvores formam uma verdadeira tenda de oxigênio à nossa volta.

- O hábito de tomar sol diariamente nas primeiras horas da manhã, de preferência durante uma caminhada, não só transforma colesterol em vitamina D, que fixa o cálcio nos ossos, mas também produz serotonina, o hormônio da calma. Além do mais, a sua capacidade mental crescerá de maneira surpreendente. A luz solar é a maior fonte de energia que possuímos.

- A água fria também é revigorante. Uma ducha fria após o banho quente, um banho de pernas frio quando os pés estão inchados, um copo de água fria quando você está cansado e sentindo sede são alguns bons exemplos. Fazer disso um hábito diário acrescentará nova vitalidade ao seu organismo.

- O repouso adequado é imprescindível para o restabelecimento das células. É durante o repouso que elas se multiplicam e se fortalecem. Isso inclui o sono noturno, uma pausa no meio do dia, alguns minutos de inatividade, alongamentos e respiração ao longo do dia de trabalho, um dia de repouso semanal, três semanas de férias anuais e uma atitude diária de calma confiança em Deus, que dirige todas as coisas para seu bem.

- Determinadas ervas, folhas e raízes possuem o poder de regenerar células enfraquecidas. Procure conhecê-las e busque orientação para usá-las em sucos, chás ou cápsulas.

- Cultivar sentimentos construtivos e altruístas, valorizar a amizade, a alegria e a gratidão, abraçar pessoas e dizer-lhes palavras de apreço e carinho são atitudes que produzem endorfina. Este hormônio é capaz de reenergizar de maneira muito especial as células de defesa. O exercício físico vigoroso possui um efeito semelhante, tendo a vantagem de funcionar mesmo quando você estiver deprimido e não tiver vontade de abraçar ninguém. Após trinta minutos de caminhada a passo rápido, tudo terá mudado: suas células estão vibrando, sua alegria de viver voltou e você sente o desejo de abraçar o mundo todo...

Quando nos deparamos com um quadro de carência nutricional acentuada, a revitalização das células pode ser acelerada por meio de suplementação dos elementos que se encontram escassos no organismo, seja em cápsulas ou por via endovenosa. Neste caso, o melhor é optar por elementos provenientes de fontes naturais – como a vitamina C da rosa canina, a vitamina E do germe de trigo e assim por diante – por causa de sua fácil assimilação e pela ausência de efeitos colaterais. Há outros casos em que as células estão de tal maneira desabituadas a receber certos nutrientes essenciais que chegaram a perder sua capacidade de assimilá-los, mesmo quando estes elementos se encontram disponíveis no sangue – é como se a membrana da célula não os reconhecesse mais. Quando isto ocorre, é possível sensibilizar as células para retornar à capacidade de seleção e assimilação destes nutrientes, mediante o uso de gotas ou de sprays sublinguais produzidos com oligoelementos naturais. Estes elementos são metais catalisadores que ativam os processos enzimáticos, favorecendo com isto a reação correta das células na assimilação dos nutrientes indispensáveis ao seu bom desempenho funcional. Para citar alguns exemplos de oligoelementos, podemos dizer que usaríamos a ligação cobre-ouro-prata para revitalizar pessoas idosas ou debilitadas, o manganês em casos de alergia, o lítio na depressão e na insônia, o cromo para melhorar o metabolismo da insulina, o enxofre, o zinco e o fósforo, em várias combinações, para diversas moléstias. A prescrição destes oligoelementos cabe ao médico especialista. Simultaneamente devem ser usados os alimentos e sucos que forneçam às células os nutrientes necessários à sua regeneração.

Insista! Persevere! Lembre-se de que toda célula viva é suscetível de estímulo. São dezenas de milhares de genes em cada célula, projetados para promover o estímulo adequado à renovação da sua saúde.

DES-HELMINT – LIMPANDO SEU CORPO DOS HÓSPEDES INDESEJÁVEIS

Pode lhe parecer chocante ser chamado de hospedeiro de parasitas e fungos, mas a realidade é que isto acontece com todos nós e não significa falta de higiene nem descuido ao lavar as verduras. Simplesmente é uma situação quase inevitável nas condições de convívio atuais. Os ovos de parasitas não se encontram apenas nas verduras que você prepara em casa, mas também nas saladas do bufê cinco estrelas do restaurante que você costuma freqüentar (onde você não pode controlar as técnicas de esterilização dos vegetais!). Além disso, estão na maçaneta do toalete onde você acabou de lavar as mãos, no corrimão da escada, no tapete de sua residência, na poeira do parque em que você faz sua caminhada, na saliva e no pêlo do seu animal de estimação, nas cédulas de dinheiro e na mão do colega que você cumprimenta. Eles se propagam pelas picadas de insetos, pelas carnes malpassadas, pela água, pelos derivados de leite e pelos utensílios de cozinha contaminados. Como você pode ver, não há como escapar deles completamente, a não ser que você resolva viver em uma redoma de vidro...

A maioria desses parasitas nos parecem inofensivos. Geralmente não provocam sintomas ou pelo menos não os reconhecemos como causa dos sintomas que estamos sentindo. Se os bichinhos fossem um pouco maiores, estivessem do lado de fora do nosso corpo, e pudéssemos vê-los mordendo, picando, sugando o nosso sangue, com certeza faríamos qualquer coisa que fosse necessária para livrar-nos deles. Mas eles são minúsculos e fazem seus estragos no interior do corpo, onde não os podemos observar. Portanto, esquecemos que existem. E esse é o problema. Se não os identificarmos como possíveis causadores de múltiplas e graves doenças, não veremos necessidade de nos livrarmos deles, e eles poderão se desenvolver até alcançarem níveis que põem em risco a própria vida.

Confira algumas das doenças produzidas por parasitas e helmintos: ataques epilépticos, depressão e esquizofrenia (caracterizadas sempre pela presença de Áscaris, Ancylóstomo, Trichinellas e Estrongilóides); o diabetes, que é muitas vezes causado pela fascíola bovina, quando esta se aloja no pâncreas; a acne rosácea, produzida por Leishmania; além disto, há evidências de que o *Schistosoma hematobium* aumenta o risco de contrairmos câncer de bexiga, e que a presença do Echinococcus favorece o crescimento de tumores. Mas a lista não pára por aí.

De acordo com uma teoria bastante convincente da médica, cientista e pesquisadora americana Dra. Hulda R. Clark, a condição inicial para o desenvolvimento de qualquer câncer pode ser a presença da fascíola intestinal (*Fasciolopsis buskii*) no fígado humano. A Dra. Hulda afirma que num grupo de mais de quinhentos pacientes com câncer, examinados e tratados por ela, encontrou a fascíola no fígado de 100% destes doentes. Explica que este parasita normalmente se hospeda no intestino humano, onde pode produzir moléstias como colite ulcerativa, doença de Crohn e síndrome do cólon irritável. Ali ele põe os ovos, que são evacuados com as fezes e levados pela água da chuva para os açudes e riachos. Na fase seguinte, procuram um caramujo como hospedeiro e nele permanecem até oito meses, durante os quais atravessam diversos estágios de desenvolvimento. Em um desses estágios criam uma cauda, com a qual, no momento certo, se desprendem do caramujo e nadam até alguma folha verde (por exemplo, um pé de agrião), onde se prendem para se encapsular em um cisto. Se comermos a folha de agrião contaminada, o cisto, envolvido por duas camadas protetoras ultra-resistentes, passa intacto pela boca e pelo estômago, abrindo-se somente no duodeno. De lá ele migra para o intestino, onde se transforma em uma fascíola adulta. Este é o ciclo normal do parasita.

Ocorre, porém, que alguns dos milhares de ovos podem escapar para a corrente sangüínea, através de pequenas lesões que o parasita produz no intestino, sendo levados para o fígado. A função do fígado seria destruí-los imediatamente, pois é assim que este atua quando está saudável. No entanto, um elemento químico contido em muitos alimentos industrializados e cosméticos comuns, o álcool propil, ao se depositar no fígado, impede-o de exercer esta função e o deixa inerte diante da invasão do parasita. Em vez de combatê-lo, este órgão de defesa permite passivamente o desenvolvimento de todos os seus estágios em nosso corpo, como se fôssemos o caramujo que costuma ser o seu hospedeiro. Imagine agora o estrago causado por milhares de "miracídios", "rédias", "cercárias" e "metacercárias" de fascíolas reproduzindo-se em nosso corpo em um ritmo assustador! E, como se isto não bastasse, as fascíolas fabricam uma substância química, a ortofosfotirosina, que só elas sabem produzir e que constitui um fator de crescimento de células que elas necessitam para se desenvolver em seus diversos estágios. Na presença deste fator de crescimento celular, as células do organismo hospedeiro também começarão a se dividir e a crescer de forma descontrolada. Segundo a teoria da Dra. Hulda, este é o início do desenvolvimento de um câncer. As fascíolas se propagam por todo o corpo, procurando tecidos com baixa imunidade, que lhes permitam alojar-se, tais como os pulmões de um fumante, uma próstata hipertrofiada e talvez repleta de metais pesados ou mamas já acometidas de nódulos benignos. Ali causam mutações nas células e produzem tumores malignos.

A cientista afirma que curou centenas de pacientes com câncer, entre eles muitos casos terminais, livrando-os desse parasita e das matérias tóxicas que havia em seus corpos. Em seu livro, a médica descreve os casos de 138 pacientes com câncer que passaram pelo seu consultório durante um período de 16 meses. Trinta e cinco destes doentes não puderam ou não quiseram seguir suas prescrições, ou então não retornaram para uma nova avaliação. Os 103 restantes foram curados.

Como diz a autora Sonia Hirsch em seu divertido livro *Almanaque de bichos que dão em gente*,[6] referindo-se a esta teoria da

[6] *Almanaque dos bichos que dão em gente*, Sônia Hirsch. Editora Corre Cotia.

médica americana: "Parece bom demais para ser verdade! Mas é simples demais para não ser tentado!"

Então, como fazer a tentativa de nos livrarmos de todos estes perigos? O ideal seria identificarmos, mediante exames laboratoriais, quais são os parasitas que estamos hospedando. Para isto, devemos recorrer a um laboratório bastante especializado, pois existem mais de cem tipos de parasitas que se alojam no ser humano, e nem sempre conseguimos detectá-los com facilidade. Às vezes os testes precisam ser repetidos diversas vezes, com intervalos de 7 a 10 dias, para termos segurança de que o resultado negativo do exame corresponde à realidade. Provavelmente os resultados serão positivos, acusando a presença de vários parasitas. Ao adquirirmos os medicamentos específicos para combater cada tipo de parasita, notaremos que a bula de alguns deles nos alerta sobre seus graves efeitos colaterais.

Felizmente existem plantas medicinais que, se usadas corretamente, podem nos livrar dos hóspedes indesejáveis do nosso corpo, sem apresentar perigos para a nossa saúde. Algumas delas apenas afugentam os bichinhos (por exemplo: sementes de abóbora, alho, coco, cebola), e seremos sábios se as usarmos constantemente em nosso cardápio. Outras ervas podem até matar e destruir diversos parasitas de uma só vez. São plantas geralmente usadas em forma de tintura ou cápsulas (mais concentradas em seu efeito), tais como a losna, a erva-de-santa-maria, o cipó-mil-homens, a noz-pecã e o cravo-da-índia.

A Dra. Hulda Clark nos dá uma receita exata de como aplicar estas ervas em seu livro *The Cure of All Cancers*. Ela acrescenta ainda um método ao qual chama de "Zapping", aplicado por um pequeno aparelho eletrônico de nove volts. Este aparelho não está à venda no Brasil, mas pode ser importado dos Estados Unidos ou construído artesanalmente por um bom eletrotécnico. Ao segurar os eletrodos ligados à pequena bateria, você recebe uma quase imperceptível corrente elétrica de baixa freqüência que, no entanto, é suficiente para destruir a maior parte dos parasitas que você hospeda. Mesmo assim, é necessário ingerir as ervas concentradas para garantir que todos os ovos e estágios intermediários dos parasitas foram eliminados. Você encontrará uma orientação detalhada sobre este método, adaptada à realidade do Brasil, no capítulo Pronto-atendimento natural caseiro. É um tratamento de 7 a 10 dias de duração. Após completá-lo, o mesmo tratamento deve ser repetido em um determinado dia da semana, continuamente, a fim de evitar a reinfestação.

É certo que tudo isto vai custar algum esforço de sua parte. Mas se assim você conseguir prevenir um câncer, um lúpus ou uma colite ulcerativa, se puder resolver o flagelo de uma depressão profunda ou compensar seu diabetes, estará valendo a pena, não acha?

HIDROTERAPIA – O TRATAMENTO PELA ÁGUA

Sem água a vida seria impossível. Com ela são produzidos milagres todos os dias: milagres de beleza, restauração e cura. A aplicação inteligente da água pode restabelecer no organismo doente a capacidade de curar a si mesmo. Esta ciência se chama Hidroterapia, nome que provém de dois vocábulos gregos: "Hydor" (água) e "Therapeia" (tratamento). Os antigos gregos já a usavam, acreditando que purificaria o corpo de impurezas malignas e revitalizaria o sistema nervoso. Esta sabedoria lhes provinha da experiência prática.

Hoje a ciência nos faz compreender os mecanismos de ação da hidroterapia: a) por suas qualidades químicas, que purificam o corpo e possibilitam a absorção dos nutrientes; b) por suas propriedades térmicas, que conseguem normalizar a distribuição do sangue, uma das mais importantes condições para recuperar a saúde; e c) pelo efeito mecânico que conseguimos ao aplicá-la em jatos, com pressão ou em fricções. O efeito térmico da água é certamente o mais importante dentre esses. A água é um bom condutor do frio e do calor, a ponto de alguns médicos chamarem o tratamento com a água de "termalterapia". A temperatura da nossa pele é de 34ºC. Se conseguirmos alterá-la, produziremos efeitos imediatos, inclusive internos.

De acordo com uma bem conhecida lei da física: o calor dilata os corpos e o frio os contrai. Se você aplica calor sobre as artérias das pernas, por exemplo, elas se dilatarão, o que facilitará a chegada de muito sangue às pernas e aos pés. Isto seria importante, por exemplo, para uma pessoa que sofre de má circulação sangüínea (pés frios). O sangue que não chega aos pés estará, contudo, congestionando outras partes do corpo, como as vísceras, no abdome, onde a temperatura sofrerá uma elevação e ocorrerá então a chamada “febre interna”. Como o processo digestivo depende de uma temperatura estável de aproximadamente 37°C, aos 40°C haverá putrefação intestinal, gases, ressecamento das fezes e prisão de ventre. Em sua busca de nutrientes no intestino, o sangue levará esta putrefação para todo o corpo, intoxicando-o, produzindo dor de cabeça, mal-estar e preparando o terreno para muitas doenças. Restabelecer, a circulação sangüínea correta é possível com um tratamento tão simples como o escalda-pés alternado. Com esse tipo de tratamento você também pode resolver um caso de varizes e aumentar a circulação do sangue no corpo todo, o que acrescentará vivacidade a todas as suas funções. Quanto mais perfeita a circulação, tanto mais vida, saúde e energia você terá.

Observe um rio vagaroso, cheio de lixo na margem, no leito e na água, e compare-o com um riacho que corre velozmente e permanece sempre limpo. Da mesma maneira, a circulação rápida do sangue pelo corpo todo arrasta consigo e elimina de pronto as matérias tóxicas que poderiam nos prejudicar. Quando isto não acontece, por causa da vida sedentária que causa o esfriamento da pele e das extremidades, as toxinas vão entupindo os capilares, os vasos mais finos do sistema circulatório, e impedem assim que os nutrientes cheguem às células. Assim, pode acontecer que, de repente, seu fígado fique “preguiçoso”. Talvez isto ocorra porque os nutrientes não conseguem chegar a ele devido ao entupimento dos capilares. Então você resolve mudar de alimentação e toma chá amargo todos os dias. Mas nada muda, porque nada disso chega ao fígado, e ele continua doente e fraco. Quando você descobre a hidroterapia e passa a aplicar a compressa quente no fígado, abrem-se capilares colaterais, o sangue carregado de nutrientes volta a alcançar o fígado, e ele se recupera.

O segredo consiste na capacidade de regeneração das células vivas pela terapia natural. Esta regeneração pode ocorrer como reação a estímulos internos, como a dieta saudável e os chás de ervas medicinais, e também a estímulos externos à pele e à musculatura, pela hidroterapia. Ao melhorar o funcionamento das células, inicia-se um poderoso processo de restabelecimento da saúde.

Você já deve ter praticado a hidroterapia algumas vezes, inconscientemente: Quando alguém está desmaiado, a melhor maneira de fazê-lo voltar é com um jato de água fria no rosto e no peito. E quando você está tenso, instintivamente não procura um banho ou uma ducha quente para relaxar? E deu resultado, não deu? Isto ocorre porque os tratamentos com água possuem um efeito incrível sobre o sistema nervoso central. Por exemplo: os banhos frios elevam o metabolismo basal (o que ajuda na perda de peso) e aumentam a inspiração de oxigênio. Além disto, revigoram músculos, órgãos e nervos.

Outro fator de cura é a facilidade de se acrescentar à água do banho sal marinho, vinagre ou chás de ervas medicinais, que a água introduz no sangue através dos poros. Este processo será compreensível à medida que lembrarmos que a pele não é uma película plástica, mas um tecido poroso, permeável, através do qual podemos tanto transpirar quanto absorver. Como nossas células têm a capacidade de procurar e selecionar os nutrientes de que necessitam, farão o sangue absorver, pelos poros, as substâncias que lhes convêm, quando estas lhes são oferecidas na superfície da pele. Isto se dá especialmente durante banhos quentes, que dilatam os poros e vasos da pele.

Como um bom exemplo deste princípio, vou relatar um caso: O bebê de uma amiga nossa nasceu com um grave problema de digestão de proteínas. Não digeria nenhum tipo de leite, fosse materno, de ama, de vaca ou de cabra, nem mesmo leite de soja ou de aveia. Qualquer alimento lhe provocava vômitos e diarréia. Passava mais tempo no hospital, tomando soro, do que em casa. Com três meses de idade estava tão fraco e magro que os pais já haviam perdido a esperança de que pudesse sobreviver. Quando consultaram mais um pediatra, receberam o seguinte conselho: "Dêem-lhe muita água para beber, mas nenhum alimento. Em vez disto, preparem um banho de leite quente com ovos batidos e mantenham-no neste banho por uma hora, duas vezes ao dia. Ele absorverá as proteínas pelos poros." O bebê ficou bonito e forte. Tomou os banhos até os nove meses de idade, quando finalmente conseguiu digerir a primeira mamadeira de leite de soja com mel. A partir de então, teve uma evolução totalmente normal.

Você percebe como a nossa pele funciona bem, colaborando na absorção dos nutrientes de que necessitamos?

E você já notou como as crianças gostam de água? Parece que sentem atração instintiva por ela e vivem buscando o bem-estar que ela lhes proporciona. Em geral, também apreciam bastante os tratamentos com água, desde que você lhes explique para que servem e como elas se sentirão depois. Seria útil para elas e também para você ensaiar os principais tratamentos quando as crianças estão com saúde. Experimente... elas adoram! Além de incrivelmente eficazes, as aplicações de hidroterapia são agradáveis e divertidas.

A Organização Mundial de Saúde tem incentivado por todos os meios o aprendizado e o uso dos tratamentos naturais por serem seguros, econômicos e eficazes. Convocou enfermeiras, parteiras, agentes de saúde e donas-de-casa para substituírem o excesso de medicamentos por terapias mais suaves, especialmente na parte de enfermagem caseira. As técnicas são simples e fáceis de aprender: banhos, compressas, fricções, duchas, cataplasmas. Os materiais de que você precisa para aplicá-las já se encontram em sua cozinha ou no seu banheiro, na maioria dos casos.

Isto não significa que você vá dispensar a orientação médica em caso de doença. Mas estará preparado para dar alívio a você mesmo ou a alguém de sua família quando não encontrar um médico ou quando se tratar de moléstia corriqueira como dores de cabeça, resfriado, dor de ouvido ou azia. No entanto, se os sintomas persistirem, mesmo que pareça coisa simples, busque auxílio médico.

Outro ponto a que se deve dispensar todo cuidado é a escolha da aplicação certa em cada caso. A primeira pergunta que geralmente surge é: devo aplicar tratamento quente ou frio neste caso? Pela lógica, aplica-se o frio quando há excesso de calor: inflamação, inchaço, coloração vermelha da pele. E aplica-se quente quando há espasmos, tensão, falta de circulação ou enrijecimento doloroso. Com um pouco de prática, você saberá fazer o certo em todos os casos.

Mais importante, porém, é julgar o tipo de pessoa que vai receber a aplicação. Crianças muito novas, pessoas acamadas, debilitadas ou muito idosas, pálidas e friorentas geralmente não se dão bem com estímulos muito fortes, como aplicações muito frias ou muito quentes. Nestes casos é bom usar tratamentos de calor suave e observar a reação do paciente, pois a reação individual é o fator mais importante para a eficácia do tratamento. Por exemplo, se você aplica um suadouro a uma pessoa idosa e ela não transpira mas sente frio, certamente não vai melhorar, e pode acontecer o oposto do resultado esperado. Por isso, observe sempre a reação e esteja preparado para mudar o tratamento, caso seja necessário.

A água está à sua disposição em todas as temperaturas, desde o gelo até o vapor, e pode ser usada em inúmeras aplicações diferentes.

Se você aprender a arte da hidroterapia, pode conseguir todos estes efeitos, conforme a necessidade: descongestionar, derivar, relaxar tensões, reativar funções de órgãos e glândulas, induzir a rápida eliminação de toxinas, aumentar o número de leucócitos, produzir transpiração, alterar a distribuição do sangue e da temperatura do corpo. Já foi dito que "um bom médico consegue fazer mais com uma toalha molhada do que um mau médico com uma farmácia cheia de medicamentos".

TALASSOTERAPIA – ALGAS E SAIS MARINHOS

Muitos médicos modernos concordam com o fato de que as chamadas "doenças da civilização" são basicamente doenças de carência, resultantes de um meio vital enfraquecido, desequilibrado, incapaz de suprir as necessidades das células que deveria alimentar.

No início da década de 1950, o cientista brasileiro prof. Francisco Antunes, engenheiro químico, começou a desenvolver suas pesquisas em bioquímica e, ao concluir que não há disfunção orgânica sem prévia carência mineral, começou a buscar uma fórmula capaz de suprir a carência alimentar do organismo humano. Perguntou-se qual seria o motivo desta carência de nutrientes, e chegou à conclusão de que por meio da lixiviação (lavagem) do solo pelas chuvas torrenciais, os minerais foram sendo retirados da terra, tornando nosso solo cada vez mais pobre, nosso alimento cada vez mais deficiente. E para onde foram estes minerais? Para a água dos rios, que os depositaram no mar. Nada mais lógico, portanto, do que tentar reavê-los a partir de lá.[7]

Dez anos mais tarde, o prof. Antunes apresentou o resultado de seu trabalho, que lhe valeu um título de Doutor Honoris Causa. Um concentrado mineral extraído da água do mar, obtido das correntes oceânicas que provêm de rios submarinos profundos, com origem nas águas geladas da Antártida. Essa água do mar *in natura* é concentrada cinco vezes (por exemplo: de 10 mil para 2 mil litros). Neste processo são retirados os sais radioativos, as impurezas e o cloreto de sódio, o sal de cozinha comum.

---

[7] *Terapia ortomolecular natural*, prof. e Dr. Francisco Antunes, Ed. Cultrix.

Os efeitos curativos da água do mar eram conhecidos muitos séculos antes da nossa era. Eurípedes, Hipócrates, Plínio e Platão já sugeriam seu uso. Em 1867, o Dr. Bonardière deu o nome de "Thalassoterapia" (do grego Thalassa = mar) às práticas terapêuticas empregando recursos marinhos. As bases científicas das virtudes da água do mar foram estabelecidas no ano de 1904, quando o médico e biólogo francês René Quinton demonstrou que cada uma das células de um organismo vivo é banhada em um meio fisiológico idêntico ao da água marinha. Em outras palavras, nosso sangue, com exceção da hemoglobina, possui a mesma composição química da água do mar. Para provar sua teoria, o biólogo levou ao seu laboratório um grande cão e, na presença de várias testemunhas, fez-lhe uma lenta transfusão de água do mar por uma das veias, enquanto retirava todo o sangue do animal por uma outra veia. Em seguida libertou o cão e o observou por seis semanas, enquanto o animal comia, corria e brincava. No fim deste período, levou-o ao laboratório pela segunda vez para analisar a evolução da água do mar que lhe havia sido injetada. Achou sangue canino normal! Foi convincente...

O produto resultante oferece a totalidade dos oligoelementos necessários ao corpo humano: mais de quarenta micronutrientes, em forma microcoloidal, de fácil absorção e na proporção ideal. Ao tomarmos diariamente uma colher de sobremesa, em água, suco ou sopa, as células voltam a receber os elementos necessários para o bom desempenho, e a regeneração do sistema vascular e celular se inicia.

Além da ingestão, podemos trazer os benefícios da água marinha ao nosso corpo por meio de banhos gerais e parciais em água do mar. Nossos poros absorvem, quando são nela mergulhados, os oligoelementos contidos na água marinha e os entregam à circulação sangüínea. Por essa razão os banhos de mar são tão recomendados. Até mesmo respirar profundamente o ar iodado, durante uma caminhada na praia, pode trazer grandes benefícios à nossa saúde!

Hoje existem institutos especializados em talassoterapia, localizados à beira-mar, na Europa, nos Estados Unidos, e, mais recentemente, também no Brasil. Oferecem banhos e duchas com água trazida do mar e massagens e cataplasmas com algas e sais marinhos.

Enquanto as suas condições não lhe permitirem viajar para se submeter à talassoterapia em algum spa especializado, você pode aproveitar os inúmeros benefícios da água do mar de modo bem simples: Faça um escalda-pés acrescido de sal grosso moído. Ou banhe a pele do rosto, ou do corpo inteiro, seus cabelos sem brilho ou suas unhas quebradiças com uma porção de água morna com sal grosso dissolvido ou com sais de banho marinhos e pó de algas. Tome uma dose diária de água do mar concentrada e mergulhe nas ondas sempre que lhe for possível!

GEOTERAPIA – ARGILAS CURATIVAS

Se lhe parece estranho deixar-se envolver em cataplasmas de barro ou banhar-se em um tanque repleto de lodo negro, ou mesmo aplicar uma compressa de argila sobre o rosto, você está em boa companhia: a maioria da população mundial recusaria submeter-se a este tipo de tratamento. Isso porque, desde a mais tenra infância, ouvíamos dizer que a terra é suja, e éramos castigados por sujar-nos com barro e levados a tomar banho imediatamente. Porventura a terra não está cheia de bactérias e ovos de parasitas? E a cor negra do lodo orgânico não parece sinônimo de sujeira concentrada? Como pode um material tão impuro ser usado para o tratamento de doenças?!

A argila usada para fins medicinais é terra virgem, cuidadosamente extraída em lugares limpos, sem aterro e sem lixo, a uma profundidade de pelo menos um metro e depois exposta ao sol. Esta terra é completamente estéril, tanto que nenhuma semente nela germinaria. O lodo orgânico precisa ser analisado no local da extração, para comprovação de sua pureza, antes de ser liberado para uso terapêutico. Sua cor negra provém da decomposição de plantas e algas, processada ao longo de séculos, o que lhe confere grande riqueza em fito-hormônios, benéficos em casos de doenças ginecológicas. O fango verde, tipo de terra muito usado na Europa, precisa ser analisado em laboratório, remessa por remessa, o que o torna bastante caro. Em algumas regiões do Brasil encontramos o caulim, uma terra branca, que é usado geralmente para fabricar porcelana. Porém, quando se destina ao uso medicinal, é purificado em laboratório especializado.

Dentre os diversos tipos de terra, a mais fácil de se adquirir e a mais prática de se aplicar é a dolomita.

A dolomita foi descoberta e analisada pelo geólogo Deodat Dolomieu (1750-1801) perto de Cortina D'Ampezzo, nos Alpes tiroleses. Trata-se de uma rocha composta principalmente de cálcio e magnésio e que contém aproximadamente 10% de outros minerais na proporção ideal para suplementar estes nutrientes no organismo humano. O professor Dolomieu reconheceu seu valor terapêutico e deu-lhe o nome de "dolomita", derivado do seu próprio sobrenome. No Brasil foram encontradas duas jazidas principais deste calcário, uma em Vila Velha, no Paraná, e outra perto de Vitória, no Estado do Espírito Santo. Ela é comercializada em forma de um pó branco e muito fino, constantemente analisado antes de ser enviado para as lojas naturistas.

As terras medicinais são ricas em sais minerais, como cálcio, magnésio, ferro, manganês, silício, cobre, zinco e muitos outros, que são absorvidos pelo organismo através dos poros e então liberados para as células que deles necessitam. O bom resultado do uso interno do pó de dolomita ou caulim no tratamento de azia, gastrite e úlceras do trato intestinal está comprovado. Apesar das diferenças encontradas entre as diversas terras medicinais – que dependem do seu local de origem –, elas têm em comum algumas propriedades muito especiais que beneficiam os organismos enfermos. Conheça algumas delas:

- Absorção de líquidos retidos (no caso de edemas nos pés ou no rosto), de matérias tóxicas, de gases e de odores desagradáveis (putrefação intestinal ou em feridas infectadas).
- Ação antiinflamatória e antitérmica, pois terra é um ótimo condutor de calor. Seu efeito nestes casos é muito rápido. É importante, porém, renovar o cataplasma toda vez que ele se aquecer.
- Ação analgésica (em casos de dor de dente, sinusite ou dor ciática).
- Regulação da radioatividade no organismo. A terra acrescenta teor radioativo aos órgãos enfraquecidos, revigorando-os, ou absorve os excessos quando necessário, por exemplo após uma radioterapia.
- Forte ação cicatrizante e alcalinizante, o que torna a terra eficaz no tratamento de azias, gastrites e úlceras do aparelho digestivo, quando ingerida por via oral. É útil no tratamento de feridas crônicas e nos estados de acidose geral.
- Capacidade de revitalizar a pele precocemente envelhecida, de secar e desinflamar a acne e de diminuir a celulite (pela absorção do líquido retido).

À ausência completa de efeitos colaterais quando utilizada de acordo com a prescrição, a geoterapia deve a sua fama de ser um poderoso coadjuvante no restabelecimento da saúde integral de pessoas enfermas.

FITOTERAPIA – O PODER DAS PLANTAS MEDICINAIS

Foi assim que a medicina começou. "Phytos" significa "plantas", e usá-las como remédio foi a primeira opção de terapia descoberta pelo ser humano. No início, os homens e os animais eram muito saudáveis, pois viviam de maneira totalmente natural. Quando surgiram as primeiras doenças, tanto os animais quanto os seres humanos buscavam alívio nas ervas, folhas e raízes, e eram capazes de achar, de forma intuitiva, as mais adequadas para o seu caso. Com o tempo, alguns homens especialmente sensíveis passaram a se especializar nessa busca, conseguindo descobrir um número cada vez maior de plantas medicinais. Eles transmitiram sua experiência às gerações seguintes, construindo, assim, no decorrer dos milênios, uma medicina tradicional, baseada no conhecimento das diversas virtudes que puderam comprovar nestas ervas.

Obviamente, é impossível – e também desnecessário – estudarmos todas estas plantas para praticarmos a fitoterapia. A maioria dos especialistas nesta área contenta-se com a prescrição de 150 a 200 plantas medicinais por terem percebido que são suficientes para aliviar a maior parte das doenças. Na fitoterapia caseira, geralmente só se usam de 15 a 20 ervas, porque boa parte das ervas mais conhecidas podem ser aplicadas com bons resultados em diversas moléstias. Seguem-se alguns exemplos:

- A carqueja ativa a circulação sangüínea, estimula a função do pâncreas e melhora a digestão, além de ser desinfetante de ferimentos e também ligeiramente diurética.
- A cavalinha é antisséptica, diurética e rica em silício, o que a torna útil para o fortalecimento das unhas e dos cabelos e para a formação de colágeno.

De acordo com alguns papiros do antigo Egito, o uso de plantas medicinais, como o alho por exemplo, já era comum naquela terra há quatro mil anos. A Grécia nos deu sua contribuição por meio de Hipócrates, Dioscorides, Galeno e outros. A Arábia, tomando como base os princípios de Galeno, catalogou-os em um importante tratado de medicina que, traduzido para o latim, passou a ser um dos principais livros sobre medicina ocidental, a partir do século XII. A Índia, a China e o Tibete até hoje influenciam os conhecimentos de fitoterapia no mundo inteiro.

Estima-se que existam aproximadamente 5.800 plantas medicinais conhecidas na China, cerca de 2.500 na Índia, mais de oitocentas achadas nas florestas tropicais da África e quase trezentas usadas pelos fitoterapeutas na Alemanha, além de milhares de ervas conhecidas por curandeiros que vivem nos cantos mais remotos do planeta.

- A hortelã é digestiva, vermífuga, antidepressiva e expectorante.

Além das ervas propriamente ditas, figura ainda na lista dos remédios naturais uma grande variedade de frutas e verduras, tais como: couve, brócolis e repolho, cebola e alho, agrião, espinafre, berinjela, tomate, limão, abacaxi, melancia, manga. De acordo com a revista *Time* de janeiro de 2002, os cientistas estão descobrindo centenas – senão milhares – de fitoquímicos nos vegetais, que parecem prevenir doenças graves tais como infarto, câncer, arteriosclerose e hipertensão arterial quando usados regularmente.

Apesar de não existir ainda comprovação científica dos efeitos medicinais de todas estas plantas, os centros internacionais de pesquisa continuam a estudar seus ingredientes ativos, com interesse cada vez maior, na esperança de encontrar remédio para muitas das doenças hoje consideradas incuráveis. Nos países do Terceiro Mundo faltam, com freqüência, condições econômicas para que o povo possa acessar os medicamentos de farmácia, enquanto nos países ricos o argumento mais citado é o risco dos efeitos colaterais dos poderosos remédios alopáticos em comparação com a atuação mais branda das plantas medicinais. É interessante notar que os laboratórios internacionais elaboram muitos dos seus medicamentos à base de ervas. A grande diferença é que, ao se extraírem os fitoquímicos naturais das plantas, concentrando e transformando seus princípios ativos em drogas poderosas, pode ocorrer um desequilíbrio no organismo doente. Isso porque, em vez de dar-lhe o estímulo de que precisa para curar a si mesmo, ocorre apenas um alívio dos sintomas enquanto que as causas da doença permanecem sem tratamento.

Seria um erro, no entanto, concluir que poderemos facilmente automedicar-nos em todos os casos de doença, apenas decorando a aplicação terapêutica de uma dúzia de plantas medicinais. O primeiro passo, ao ficarmos doentes, é buscar auxílio profissional para descobrirmos a natureza exata da moléstia. Após o diagnóstico, seu médico provavelmente lhe explicará a necessidade da combinação de várias ervas com outras medidas terapêuticas. Além disto, todas as etapas do preparo das ervas também são importantes, tais como: a colheita, o modo de secagem, a embalagem, a estocagem, até o modo de preparar o chá, se for o caso. Precisamos saber com segurança qual parte da planta deve ser usada em cada caso: as flores, o caule, as folhas, a casca, a raiz ou as sementes? Algumas vezes é preciso ferver a erva por 5 a 10 minutos para que ela consiga liberar seu princípio ativo, como no caso da cavalinha; outras vezes é necessário fazer uma infusão, como no caso da camomila. Geralmente, as flores e folhas tenras são preparadas em infusão, enquanto as cascas, raízes e os caules lenhosos precisam ser fervidos. Mas existem algumas exceções. Há casos em que o suco da planta fresca é mais eficaz; outras vezes é melhor usar tinturas, xaropes, óleos essenciais, macerações ou cápsulas do pó; em outros, a indicação é usar pomadas externas, supositórios, cataplasmas ou compressas, vaporizações ou banhos. Por todos estes motivos, a fitoterapia constitui-se numa ciência.

É de lamentar o fato de que mesmo os homens que vivem em ambientes mais naturais, como os índios da Amazônia, muitas vezes já perderam o conhecimento instintivo sobre as plantas que poderiam auxiliar sua cura. Quando adoecem, esperam passivamente que a lancha médica passe por lá para serem medicados. Somente alguns anciãos ainda mantêm viva a tradicional sabedoria, mas eles muitas vezes vivem no meio da selva e não encontram mais ouvintes a quem possam transmiti-la...

Felizmente, existem hoje diversos compêndios de plantas medicinais, alguns resumidos, outros extensos, através dos quais podemos estudar a preciosa ciência da fitoterapia por nós mesmos, de preferência sob a orientação de um profissional experiente no assunto. (Ver capítulo Obras naturistas para consulta adicional.)

MASSOTERAPIA E QUIROPRAXIA – TIRANDO A DOR COM AS MÃOS

A aplicação destas excelentes modalidades de tratamento é reservada a profissionais da área, geralmente fisioterapeutas e massagistas formados em cursos especializados. No entanto, é útil conhecer alguns detalhes sobre os seus efeitos específicos e modo de atuar, pois podem dar resultados surpreendentes em alguns tipos de moléstias.

As massagens podem ser de três tipos:

- relaxantes;
- estéticas; e
- terapêuticas.

A MASSAGEM RELAXANTE é excelente para pessoas tensas, insones, estressadas e para aquelas que desenvolveram doenças psicossomáticas devido ao excesso de tensão nervosa. Fica bem mais fácil relaxar em um ambiente agradável, calmo, com música suave, abandonando-se às mãos cuidadosas de um profissional competente que compreende as suas necessidades. Após a massagem, parece que a vida fica mais fácil pois, por meio do relaxamento, as energias são recuperadas.

A MASSAGEM ESTÉTICA auxilia as pessoas portadoras de celulite e gorduras localizadas a adquirirem um corpo mais proporcional. Essa massagem é bem mais forte, com intenso trabalho nos músculos e nas áreas afetadas pela celulite, com fricções e tapotagem. Seu corpo precisa ser manipulado com muito cuidado, com respeito às suas reações e à sua capacidade de aceitar estímulos. Se aparecerem hematomas ou se você se sentir dolorido após a massagem, não é um bom sinal. Lembre-se também de que a massagem não fará você emagrecer. Ela apenas auxiliará na combustão das gorduras, e isto somente se você estiver fazendo um regime alimentar hipocalórico e adequado que estimule o seu metabolismo. Vale a pena lembrar que toda massagem bem aplicada ativará a circulação do sangue e acelerará a eliminação de toxinas do organismo.

As massagens terapêuticas devem ser aplicadas somente por médicos e fisioterapeutas. Um bom exemplo é a massagem de zonas reflexas, de autoria da fisioterapeuta E. Dicke desenvolvida em conjunto com os médicos Head, Schliack e Wolff. Obtêm-se com ela resultados verdadeiramente surpreendentes, não somente em problemas da coluna – a dor ciática comum é resolvida em 4 a 5 aplicações – mas também em moléstias internas, como, por exemplo: a enxaqueca, a bronquite asmática, a claudicação intermitente (grave falta de irrigação sangüínea nas pernas), as úlceras do estômago e do duodeno, a insuficiência das coronárias (quando de fundo nervoso) e até na expulsão de cálculos renais.

Lembro-me do caso de um empresário atormentado a tal ponto por cólicas renais que não comia nada já havia três dias, além de gritar de dor, suar frio e desmaiar repetidamente. Ele tinha vindo de Curitiba, porque ouvira falar dos nossos tratamentos. Já havia sido submetido a duas cirurgias para extração de cálculos renais e se recusava a se submeter a mais uma. Recebeu dois tratamentos quentes, que tiveram de ser interrompidos por causa do tormento das cólicas. Em seguida, foi-lhe aplicada uma massagem de zonas reflexas, específica para cálculos renais. Após 15 minutos, ele pediu para ir ao banheiro, e ao voltar trazia na mão dois cálculos ásperos e pontiagudos do tamanho de um grão de arroz. A massagem havia dilatado de tal maneira as vias urinárias que os cálculos puderam ser expelidos. Com isso, as cólicas cessaram imediatamente, proporcionando-lhe grande alívio.

A massagem de zonas reflexas é aplicada nas costas, em várias etapas, começando pela região lombar. Consegue desfazer nódulos e reentrâncias crônicas, relaxando, assim, os tecidos tensos. Você pode, por exemplo, interromper uma crise de asma ou de enxaqueca com uma única sessão de cinco minutos dessa massagem, aplicando traços nas áreas reflexas específicas.

Outro exemplo é a massagem de Roeder, usada em casos de amigdalite crônica. Ela tem resolvido casos que aparentemente só seriam solucionados pela cirurgia. O Dr. Roeder, porém, recomenda não se pensar em cirurgia enquanto não tiver sido feita uma experiência com a massagem que ele desenvolveu, pois, segundo ele, em 95% dos casos, a cura ocorre. Conforme a gravidade do caso, são necessárias entre 5 e 12 aplicações. O médico pede ao paciente que abra a boca e passa a lhe aplicar uma rápida massagem interna das amígdalas com o seu dedo indicador, revestido com uma dedeira. Esta etapa dura apenas frações de segundos. Em seguida, ele utiliza um aparelho composto de uma cânula de vidro acoplada a uma bombinha de borracha. Encosta a extremidade da cânula nas amígdalas do paciente e aciona a bombinha. Com esta sucção, ele remove o pus, dando, ao mesmo tempo, às amígdalas um poderoso estímulo para a cura. O tratamento, apesar de rápido, é de uma eficiência prodigiosa.

A quiropraxia ou quiropatia consiste na arte de realinhar as vértebras da coluna pelo uso das mãos. É conhecida também como "manipulação da coluna". Todos os nossos órgãos são regidos pelos nervos, que se originam na coluna vertebral, saindo pelos orifícios existentes nas vértebras. Portanto, é fácil entender que sofreremos dores e disfunções se houver qualquer desajuste das mesmas. Já foram observados casos de pessoas surdas que conseguiram recuperar a audição imediatamente após um realinhamento de vértebras. Outros doentes resolveram problemas de constipação intestinal (prisão de ventre) ou de má circulação sangüínea nos pés, porque os nervos que regem estas funções estavam sendo pinçados por determinadas vértebras desajustadas. Os torcicolos, as lombalgias e dores ciáticas, e até mesmo alguns casos de hérnia de disco, têm sido resolvidos por meio desta terapia.

Antes de iniciar a manipulação da coluna, o terapeuta induz o relaxamento dos tecidos tensos por meio de massagem de zonas reflexas, de duchas quentes, de aplicação de ultra-som ou ainda de um vibrador elétrico. Em seguida, localiza as vértebras desalinhadas e as faz voltar ao lugar por meio de movimentos rápidos e seguros. Segue-se uma suave tração cervical, torácica e lombar, executada apenas com as mãos. E, no fim, uma massagem relaxante da coluna, com o uso de um creme analgésico. Esta é uma terapia especializadíssima, que poucos médicos e fisioterapeutas conseguem dominar. Por isso, é preciso ter muito cuidado para não sofrer danos nas mãos de pessoas não habilitadas.

A drenagem linfática manual é outra massagem terapêutica, muito eficaz na eliminação de edemas (retenção de líquido no tecido) e no tratamento da celulite. Ela foi descrita inicialmente por Emile Vodder e Albert Leduc, e deve ser aplicada somente por fisioterapeutas ou médicos experientes. Esta massagem drena os líquidos excedentes, às vezes repletos de toxinas metabólicas, do interstício e os transporta para o sistema linfático, pelo qual são encaminhados para a eliminação através da urina, suor, intestinos e expiração. Ao se conseguir esta drenagem é restabelecido o equilíbrio geral, a circulação arterial e a oxigenação, tanto na área dos edemas como no organismo todo. Há diversas indicações para a drenagem linfática: lindema, dores musculares, celulite, hematomas, varizes e várias outras. Há também algumas contra-indicações como por exemplo: hipertensão, infecções, inflamações locais e tromboflebites. Por isso ela deve ser indicada pelo médico, como todas as massagens terapêuticas.

Um tratamento que proporciona resultados muito bons em combinação com a massagem terapêutica é a cinesioterapia, que consiste no tratamento pelo movimento. Na realidade trata-se de uma ginástica personalizada, que se aplica em casos de moléstias neurológicas (como o derrame) e em problemas crônicos da coluna vertebral, tais como escoliose, cifose e lordose. Ao agir sobre músculos específicos mediante determinados estímulos que os recondicionam, a cinesioterapia procura recuperar músculos atrofiados ou funções de membros afetados pela paralisia. Quando o problema está na coluna, pode-se aliar a quiropraxia à cinesioterapia. Após o reajuste das vértebras fica mais fácil reeducar os grupos de músculos que sustentam a coluna na posição correta. Os resultados já se tornam visíveis e sensíveis após algumas dezenas de sessões. Em alguns casos, quando o paciente compreende bem a terapia, ele consegue aprender os exercícios e fazê-los em casa, contando com a revisão periódica do fisioterapeuta.

Ao trabalhar seus músculos, tecidos, articulações e coluna, um terapeuta experiente poderá contribuir decisivamente para o restabelecimento integral de sua saúde.

OXIGENOTERAPIA – H_2O_2 PARA AS CÉLULAS

Em termos nutricionais, a necessidade diária de um ser humano é aproximadamente: 2kg de água, 1kg de alimento sólido e 4kg de oxigênio.

Mas será que realmente recebemos esta quantidade de oxigênio?

Nas grandes cidades, encontramos entre 19% e 20% de oxigênio no ar, o que representa uma porcentagem muito baixa se considerarmos que a própria vida começa a entrar em perigo quando recebemos menos de 18% deste elemento. Além disto, respiramos muito superficialmente (apenas 500ml em lugar dos três litros necessários). A vida sedentária, com a má circulação que ela produz, e o uso de roupas sintéticas diminuem ainda mais o conteúdo de oxigênio no sangue. Por outro lado, comemos quase que exclusivamente alimentos cozidos, que não aportam oxigênio ao aparelho digestivo: somente os alimentos crus o contêm. Com isto propiciamos a disbiose e a conseqüente putrefação intestinal, com febre interna, gases, obstipação intestinal ou diarréia.

Muitas vezes sofremos de alergias e infecções por fungos, aftas, azia e mau hálito, caspa e seborréia, falta de energia, desânimo e depressão, acne, hemorróidas e outros problemas desagradáveis em conseqüência da falta de oxigênio no organismo. Além de tudo, a escassez de oxigênio nos predispõe ao câncer, porque células mal oxigenadas apresentam forte tendência à mutação.

A oxigenoterapia pode nos trazer a solução para muitos destes problemas. Um dos métodos usados é a medicina hiperbárica, que consiste em introduzir o paciente em uma câmara que contém 90% de oxigênio. É um método eficiente, porém bastante caro e que, por esse motivo, acaba sendo usado somente em casos bem graves. A aplicação endovenosa de oxigênio, no caso de certas doenças, é feita pelo médico especialista em medicina ortomolecular, e já se torna mais acessível. Alguns angiologistas usam oxigênio ou ozônio injetável no tratamento da insuficiência circulatória das pernas, conseguindo assim reduzir os casos de amputação. A boa notícia é que no dia-a-dia, o oxigênio que o organismo reclama pode ser obtido por via oral, tomando-se vinte gotas de "P-10" (peróxido de hidrogênio próprio para ingestão) em 1/2 a 1 copo de água, três vezes ao dia, sempre com o estômago vazio.

A ingestão do peróxido de hidrogênio não tem contraindicação nem efeitos colaterais por ser esse elemento tão natural como o oxigênio que respiramos. Apresentado nessa forma, o oxigênio será absorvido lentamente pelo organismo, inundando o sangue e todo o corpo com nova vida. Entretanto, não seria seguro ingerir a água oxigenada comum, pois contém estabilizantes impróprios para o uso interno.

Alguns dos efeitos imediatos da oxigenoterapia oral:

- Aumento da energia cerebral e da capacidade visual e auditiva.
- Maior facilidade de relaxamento, otimismo e disposição.
- Melhora da digestão com redução ou desaparecimento dos gases e outros sintomas semelhantes.
- Dissolução de poluentes e agrotóxicos contidos no sangue.
- Redução do desejo de fumar e beber.
- Defesa imediata contra infecções.

Na enfermagem caseira, o peróxido de hidrogênio pode ser usado em bochechos contra as gengivites, em gargarejos contra amigdalites, em instilação nasal para rinites e sinusites e para lavagem dos olhos inflamados, sendo nesse caso diluído em água boricada ou destilada.

Outros efeitos, muito positivos, aparecem a médio prazo, tais como: estímulo à desintoxicação, à eliminação do peso excessivo (por aumentar as funções da tireóide) e ao sistema imunológico;

dilatação das pequenas artérias; aumento dos níveis de interferon, da função das mitocôndrias (mais energia muscular), das autodefesas contra fungos (micoses) e parasitas intestinais. O aumento do oxigênio no sangue também potencializa a insulina. Pela oxidação aumenta a quantidade de radicais livres, o que estimula a liberação de enzimas antioxidantes pelas células saudáveis, enquanto as células malignas e os vírus não conseguem defender-se e morrem nesta oxidação. Promove a cicatrização de úlceras do trato digestivo, bem como a rápida melhora de hemorróidas, aftas e azia.

A oxigenoterapia em forma de aplicações endovenosas é indicada por alguns especialistas nos seguintes casos: bronquite asmática, doenças pulmonares obstrutivas crônicas, herpes, candidíase, arterite temporal, diabetes melito tipo II, câncer metastático, esclerose múltipla, artrite reumatóide, infecções bacterianas e virais, parasitoses, enxaqueca, mal de Parkinson, dores crônicas, alergias e psoríase.

Quando você inunda o seu organismo com oxigênio, sua vida muda para melhor... Experimente!

A ARTE DE RELAXAR

As tensões do dia-a-dia, o estresse, a pressão do tempo, dos sentimentos de culpa, de rejeição e de insuficiência, os traumas de infância e o medo de um futuro incerto são fatores responsáveis pela ansiedade que muitas vezes domina nossa mente.

Com a incidência freqüente dessa sensação, o sistema nervoso sofre danos que acabam se refletindo na saúde mental e física. Por isto foram desenvolvidos diversos medicamentos que combatem este estado. São os chamados ansiolíticos. Quem fez uso deles, porém, sentiu que o seu efeito é de pouca duração e bastante insatisfatório, e sabe que os médicos recomendam muita cautela ao usá-los por causa da dependência que podem produzir, bem como de outros efeitos colaterais indesejáveis.

Hoje, muitos médicos e psicólogos preferem recomendar aos seus clientes que relaxem. O relaxamento é um remédio eficaz não apenas contra a ansiedade, mas contra as mais diversas moléstias de origem psicossomática. Hipertensos, cardíacos, diabéticos, dispépticos, asmáticos e muitos outros podem beneficiar-se dele e ficam surpresos ao perceber a própria melhora. A explicação é simples: Os centros nervosos situados na base do cérebro são responsáveis pela regulação das funções involuntárias (chamadas vegetativas) do organismo, tais como: a respiração, a digestão, a circulação sangüínea, o ritmo cardíaco e muitas outras.

A intoxicação crônica do sangue, assim como a fadiga e a ansiedade perturbam esses centros reguladores. Resultam daí certos transtornos nos comandos nervosos que acabam produzindo anomalias nas funções orgânicas e glandulares, mesmo que os órgãos estejam saudáveis. Uma situação similar a de um curto-circuito crônico na central de comando, que faz com que ligações

Fique imóvel e não permita a entrada de pensamentos preocupantes em sua mente. Solte-se... Deixe de defender-se... Abandone-se nas mãos de Deus, que saberá cuidar de você... Largue-se... Abandone-se como um boneco de pano largado sobre o colchão... Observe sua respiração, calma, tranqüila... Relaxe o pé direito, a perna, a coxa direita... Sinta-os moles, pesados, largados... Relaxe o pé esquerdo, a perna, a coxa... Imagine-os largos, quentes, pesados... Relaxe a mão direita, o antebraço, o braço, o ombro... Relaxe a mão esquerda, o antebraço, o braço, o ombro... Largue-os sobre o leito, muito pesados, sem força... Relaxe o abdome... as nádegas... o estômago... Imagine o coração e os pulmões pulsando devagar e calmamente... Relaxe a coluna... Os grandes músculos das costas... Imagine-os longos, finos, moles... Solte os ombros e o pescoço... Imagine todas as tensões se esvaindo... Seus tecidos quentes, relaxados... Afrouxe os lábios... a boca semi-aberta, os maxilares soltos... Relaxe as bochechas, o queixo... as pálpebras... Relaxe o couro cabeludo... a base do crânio... Relaxe a testa, a fronte... Sinta-a lisa, pura, sem tensões... Sinta-se derramado passivamente, sem vontades, sem pressa... Agora imagine-se em uma rede armada entre palmeiras... O vento balançando as folhas das palmeiras e embalando sua rede... Imagine-se olhando para o céu azul, e o azul do céu entrando em você... Respirando oxigênio azul... Lavando seu sangue... Dando vida às suas células... Expirando impurezas, tensões... Respirando oxigênio azul... Inspirando... Expirando... Inspirando... Expirando...

errôneas e mensagens confusas cheguem ao organismo. Esse, acostumado a obedecer às ordens do sistema nervoso central, executa também estas ordens errôneas, produzindo, assim, desequilíbrio e doença. Se o doente aprender o relaxamento e o praticar com perseverança por alguns minutos diários, este curto-circuito pode ser reparado e os órgãos e glândulas voltarão a funcionar normalmente. Dessa forma pode ser até possível superar uma doença psicossomática crônica.

É reconfortante saber, que, conhecendo as técnicas adequadas e perseverando no treinamento, todos podemos aprender a relaxar.

A primeira condição é conseguir um período de tempo e um lugar adequados à prática do relaxamento. Talvez o melhor horário seja à noite, após o término das responsabilidades, quando não há mais pressa. Prepare o corpo tomando um banho morno prolongado. De acordo com suas preferências pessoais, passe algum tempo ouvindo uma música suave, lendo um livro, assistindo a um vídeo tranqüilo ou conversando calmamente com uma pessoa que você ama. Deite-se então em um ambiente silencioso e prepare-se para relaxar os músculos.

Quando os músculos estão relaxados, os nervos que os comandam se parecem com fios elétricos desligados da corrente, e os centros nervosos correspondentes não recebem mensagem alguma. Com isso podem repousar e refazer-se da estafa crônica. O relaxamento muscular precede o relaxamento mental, predispondo a mente à calma e à meditação.

Deve ficar claro, entretanto, que não estamos recomendando a auto-sugestão, pois ela propicia a centralização no ego. Não é coerente procurar força, serenidade, sabedoria ou segurança no centro do seu próprio ser – é necessário que tudo advenha de uma força superior, fora de você. Somente Aquele que criou você à Sua imagem e semelhança pode reabastecer suas energias. Buscando contato com as realidades eternas, você estará atualizando os seus conceitos para o desenvolvimento de uma personalidade simétrica e harmoniosa.

A melhor posição para o relaxamento muscular é deitado de costas, apoiando a cabeça confortavelmente sobre um pequeno travesseiro macio, os pés soltos e ligeiramente separados, os braços um pouco afastados do corpo e as palmas das mãos voltadas para cima, bem relaxadas. Inspire uma ou duas vezes profundamente, depois deixe sua respiração fluir naturalmente, sem forçá-la. Procure soltar-se completamente sobre o leito. Imagine todo o seu peso sendo sustentado por ele. Afrouxe as tensões, desligue-se de tudo, inclusive de eventuais ruídos que possam surgir ao seu redor.

Seu corpo está inerte, seus músculos em estado de perfeito relaxamento, sua mente vazia de tensões e ansiedades. Agora permita que seu Criador lhe fale. São promessas de um Pai amoroso e fiel, que deseja ajudá-lo a manter a tranqüilidade em todos os momentos.

> "Não temas, porque Eu te remi. Chamei-te pelo teu nome, tu és Meu. Quando passares pelas águas, Eu serei contigo; quando pelos rios, eles não te submergirão; quando passares pelo fogo, não te queimarás, nem a chama arderá em ti... Visto que foste precioso aos Meus olhos, digno de honra, e Eu te amei."
>
> (Isaías 43:1-4)
>
> "Certamente ouvi o seu clamor e vi a sua aflição... Conheço o seu sofrimento, por isso desci a fim de livrá-lo."
>
> (Êxodo 3:7)
>
> "Não te deixarei nem te desampararei."
>
> (Deuteronômio 31:8)

Se você permitir, em uma opção de fé, que estas promessas se tornem reais para você, a paz mental está ao seu alcance agora. Muitos tiveram esta vivência, através dos séculos, e experimentaram uma nova serenidade e força em todas as situações.

... Agora respire profundamente, abra os olhos, volte ao movimento, espreguice-se, boceje... Sente-se devagar...

E retorne à rotina da vida com as forças da mente e do espírito renovadas.

EQUILÍBRIO ÁCIDO/BÁSICO DO SANGUE

Se você quiser manter seu organismo em bom funcionamento, os ossos fortes, a pele, as unhas e os cabelos saudáveis, preste atenção ao pH de seu sangue!

A sigla pH significa potencial de Hidrogênio, e o nível ideal para o sangue humano fica entre 7,35 e 7,45. É significativo que esta variação seja tão pequena: nosso organismo precisa estar constantemente empenhado em mantê-la assim. Se o pH subir a oito, o sangue estará alcalino demais, o que representaria um certo risco para a saúde. Se descer a seis, estará ácido demais, e isto representa grande perigo para todas as funções, uma vez que o sangue banhará nossos órgãos, ossos, nervos e cérebro em acidez concentrada, dia e noite. Para evitar que esta condição ponha a nossa vida em risco, nosso sangue se empenhará em retirar minerais alcalinizantes dos tecidos, ossos, unhas e dentes, principalmente cálcio, magnésio e potássio. Com isso ocorrerá um restabelecimento do pH sanguíneo, mas ao mesmo tempo uma desmineralização geral do corpo. O perigo agudo terá sido banido, mas a saúde começará a declinar.

Confira agora alguns sintomas de acidez excessiva e desmineralização: inflamação e retração das gengivas; aftas; unhas e cabelos quebradiços; pele seca, enrugada, tendência a erupções, prurido, eczemas; taquicardia; osteoporose. Se nada for feito para eliminar o excesso de ácido, o sangue procurará livrar-se dele, depositando-o nas articulações dos dedos, artelhos, ombros e joelhos. São sais ácidos em forma de minúsculos cristais, que produzem inflamação, deformidades e dor (gota, artrite). Além disto, os ácidos atacam o tecido conjuntivo e a musculatura (dores reumáticas, câimbras); irritam o sistema nervoso central, produzindo ansiedade, depressão, fadiga crônica, insônia e falta de iniciativa; as artérias e os capilares acabam sendo danificados, tornando-se incapazes de conduzir às células os nutrientes contidos no sangue; as mucosas da boca, nariz, garganta e olhos se enfraquecem, favorecendo inflamações dolorosas (glossite, sinusite, amigdalite, conjuntivite) e freqüentes resfriados. A maioria das glândulas passa a trabalhar de forma deficiente. A circulação do sangue e a vitalidade física declinam, e pode haver uma sensibilidade anormal à dor e ao frio.

Se você sofre de alguns destes sintomas e nunca obteve uma explicação sobre sua causa, compreenda que:

- Foi o seu estilo de alimentação que provocou a hiperacidificação. Portanto, é pelo alimento que você poderá restabelecer o equilíbrio do pH sangüíneo.
- Se os sintomas estiverem adiantados, você pode eliminar os ácidos mais rapidamente por meio de uma desintoxicação orgânica com dieta líquida, aplicação de tratamentos naturais, exercícios respiratórios e atividade física que produza transpiração.
- É muito importante repor os minerais dissolvidos por meio de suplementos de cálcio, magnésio e potássio. Seu médico lhe prescreverá as dosagens exatas para seu restabelecimento.
- Alimentos acidificantes produzirão acidificação do sangue em todas as pessoas. Alimentos alcalinos produzirão alcalinização do sangue em todas as pessoas. Alimentos ácidos (frutas ácidas e não maduras, iogurte, coalhada, tomates, chucrute, suco de limão, mel) podem alcalinizar ou acidificar o sangue, dependendo do metabolismo da pessoa. Indivíduos fortes, dotados de vitalidade e grande produção de calor, geralmente possuem um metabolismo ácido/básico eficiente. Estas pessoas podem ingerir, por exemplo, 1kg de frutas ácidas e transformá-las em substâncias alcalinizantes do sangue, enquanto outras, mais franzinas e friorentas, acidificariam seu organismo com a mesma quantidade de frutas. A temperatura ambiente e a temperatura corporal

influenciam grandemente o metabolismo ácido/básico. Por isso é recomendável diminuir a ingestão de alimentos ácidos no inverno. Recomendamos também comer alimentos ácidos somente no jantar, porque à tarde a temperatura corporal é mais elevada.

Para manter o pH sangüíneo ideal, é necessário que você identifique quais são os alimentos acidificantes e quais são os alcalinizantes para poder balanceá-los corretamente. Cada uma de suas refeições deve conter pelo menos 50% de alimentos alcalinizantes. Quando você descobrir, por exemplo, que todas as leguminosas (feijão, soja, lentilha, ervilha, grão-de-bico) são acidificantes, você pode ficar inseguro quanto ao que comer para não incorrer no erro de acidificar seu sangue. Não se preocupe! Comer leguminosas não aumenta o risco de acidificação, desde que este prato seja precedido por uma grande salada de vegetais crus, que alcalinizarão o seu sangue.

No capítulo Dietas terapêuticas, você encontrará a relação dos dois tipos de alimentos e também duas poderosas dietas alcalinizantes. Se você descobriu que talvez esteja mesmo com o sangue ácido demais, inicie imediatamente a mudança. Você vai se surpreender com a diferença.

OS REMÉDIOS DO POMAR E DA HORTA

Todos nós, sejamos crianças, adolescentes, jovens, adultos ou idosos, temos uma incrível fome de viver. Tentamos saciá-la, devorando vitaminas, fórmulas, cápsulas, suplementos, com ou sem receita médica. E quando são "naturais" ficamos mais seguros, porque nos disseram que "quando é natural não faz mal". Será que é mesmo assim? Cremos que cabe aqui um lembrete: Natural mesmo é alimentar-se bem!

Nos últimos vinte anos foram catalogadas, só no Instituto Nacional de Saúde dos Estados Unidos, mais de 10 mil pesquisas, cujos resultados comprovam o poder medicinal dos alimentos.

Ao comparar os dados destas pesquisas, os cientistas concluíram que o corpo humano necessita de uma alimentação natural e bem variada para não adoecer. Um exemplo eloqüente: um terço de todos os casos de câncer está relacionado aos hábitos alimentares. Em recente congresso internacional de oncologia, o porta-voz da Organização Mundial de Saúde afirmou: "Se as pessoas incluíssem cinco porções[8] de frutas e verduras cruas em seu cardápio diário, poderiam reduzir em 50% o risco de contrair câncer de cólon, estômago, pulmão, pâncreas, útero, ovário e esôfago."

Frutas, legumes e verduras, especialmente quando consumidos crus, são antioxidantes e neutralizam os radicais livres que provocam a degeneração ou a morte das células. As fibras alimentares dos vegetais crus e dos cereais integrais aumentam o bolo fecal e assim mantêm o intestino limpo. Desta forma evita-se coli-

[8] 1 porção = 1/2 xícara de legumes ou 1 xícara de verduras ou 1 fruta média ou 30g de suco de frutas ou vegetais.

te, diverticulose, apendicite, câncer de cólon e mais cerca de sessenta outras doenças.

Alguns exemplos de "remédios" naturais:

Abacaxi: Trata-se de um poderoso expectorante, porque contém bromelina, que dissolve os catarros. Tomando um copo de suco de abacaxi em jejum durante 15 dias, intercalando uma pausa de 15 dias e depois repetindo a dose, consegue-se dissolver completamente a solitária (tênia de vaca).

Alho: É um bactericida poderoso, previne e cura infecções. Seu componente alicina combate mais de duas dúzias de tipos de bactérias. É também antivirótico, antiinflamatório, antiespasmódico e descongestionante. Por conter adenosina, relaxa as artérias, e com isto abaixa a pressão arterial; limpa as artérias e reduz o colesterol, prevenindo assim o derrame cerebral e o infarto do miocárdio.

Arroz ou trigo integral: Uma boa porção, de preferência com mel, faz desaparecer a irritação da tensão pré-menstrual dentro de mais ou menos uma hora, por produzir o hormônio serotonina, semelhante em seu efeito a um ansiolítico.

Berinjela: Reduz o colesterol ao se tomar seu suco em jejum por um período de 15 dias seguidos. Ajuda a emagrecer e a reduzir o tamanho de pedras na vesícula. Contém um glico-alcalóide, que compõe as pomadas usadas contra câncer de pele.

Brócolis e repolho: Combatem o câncer de mama porque reduzem o excesso de estrógeno. Possuem ação benéfica em todos os tipos de câncer. O brócolis é rico em cromo, regulador do metabolismo de insulina. Assim é benéfico tanto no diabetes como na hipoglicemia. Comer uma xícara de brócolis por dia ajuda a vencer a compulsão por doces.

Cebola: Tem efeitos semelhantes ao alho. Além disso é rica em fósforo (bom para a memória) e útil como expectorante. É depurativa do sangue e absorve toxinas. Seu suco, morno, pode ser pingado nos ouvidos para combater rapidamente uma inflamação.

Cenoura: Previne a cegueira e as enfermidades do fígado, é rica fonte de betacaroteno, que protege as artérias e fortalece o sistema imunológico. Contém fibras vegetais que abaixam o colesterol. Por isso o hábito de comer uma cenoura por dia pode reduzir em 50% o risco de adquirir doenças coronarianas.

Couve: Seu suco cura úlceras de estômago e é eficiente contra a anemia por ser rico em ferro. A couve também é tônica, laxante, vermífuga e reduz as pedras da vesícula.

Espinafre: É diurético, combate as infecções das vias digestivas e pode prevenir e até curar a catarata por produzir antioxidantes que atuam nas células dos olhos. Contém alta dosagem de vitamina A.

Gengibre: É analgésico, atuando como o AAS (ácido acetilsalicílico); por exemplo, ele faz a dor de cabeça desaparecer em meia hora se você tomar meia colher de chá do pó de gengibre diluído em água. Mastigar gengibre fresco alivia a dor de garganta e combate a inflamação. Além disto reduz o desejo de fumar.

Iogurte com abacaxi: Previne e até ajuda a curar a osteoporose por conter cálcio e magnésio.

Iogurte com banana: Ingerir dois copos na véspera do início da menstruação pode reduzir as cólicas menstruais por causa do cálcio que contêm.

Limão: Rico em vitamina C, combate infecções, além de gastrite, reumatismo e artrite, gota, náuseas, hipertensão arterial, dor de garganta (fazer gargarejos com água quente, limão e sal, de hora em hora, logo aos primeiros sinais).

Morango, uva e framboesa: Contêm ácido elágico, que, além de beneficiar a pele, tornando-a mais elástica, neutraliza as substâncias cancerígenas que penetram no organismo.

Nabo: Ótimo expectorante quando usado em xarope, atua contra a tosse e a bronquite asmática. Seu suco cura frieiras, é depurativo do sangue e contém muito fósforo, ativador da memória.

Salsinha: Também combate o câncer, principalmente o de pulmão. Recomenda-se aos fumantes passivos e mesmo aos ex-fumantes tomar um copo de suco de salsinha bem concentrado em jejum diariamente, porque ela reduz a oxidação das células gerada pela fumaça do cigarro e pela poluição do ar. É também rica em vitamina A e tem ação benéfica sobre as desordens da menstruação.

Soja: Contém lecitina, uma substância importante para o sistema nervoso e útil para a dissolução de gorduras localizadas ou de pedras da vesícula. É rica em proteínas de alta qualidade e em fitoestrógenos que ajudam o equilíbrio hormonal da mulher, especialmente no período da menopausa. Além disto a soja contém genisteína, poderosa na destruição das células cancerosas.

Tomate, cenoura, abacaxi, pimentão e morango: Ajudam a prevenir o câncer de mama e a leucemia.

**E muitos outros... Por que ir à farmácia,
se o nosso alimento tem tudo para prevenir
e muito para recuperar nossa saúde?!**

DIETAS TERAPÊUTICAS

A dietoterapia é parte integrante do tratamento natural, pois aquilo que comemos determina, mais do que qualquer aplicação externa, a qualidade do sangue e sua composição química. O sangue, por sua vez, influencia fortemente a atuação das células que formam todas as partes de nosso corpo. Se o sangue for puro, repleto de nutrientes e tiver correto equilíbrio ácido/básico, nossas células serão vigorosas e formarão órgãos e glândulas eficientes, isto é: teremos saúde verdadeira. Compreendemos assim a sabedoria de Hipócrates, o "pai da Medicina", que já nos recomendava havia quase 2.500 anos: "Que o teu alimento seja o teu remédio, e o teu remédio seja o teu alimento."

Neste capítulo, estaremos descrevendo algumas dietas terapêuticas para moléstias específicas, cuja eficácia foi devidamente comprovada em nossa clínica.

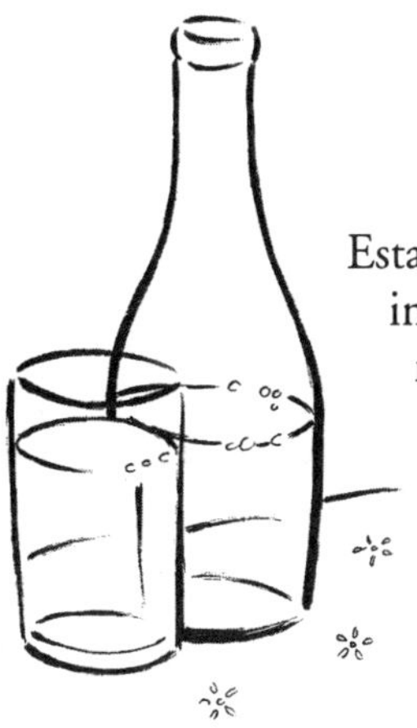

Dieta líquida

Esta dieta fornece de 300 a 400 calorias por dia. É indicada em casos de febre, indigestão ou como minidesintoxicação de um dia por semana. Se for utilizada por períodos mais longos deve ser acompanhada por um médico experiente em jejum terapêutico.

Abstenha-se de qualquer alimento sólido, favorecendo assim a eliminação de toxinas e gorduras. Beba diariamente cinco copos de 200 a 250ml de suco de frutas ou verduras cruas variadas. Por exemplo: sucos de laranja, tangerina, lima, abacaxi, mamão, melão, caqui, figo, maçã, pêra, uva, pêssego, cenoura, beterraba, salsão, pepino, tomate, pimentão, cebola, rabanete, nabo, espinafre, repolho, couve ou outras.

Os sucos de frutas podem ser misturados entre si e os sucos de verduras também, mas não se devem misturar sucos de frutas com sucos de verduras. Já os sucos de cenoura e de beterraba podem ser misturados com pequena quantidade de suco de laranja. Todos os sucos devem ser naturais, feitos de vegetais crus, preparados e coados na hora de serem tomados, para que conservem suas vitaminas e enzimas naturais. Se não houver centrífuga para extrair o suco de cenouras, beterrabas, nabo ou maçãs, recomendamos picar o vegetal cru e batê-lo no liquidificador com uma quantidade mínima de água, coando-o em seguida em peneira ou pano de saco. Tome-os lentamente, ensalivando cada gole. Não acrescente sal, açúcar ou gelo. Tome um suco a cada três horas. O suco da noite pode ser substituído por um caldo de verduras quente, sem gordura, sem sal e sem inclusão de carboidratos como arroz, macarrão ou batatas. Ele pode ser temperado e enriquecido com Skrill, um sal dietético líquido, rico em micronutrientes e praticamente livre de cloreto de sódio. Durante o dia devem ser tomados pelo menos dois litros de água; se preferir, uma parte da água pode ser substituída por chá de ervas com mel ou stévia.

SUGESTÃO DE CARDÁPIO DE DIETA LÍQUIDA				
Dia	**Horário**	**Suco de**	**Calorias aprox.**	
1º dia	7h.	Laranja e goiaba	84	Total 385 cal.
	10h.	Cenoura	139	
	13h.	Maçã	60	
	16h.	Pêssego com stévia	51	
	19h.	Caldo de verduras	51	
2º dia	7h.	Melancia	63	Total 331 cal.
	10h.	Folhas verdes e salsão	22	
	13h.	Beterraba e laranja	98	
	16h.	Maracujá com stévia	97	
	19h.	Caldo de verduras	51	
3º dia	7h.	Manga	97	Total 414 cal.
	10h.	Tomate com salsão	42	
	13h.	Cenoura	139	
	16h.	Abacaxi	85	
	19h.	Caldo de verduras	51	
4º dia	7h.	Tangerina	99	Total 401 cal.
	10h.	Beterraba, cenoura, salsão	104	
	13h.	Morango e laranja	93	
	16h.	Melão	54	
	19h.	Caldo de verduras	51	
5º dia	7h.	Laranja com mamão	120	Total 395 cal.
	10h.	Folhas verdes e salsão	22	
	13h.	Cenoura	139	
	16h.	Melancia	63	
	19h.	Caldo de verduras	51	
6º dia	7h.	Melão	55	Total 363 cal.
	10h.	Beterraba com laranja	98	
	13h.	Tomate com salsão	42	
	16h.	Laranja	117	
	19h.	Caldo de verduras	51	
7º dia	7h.	Melancia	63	Total 374 cal.
	10h.	Folhas verdes e salsão	22	
	13h.	Pêra com laranja-lima	114	
	16h.	Uva	124	
	19h.	Caldo de verduras	51	

Esta é apenas uma sugestão de cardápio (ver capítulo Saúde e nova vitalidade pela desintoxicação orgânica). Busque acompanhamento médico antes de iniciar a dieta e fale com ele sobre a duração ideal da mesma, em seu caso pessoal.

Caso a dieta líquida seja de três dias ou mais longa, é necessário fazer uma readaptação alimentar gradativa: coma apenas frutas durante um dia, e alimentos crus durante pelo menos mais um dia, para então iniciar o regime ovo-lacto-vegetariano integral, que, na medida do possível, deverá passar a ser a sua dieta definitiva.

Dieta de frutas

Esta dieta nos fornece 800 a 900 calorias por dia. Consiste em comer três refeições de aproximadamente 300g de frutas cruas, frescas e maduras, ao dia. Use apenas uma a duas qualidades de frutas em cada refeição e não misture frutas doces com frutas ácidas. Coma lentamente e mastigue muito bem cada bocado.

SUGESTÃO DE CARDÁPIO PARA UM DIA

Desjejum: mamão e bananas
Almoço: abacaxi e morango
Jantar: pêra e melão

Entre as refeições você pode tomar um suco de frutas ou verduras e uma xícara de chá de ervas naturais com mel, além de bastante água. Fique atento à sua função intestinal.

Às vezes uma dieta como esta pode ter resultados surpreendentes.

Monodietas

As calorias variam conforme o alimento escolhido. Trata-se de comer uma única qualidade de alimento por dia, em 3 a 5 refeições, e tomar somente água nos intervalos. Sugestões:

- De manga, se houver obstipação intestinal.
- De melancia para reduzir inchaços (é muito diurética).
- De caqui para aliviar o fígado.
- De figo para cicatrizar uma úlcera de estômago.
- De banana madura para moléstias do intestino.
- De arroz integral, cozido em água sem sal, para desintoxicar.
- De batatinha cozida na casca, sem sal, para alcalinizar o sangue quando este é muito ácido.

As monodietas de frutas devem ser feitas somente por um dia de cada vez. A dieta de arroz integral ou de batatinhas pode durar até dez dias. Durante a monodieta a digestão fica leve e rápida, liberando energias para que o organismo possa dedicar-se à desintoxicação. Além disto ocorrerá uma notável perda de peso e regressão de inchaços por causa da ausência de sal.

Dieta crudívora

O poder terapêutico da dieta crudívora reside em sua riqueza de vitaminas e sais minerais, enzimas vivas, proteínas de primeira qualidade e de fácil assimilação, oxigênio puro que beneficia o aparelho digestivo e as células, clorofila que ativa o coração e a circulação sangüínea, fibras que varrem o excesso de colesterol e previnem a arteriosclerose e o infarto. Além disto presenteia-nos com uma energia viva, advinda do sol, que só os vegetais armazenam e que em nosso corpo aumenta o potencial das células, vivificando os processos de purificação, de seleção de nutrientes, de cura espontânea e de rejuvenescimento.

Esta dieta soma aproximadamente 1.300 calorias por dia. Coma somente alimentos crus, três vezes ao dia e beba sucos de frutas ou verduras cruas, duas vezes ao dia, além de chá de ervas e bastante água.

SUGESTÃO DE CARDÁPIO PARA UM DIA

Desjejum: 200g de frutas frescas e o mingau Bircher Muesli (1 colher de sopa de aveia demolhada na véspera, 1 maçã ralada, 1 colher de sopa de suco de limão, 1 colher de sopa de passas, 1 colher de chá de casca de limão ralada, 3 colheres de sopa de iogurte, 2 colheres de chá de mel e eventualmente 1 a 2 castanhas raladas. A maçã pode ser substituída por outra fruta, a seu gosto). Sirva imediatamente.

Almoço: Abundante salada de verduras e legumes crus, entre os quais sugerimos: alface, cenoura, escarola, agrião, dente-de-leão, broto de feijão, tomate, beterraba, rabanete, abobrinha, nabo, pepino, pimentão. Tempere com uma xícara de iogurte desnatado misturado com limão, cebola ou alho, cheiro-verde e um pouquinho de sal. Se desejar, varie temperando sua salada com azeite, limão e gersal ou com um molho feito de abacate, limão, cheiro-verde e um pouquinho de sal. Se desejar aumentar as calorias dessa dieta, acrescente uma tigela de trigo germinado ou de PVT ou de "tabule" feito com triguilho demolhado, levemente temperados.

Jantar: Igual ao desjejum ou somente frutas e iogurte desnatado, com mel.

Esta dieta pode ser seguida por várias semanas ou até meses, sem risco de faltarem nutrientes.

Dieta crudívora amena

Esta dieta fornece de 1.600 a 1.800 calorias por dia. É semelhante à dieta anterior, acrescentando-se ao almoço algumas batatinhas cozidas ou assadas na casca, e ao desjejum e ao jantar uma fatia de pão integral com mel ou ricota.

Minidesintoxicação

Para aqueles que desejarem experimentar os resultados benéficos de uma desintoxicação orgânica, mas não têm condições de fazer um jejum de vários dias, damos a seguir um programa de minidesintoxicação que pode ser praticado facilmente em sua casa.

SUGESTÃO DE CARDÁPIO PARA UMA SEMANA

Domingo: Dieta líquida (300 a 400 calorias) (ver pág.147)

- Se houver dificuldade de adquirir variadas frutas e verduras, pode-se usar somente suco de laranja, ou outro de fácil aquisição, o dia todo.
- Nos intervalos dos sucos podem ser tomadas 2 a 3 xícaras de chá de ervas naturais, com ou sem mel, e 5 a 6 copos de água.

Recomendamos ainda: repouso, pouco exercício, respiração profunda, lavagem intestinal (clister) de dois litros de chá morno de camomila ou cavalinha, dois banhos de chuveiro ou banheira e uma compressa com toalha úmida e bolsa de água quente sobre o fígado por uma hora.

2ª e 3ª feira: Dieta de frutas (800 a 900 calorias) (ver pág.150)

- Entre as refeições tome um suco de frutas ou de verduras e uma xícara de chá de ervas, bem como 5 a 6 copos de água pura por dia.

Faça caminhadas de 30 a 40 minutos, exercícios respiratórios, clister, banhos e compressa como no domingo.

4ª e 5ª feira: Dieta crudívora (aproximadamente 1.300 calorias) (ver pág.151)

Entre as refeições, beba chá de ervas, dois copos de suco e 5 a 6 copos de água por dia.

Faça caminhadas de 50 a 60 minutos, exercícios respiratórios, banhos e compressa como nos outros dias.

6ª feira e sábado: Dieta crudívora amena (1.600 a 1.800 calorias) (ver pág.153)

Pratique caminhadas, respiração, banhos e compressa como nos outros dias.

Depois desta semana de desintoxicação, recomendamos seguir o nosso regime de saúde básico ou a dieta para emagrecimento natural para completar a desintoxicação e preservar sua saúde.

Talvez os resultados não sejam tão evidentes após este programa de minidesintoxicação, como o seriam após uma desintoxicação completa, mas se ele for repetido uma vez por mês e alternado com um regime alimentar vegetariano integral, nova energia e saúde serão a recompensa final.

Dieta relativamente alcalinizante

Aplicada em casos de acidificação geral do organismo – problema muito comum na população moderna –, esta dieta é bastante eficaz para prevenir e também para tratar moléstias como ácido úrico e gota, reumatismo, dor ciática, erupções cutâneas e outras.

Aqui está um esquema simples e resumido de como prepará-la:

- **Use à vontade:** frutas doces cruas, frescas ou secas, verduras e hortaliças em geral, cruas ou cozidas no vapor, milho-verde, germe de trigo, sopas de verduras e legumes, batatinhas cozidas ou assadas na casca, mandioca, mandioquinha, inhame, cará.
- **Use moderadamente:** cereais integrais, leguminosas, mel de abelhas, melado de cana, tomate, limão, frutas ácidas (azedas), ricota fresca, iogurte, queijo-de-minas fresco, pão integral, amêndoas e castanhas-do-pará, ovos caipiras, manteiga e nata fresca, azeite de oliva.
- **Exclua:** alimentos altamente acidificantes, tais como carnes, peixes, aves, frutos do mar, açúcar, refrigerantes, vinho e outras bebidas alcoólicas, vinagre, café, chá-preto e mate, frituras, chocolates, queijos maduros.

Dieta totalmente alcalinizante

- **Use à vontade:** frutas doces cruas ou secas, verduras e hortaliças em geral, cruas ou cozidas no vapor, milho-verde, batatinhas cozidas ou assadas na casca, mandioca, mandioquinha, inhame, cará.

  Use moderadamente: azeite de oliva, manteiga ou nata fresca, azeitonas, amêndoas ou castanhas-do-pará, ricota fresca, leite de soja, melado de cana, sal marinho.
- **Exclua**, pela duração da dieta, todos os outros alimentos, temperos e bebidas. Consulte seu médico sobre a suple-

CLASSIFICAÇÃO DAS FRUTAS			
ÁCIDAS	**SEMI-ÁCIDAS**	**DOCES**	**CLASSE NEUTRA**
Abacaxi	Ameixa	Banana-maçã	Abacate
Acerola	Amora	Banana-prata	Coco-verde
Carambola	Caju	Banana-nanica	Limão
Damasco	Cereja	Caqui	
Groselha	Framboesa	Figo	
Kiwi	Goiaba	Figo-da-índia	
Laranja-baía	Jaboticaba	Fruta-do-conde (ata/pinha)	
Laranja-pêra	Maçã verde	Jaca	
Maracujá	Maçã vermelha	Laranja-lima	
Morango	Nêspera	Lima-da-pérsia	
Tamarindo	Pêssego	Mamão comum	
Tangerina	Pitanga	Mamão Papaia	
Toranja (Grapefruit)	Nectarina	Manga	
	Romã	Melão	
	Sapoti	Melancia	
	Uva Moscatel	Pêra	
	Uva Niagara	Tâmara	
	Uva Itália	Uva rosada nacional	
		Uva verde nacional	

Obs.: Algumas frutas variam em sua acidez, por exemplo, a maçã, o pêssego, a uva, a manga etc. Neste caso, verifique pelo sabor azedo ou totalmente doce a que classe pertencem.

mentação de minerais alcalinos, como cálcio e magnésio, pois estes podem ter sido retirados dos ossos ou dentes enquanto seu sangue estava excessivamente ácido.

Se você tem muita vitalidade e sente muito calor, o que denota geralmente um eficiente metabolismo ácido/básico, pode acrescentar pequenas quantidades de frutas ácidas (veja relação na página 156), incluindo o tomate e um pouco de mel de abelhas.

SUGESTÃO DE CARDÁPIO

Desjejum: 2 frutas doces (ver pág.156), 2 a 3 batatinhas cozidas na casca, com um pouco de sal, nata ou manteiga fresca; 3 amêndoas ou 2 castanhas-do-pará; 1/2 xícara de leite de soja com melado.

Almoço: 1 prato de salada variada temperada com azeite e sal; 2 a 3 batatinhas assadas na casca e 4 colheres de sopa de ricota fresca temperada com bastante cheiro-verde. Se desejar, acrescente 1 a 2 hortaliças cozidas no vapor.

Jantar: Como no desjejum, variando as frutas, ou como no almoço, trocando a batatinha por mandioca, cará ou inhame, se quiser. Outra opção seria servir uma salada seguida de uma sopa de legumes ou de mandioquinha.

Ao se levantar, nos intervalos das refeições e antes de deitar, tome muita água. Se desejar tomar sucos, estes devem ser de frutas doces ou de hortaliças.

A duração desta dieta depende da moléstia a ser tratada e deve ser determinada pelo médico. Ela fornece nutrição completa, mas se for de longa duração pode ser alternada com a dieta relativamente alcalinizante, que oferece maior variedade de alimentos. Depois de alguns dias, retorne à dieta mais restrita, por ser mais eficaz.

Uma experiência que se tornou mundialmente famosa nos meios médicos realizada no Royal Free Hospital de Londres, em meados do século XX:[9] Uma médica reumatologista daquele hospital fez um estágio na clínica do Dr. Bircher Benner, na Suíça, para pesquisar os resultados incomuns no tratamento da artrite e do reumatismo crônico. De volta ao Royal pediu ao hospital que lhe fosse entregue uma enfermaria com 12 pacientes artríticas desenganadas, com a autorização de tratá-las exclusivamente com dieta alcalinizante, sem medicamento ou tratamento qualquer. Das 12 pacientes, dez voltaram a andar e a levar uma vida normal. Somente duas tiveram pouco resultado, tendo, no entanto, a sua mobilidade e o seu estado geral bastante melhorados. Uma das pacientes de 55 anos, que sofrera de poliartrite durante vinte anos, estava com todas as juntas deformadas e rígidas e os músculos atrofiados, teve o seu tratamento filmado e fotografado. Após quarenta dias de dieta totalmente alcalinizante, ela conseguiu, ainda deitada, erguer uma perna e segurá-la com as duas mãos. Dois meses depois, pôde ficar sentada com a ajuda das enfermeiras. A última foto, tirada após 14 meses, mostra-a, deixando o hospital e caminhando sem auxílio.

Dez anos depois, a paciente relatou que ela estava muito melhor do que na época em que deixou o hospital, seguia uma dieta ovo-lacto-vegetariana integral e fazia todo o serviço de casa, além de trabalhar diariamente em sua horta.

---

[9] *Proceeding of the Royal Society of Medicine*, vol. XXX, citado em *Rheuma und Arthritiskranke*, Dr. Max Bircher Benner, Edit. Bircher-Benner-Verlag, Zurique, Suíça.

Dieta para cistite crônica

"DIETA DO BALANÇO"

Esta dieta se baseia em observações médicas segundo as quais a bactéria que usualmente causa a cistite crônica, a *Escherichia coli*, se enfraquece até chegar a desaparecer, quando é submetida a alterações bruscas do pH da urina. Foram observados excelentes resultados ao se usar por aproximadamente três semanas uma dieta que alterna um dia de alimentos que acidificam a urina com outro de alimentos que a alcalinizam. Existem diversos alimentos acidificantes. Já os alimentos alcalinizantes se dividem, basicamente, em quatro grupos principais: frutas cruas, verduras cruas ou cozidas no vapor, batatinhas cozidas ou assadas na casca e ricota fresca.

SUGESTÃO DE CARDÁPIO

1º dia (acidificação da urina): coma arroz, feijão, soja e outras leguminosas, ovos, queijo-de-minas, pão, mel, polenta, aveia, frutas ácidas e pouca verdura. Tome 1 colher de chá de vinagre de maçã em 1 copo de água três vezes ao dia entre as refeições (não use o vinagre em caso de gastrite ou úlcera de estômago).

2º dia (alcalinização da urina): Coma somente frutas cruas, não ácidas, saladas cruas e verduras cozidas no vapor, amêndoas ou castanhas-do-pará, um pouco de ricota, batatinhas cozidas ou assadas na casca. Não use o vinagre de maçã neste dia.

Continue alternando desta forma por aproximadamente três semanas e então repita o exame de urina. É aconselhável ingerir muita água nestas semanas, pois a abundância de urina ajuda a eliminar as bactérias. Tome 3 xícaras de chá de cavalinha por dia (ferva a erva por 5 minutos, deixe-a descansando tampada por 10 minutos e depois coe). Tome 30 gotas de extrato de própolis diluído em um pouco de água ou de chá de cavalinha três vezes ao dia.

Dieta especial para câncer e leucemia

Siga os princípios do regime de saúde básico, descrito no final deste capítulo, atentando ainda para os seguintes detalhes:

- Procure adquirir alimentos de plantio biológico sem defensivos.
- A proporção do alimento cru deve ser alta, no mínimo de 2/3 do volume total do alimento. Intercale períodos de dieta totalmente crudívora, sempre que possível.
- Mantenha a regularidade e a moderação nas refeições.
- Eventualmente será necessário comer de 5 a 6 pequenas refeições por dia, principalmente quando houver dificuldades digestivas, dor ou náuseas. Neste caso as refeições intermediárias devem ser bem leves, como por exemplo: frutas, coalhada, torradas integrais.

Alimentos especialmente recomendados:

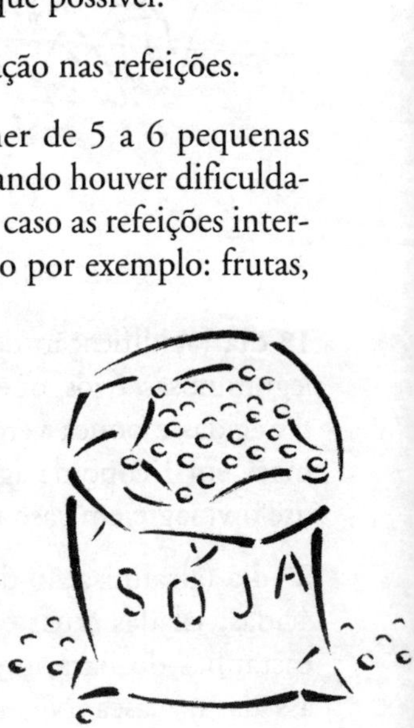

Proteínas: Soja em forma de saladas, assados, bolinhos, tofu (os grãos devem ser postos de molho na véspera; antes de cozinhá-los, jogue fora a água e esfregue-os entre as mãos, sob água corrente, para eliminar as cascas). Ricota temperada com sal marinho e cheiro-verde, para recheio de sanduíches ou de tomates ou abobrinhas assadas, em suflês e assados, no molho de salada, ou então como sobremesa, misturada a frutas e nozes picadas. Ovos sempre de galinha caipira e bem frescos, 2 a 3 por semana; não frite os ovos. Castanhas e nozes, raladas ou muito bem mastigadas. Lêvedo de cerveja, 2 colheres (sopa) ou 6 comprimidos por dia, após as refeições. Não use leite de vaca, somente coalhada, iogurte natural desnatado, soro de ricota, leite de soja ou de castanhas.

Adoçantes: Pequena quantidade de mel de abelha puro, frutose ou stévia. Não use açúcar de qualquer tipo, nem melado, nem Dextrosol ou Karo.

Gorduras: Azeitonas, nozes e castanhas, pequena quantidade de abacate, de azeite virgem de oliva ou óleo de milho, girassol ou canola.

Temperos: Limão, salsinha, cebolinha, manjericão, orégano, segurelha, tomilho, cominho, coentro, folha de louro, alho e cebola. Use pouco sal, somente o sal marinho ou "gersal" integral.

Verduras: Todas, especialmente nabo, rabanete, beterraba, cenoura, cebola, pimentão, chucrute, brócolis e repolho, de preferência tudo cru.

Frutas: Todas, menos uvas. Escolha frutas maduras e frescas e lave-as muito bem, após deixá-las em água com vinagre por vinte minutos, ou descasque-as para eliminar os defensivos. Frutas secas sem açúcar, com exceção das uvas-passas.

Carboidratos: Pão integral, de preferência com fermento biológico. Prepare-o em casa ou adquira pão bem escuro (não claro e fofo) com grãos visíveis. Não use produtos de farinha refinada ou mista. Aveia, de preferência crua, com frutas e coalhada. Arroz integral. Cevada. Eventualmente macarrão integral. Batatinhas, sempre cozidas ou assadas na casca, mandioca, cará, inhame.

Sucos: a) Bata no liquidificador 1 metro de folhas de babosa "barbadensis" lavadas e bem enxugadas, com a casca mas sem os espinhos, com 1/2kg de mel de abelha puro e 2 colheres de sopa de extrato de própolis. Guarde na geladeira. Tome uma colher de sopa da mistura 15 minutos antes do desjejum, do almoço e do jantar por dez dias seguidos. Faça um intervalo de dez dias e recomece a tomá-lo, alternando sempre, neste ritmo. b) Misture suco de beterraba (100g), cenouras (50g), salsão (30g) e nabo (10g). Tome lentamente, ensalivando cada gole, 1/2 hora antes do desjejum, do almoço e do jantar, todos os dias, por dois meses. Após uma pausa de duas semanas, recomece.

Chás: a) Misture chá de cavalinha (ferva tampado em fogo baixo por 5 minutos), raiz de confrei (idem), com infusão de malva. Tome 3 xícaras por dia, longe das refeições, durante três semanas. b) Misture chá de ipê-roxo (ferva em fogo baixo, tampado, por 5 minutos), com infusão de sálvia e calêndula. Tome 3 xícaras por dia, longe das refeições, durante três semanas. Alterne os chás a) e b) constantemente.

Dieta para afecções hepáticas

REGRAS GERAIS

- **Evite** carnes de qualquer espécie, bem como conservas, frituras, molhos picantes, queijos gordurosos, açúcar, doces e bombons, especialmente chocolates, temperos fortes como pimenta, vinagre, mostarda etc., chá-preto ou mate e álcool, e os alimentos desintegrados, tais como o arroz branco, a farinha branca e seus derivados.

- **Use moderadamente** sal e gordura (manteiga, azeite de oliva ou nata). Use somente 2 a 3 ovos por semana, cozidos por 3 minutos ou poché, dando sempre preferência a ovos caipiras, bem frescos.

Coma duas castanhas ou nozes por dia, raladas ou muito bem mastigadas. Um pouco de ricota ou queijo-de-minas bem fresco e mole, como fonte de proteínas.

As leguminosas (feijões, soja, lentilhas, ervilhas, grão-de-bico) sempre em pequenas quantidades e eventualmente passadas na peneira para eliminar as casquinhas. Observe a sua reação: gases, cólicas ou empachamento denotam dificuldade de digerir estes alimentos. Suspenda o uso por algum tempo, depois faça nova tentativa.

- **Use à vontade** nabo e rabanete, também em suco (100g por dia, com suco de limão, em jejum ou à tardinha). Coma verduras amargas, especialmente chicória, catalona, dente-de-leão. Lembre-se de incluir chucrute em seu cardápio, de preferência como salada crua.

- **Beba** diariamente 3 xícaras de chás amargos, tais como losna, boldo, carqueja, pariparoba, taiuiá, alternando as ervas de três em três semanas e suco de limão, puro ou misturado com água e mel.

- **Importante:** Use alimentos crus no início de cada refeição na proporção de no mínimo 50 a 70% do volume total. Coma sempre um pouco menos do que desejaria e não mastigue absolutamente nada no intervalo entre as três refeições do dia. Substitua o leite de vaca por iogurte desnatado ou leite de soja. Não use líquidos às refeições, com exceção de uma pequena xícara de leite de soja ou caldo de verduras. Tome sucos de frutas ou verduras nos intervalos. Para suprir a necessidade de glicose do seu fígado, use mel e melado de cana, frutas não ácidas variadas e frutas secas (uvas-passas, tâmaras, figos, bananas). Mastigue bem: 30 a 50 vezes cada

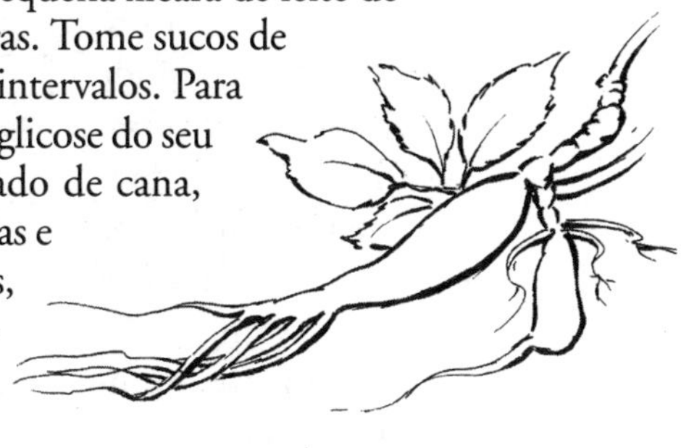

bocado. Enquanto você está à mesa, mantenha um espírito calmo e positivo, pois isto ajuda o fígado em suas tarefas.

TRATAMENTO

- **Com azeite:** Em jejum, após escovar os dentes, beba 1 colher de sopa de azeite de oliva misturado a 1 colher de chá de suco de limão. Em seguida, tome 1 xícara de um dos chás amargos acima, bem quente. Deite-se sobre o lado direito, por meia hora, com uma bolsa de água quente sob o fígado. Siga este tratamento diariamente por 2 a 3 semanas.

- **Com chucrute:** Em jejum, mastigue demoradamente um pouco de chucrute cru (1 tigelinha), todos os dias, por pelo menos duas semanas seguidas.

- **Com sal amargo:** Em jejum, beba 1/2 copo de água quente com 1 colher de chá de sal amargo (sulfato de magnésio). Deite-se sobre o lado direito, por meia hora, com uma toalhinha úmida e uma bolsa de água quente sob o fígado. Siga este tratamento diariamente por 2 a 3 semanas.

- **Com suco de limão:** No 1º dia, tome o suco de 2 limões, puro ou com um pouco de água, em jejum ou entre as refeições. No 2º dia, aumente para 4 limões, no 3º dia para 6, no 4º dia para 8, no 5º dia para 10, no 6º dia fique em 10, no 7º dia diminua para 8, no 8º dia para 6, no 9º dia para 4, no 10º dia para 2, e com isto encerre o tratamento. O suco pode ser dividido em diversas vezes, mas deve ser preparado sempre fresco, na hora de tomar, para não perder a vitamina C. Sorva lentamente, usando um canudinho.

SUGESTÃO DE CARDÁPIO

Ao acordar: Tratamento com azeite, ou com chucrute, ou com suco de nabo ou com suco de limão. Aguarde uma hora antes de tomar o desjejum.

Desjejum: Mingau Bircher Muesli de aveia crua com iogurte natural desnatado, maçã ralada, banana amassada, limão, mel, passas e 2 castanhas raladas; 2 a 3 frutas frescas, 1 fatia de pão com ricota ou tofu, ou com mel ou doce caseiro de banana ou de ameixa seca, sem açúcar. O pão deve ser integral, de preferência sem fermento, e se possível torrado. Uma boa opção é o pão sueco integral. Complete com 1 xícara pequena de leite de soja adoçado com mel ou melado, se quiser.

Almoço: 1/2 xícara de caldo de verduras, salada crua bem variada temperada com limão, pouco sal e algumas gotas de azeite ou com molho de iogurte desnatado e cheiro-verde, com 1 a 2 azeitonas picadas. Como prato quente, sirva batatinhas cozidas ou assadas na casca, ou arroz integral, ou macarrão integral com molho caseiro, ou mandioca ou triguilho; acrescente um purê de leguminosas, ou um ovo poché, ou queijo-de-minas fresco ou ricota, ou bife de glúten; complete a refeição com 1 a 2 qualidades de hortaliças cozidas no vapor, temperadas com um pouco de manteiga e cheiro-verde picado (salsinha, coentro, cebolinha, manjericão, a gosto). Quanto mais simples for a preparação dos alimentos, mais apropriados eles serão para a sua dieta.

Jantar: 2 frutas frescas, 3 a 4 frutas secas, iogurte natural desnatado; ou ricota com salada de frutas; 2 fatias de pão integral torrado ou pão sueco com mel ou queijo-de-minas ou ricota ou patê de berinjela ou doce caseiro. Ou ainda salada, arroz de forno ou uma sopa de legumes sem gordura ou batatinhas assadas recheadas de ricota. O jantar deve ser o mais leve possível e deve ser tomado bem cedo para que a digestão esteja concluída antes da hora de dormir.

Medidas de apoio:

- Respire profundamente toda vez que se lembrar de fazê-lo, muitas vezes ao dia. Faça disto um hábito.
- Caminhe todos os dias por pelo menos meia hora e faça caminhadas mais demoradas nos fins de semana.
- Durma de 8 a 9 horas por dia e sempre com as janelas abertas. É importante dormir algumas horas antes da meia-noite, por isso convém deitar cedo.
- Faça massagens de escova e fricção fria ao se levantar.
- Aplique diariamente uma compressa quente no fígado e, sempre que possível, um cataplasma de dolomita quente ou um banho de assento quente com carqueja.
- Faça um escalda-pés sempre que sentir os pés frios.
- Pratique diariamente o semicúpio[10] de 20 a 30 minutos de duração. Aqueça-se logo em seguida.
- Esteja atento à sua função intestinal. Aplique um clister morno de dois litros de chá de carqueja uma ou mais vezes por semana, caso não haja pelo menos uma evacuação abundante por dia. Se possível, tome banho de vapor uma vez por semana para eliminar pelo suor as toxinas que o fígado não está conseguindo destruir.

Dieta para anemia

Adote uma dieta vegetariana natural, conforme orientação do "regime de saúde básico" descrito no final deste capítulo, acrescentando ainda as seguintes medidas:

- Beba bastante sucos de frutas e verduras cruas, especial-

[10] Banho que se toma em tina apropriada para molhar o corpo da cintura ao meio das coxas (do latim: *semicupium*).

mente os sucos de uva, figo, beterraba, cenoura, salsinha, dente-de-leão, confrei, espinafre, almeirão e agrião. Coma também saladas compostas dessas verduras e, consuma regularmente figos secos, passas e nozes.

- Tome 2 colheres de sobremesa de geléia real diluída em mel, ou 2g de geléia real pura ou 2 cápsulas de geléia real desidratada por dia, sendo uma em jejum e uma ao deitar, pelo período mínimo de três meses.
- Use 2 colheres de sopa de melado de cana, diariamente, puro ou misturado ao seu alimento. Não o use em caso de diabetes.
- Tome 4 cápsulas de lecitina de 250mg e 6 cápsulas de lêvedo de cerveja ao dia, sempre às refeições, durante três meses.

Sempre que possível aplique um banho de vapor por semana. Exponha-se ao sol todos os dias, de preferência pela manhã. Aplique o semicúpio todos os dias.

Repita os exames de sangue após um mês de tratamento.

Dieta para artritismo ou reumatismo crônico

O ideal é iniciar pelo tratamento clássico de três semanas de desintoxicação orgânica, que estimula a recuperação do sistema imunológico. Depois deste primeiro impulso, adote a seguinte dieta pelo prazo de 4 a 6 semanas:

Desjejum: 200g de frutas, 2 castanhas ou 3 amêndoas, e 2 a 3 batatinhas, cozidas na casca, com um pouquinho de sal e algumas gotas de azeite de oliva virgem.

Almoço: 1 prato de salada bem completa de vegetais crus temperada com um pouco de azeite de oliva virgem, suco de limão e salsinha picada, ou com molho de abacate, limão, cebola e salsinha, ou com molho de tomates crus, cebola, alho, limão e manjerona, coentro ou cebolinha; acrescente 2 a 3 batatinhas cozidas ou assadas na casca e 4 azeitonas ou 2 nozes.

Jantar: Igual ao desjejum ou, caso preferir, ao almoço.

Podem ser tomados sucos de frutas, verduras ou raízes e chás de ervas medicinais. Lembre-se também de beber bastante água todos os dias.

As batatinhas devem ser cozidas ou assadas na casca, podendo ser descascadas na hora de comer. Evite todos os produtos animais (inclusive leite, iogurte, ricota e ovos) nesta etapa da dieta. Use o mínimo de sal possível. O mel e o melado podem ser usados à vontade, desde que não haja outros problemas de saúde, tais como obesidade ou diabetes.

Depois desta etapa de 4 a 6 semanas, vá adicionando gradativamente o seguinte:

Desjejum: Substitua as batatinhas pelo mingau Bircher Muesli e acrescente 1 xícara de leite de castanhas ou de leite de soja, adoçado com mel ou melado de cana.

Almoço: Acrescente hortaliças cozidas no vapor ou em caldo de verduras ou em molho de tomate feito em casa. Em um ou dois dias por semana, as batatinhas podem ser substituídas por arroz ou macarrão integral para variar.

Jantar: Adicione 1 fatia de pão integral com ricota ou queijo-de-minas fresco ou 1 tigelinha de iogurte, a não ser que haja conhecimento de alergia aos produtos de origem animal. Neste caso use pão com patês vegetais e l xícara pequena de caldo de verduras ou de leite de amêndoas.

Tome todos os dias três xícaras de chá de "garra do diabo", alternando após três semanas com chá de taiuiá.

Continue com este regime até quando lhe for possível para conseguir o máximo de recuperação. Depois desta etapa é importante manter uma dieta saudável, a exemplo do regime de saúde básico.

Dieta para redução de colesterol e triglicerídeos

Se seus níveis de colesterol e triglicerídeos estiverem altos, reduza-os usando a seguinte dieta:

- **Evite** produtos de origem animal (carne, lingüiça, leite, nata, queijos...), frituras e o excesso de doces de qualquer origem.
- **Use moderadamente** ovos (de 2 a 3 unidades por semana) e procure adquirir ovos de galinhas caipiras. Prepare-os em forma de ovos poché ou use-os em assados.
- **Use** somente óleos de origem vegetal (canola, sementes de girassol, azeite de oliva virgem) em quantidades moderadas e sem aquecê-los. Frutas, verduras e cereais integrais, principalmente as espécies ricas em fibras e pectina, tais como maçã, laranja com bagaço, cenoura e folhas verdes, arroz integral, pão integral e aveia, e acrescente 2 colheres de sopa de farelo de trigo ao seu alimento todos os dias. As fibras vegetais "varrem" o colesterol e os triglicérides do corpo.
- **Beba** diariamente um suco de berinjela, pois ele é comprovadamente eficaz nestes casos, não só pela experiência clínica, mas também por estudos realizados na Unicamp (Universidade de Campinas). Modo de preparar: deixe de molho à noite uma fatia de berinjela de tamanho médio, cortada ao comprido e picada em cubinhos, em 1 copo de água filtrada. De manhã, passe-a no liquidificador com a água e acrescente um pouco de suco de limão ou de laranja para melhorar o paladar. Beba o suco em jejum, dando um intervalo de pelo menos trinta minutos até a refeição da manhã.
- **Importante:** pratique exercício físico e tome sol regularmente. Os raios solares transformam o colesterol excessivo em vitamina D. Repita seus exames de sangue após 15 dias para verificar a redução conseguida.

Dieta para redução do ácido úrico

Para obter um resultado rápido, faça um dia de dieta líquida, siga por sete dias a dieta totalmente alcalinizante e tome diariamente 3 a 4 xícaras de chá de bagas de zimbro entre as refeições. Compre as bagas em farmácia de ervas. Derrame 1/2 litro de água fervente sobre 30 bagas de zimbro, após abri-las com as unhas; tampe bem e deixe descansar por 10 minutos, depois coe o chá.

Depois desta semana, siga o regime de saúde básico ou o regime para emagrecimento, conforme o caso, evitando rigorosamente a carne, queijos gordos, vinhos, frutos do mar, café, enlatados e conservas, e usando ovos e leguminosas com muita moderação. Continue tomando o chá de bagas de zimbro até a normalização da sua taxa de ácido úrico.

Dieta para colite

Para iniciar o tratamento, adote a dieta líquida por 1 a 2 dias, seguidos de dois dias de monodieta de banana-prata, banana-maçã, figo ou mamão. Depois desta etapa, que proporciona descanso e cicatrização do cólon irritado, mantenha uma dieta vegetariana natural, respeitando ainda algumas regras alimentares de prevenção, para não haver recaída. Evite por semanas ou mesmo meses, as frutas ácidas, comidas pesadas e outras leguminosas, como repolho, pimentão, cebola, pão fresco e outros alimentos que possam produzir gases. Excluir definitivamente o leite de vaca, por ser indigesto e por ter a tendência de produzir alergias. Na maioria dos casos, porém, há boa tolerância ao iogurte natural desnatado, à coalhada e à ricota fresca.

SUGESTÃO PARA CARDÁPIO

Desjejum: 200g de frutas frescas, não ácidas, muito bem mastigadas, sem cascas e sem sementes (mamão, melão, pêra madura, banana-prata ou banana-maçã, maçã não ácida, caqui, figo, uva doce etc.). Use somente uma a duas qualidades por vez. Acrescente o mingau dietético Bircher Muesli. Modo de preparar: deixe de molho à noite 1 colher de sopa de aveia. De manhã, junte uma maçã ralada, 1 colher de chá de suco de limão, 2 colheres de leite de soja ou iogurte, 1 colher de passas, eventualmente 2 castanhas raladas e um pouco de mel. Sirva-se imediatamente, mastigue muito bem ou passe no liquidificador, se preferir. Além disto, prepare 1 a 2 torradas de pão de trigo integral amanhecido, de preferência caseiro, ou então de pão sueco integral, com ricota fresca ou doce de banana caseiro, sem açúcar. Se desejar, complete a refeição com 1 pequena xícara de leite de soja ou de castanhas com mel ou melado.

Almoço: 1 prato de vegetais crus, escolhidos entre os seguintes: alface, escarola, salsão, raiz de erva-doce, beterraba, espinafre, cenoura, um pouco de chucrute, 1 a 2 tomates sem casca e sem sementes, pepino, abobrinha. Pique as hortaliças, passe-as no liquidificador juntamente com um pouco de azeite, nata ou iogurte, suco de limão, salsinha ou coentro e uma pitada de sal. Sirva o creme imediatamente para não perder as vitaminas e enzimas vivas que ele contém. Se preferir, prepare uma salada de cenoura, abobrinha e beterraba, raladas em ralador bem fino, acrescentando verduras e tomates bem picadinhos e os temperos acima. Após a salada, sirva-se de um dos seguintes pratos: sopa cremosa de legumes com batatinhas, ou com mandioquinha ou com arroz integral, passada no liquidificador; ou purê de batata ou de mandioca, sem manteiga, com leite de soja e um pouco de sal; ou macarrão integral com molho de tomate caseiro, coado, e glúten picadinho. Acrescente legumes cozidos no vapor, preferencialmente os de mais fácil digestão, tais como chuchu, abobrinha, cenoura, beterraba, espinafre, acelga, catalona, escarola, berinjela. Use 2 a 3 ovos de gali-

nha caipira por semana, poché ou misturados à sopa. Nos outros dias, sirva-se de tofu temperado, creme de ricota ou bife de glúten. Não use sobremesas.

Jantar: Igual ao desjejum ou então somente frutas e torradas integrais. Quanto mais leve for a sua última refeição, melhor será para o sono da noite. Se por acaso vier a sentir dor à noite, tome chá de camomila e aplique uma compressa quente no abdome.

No intervalo das refeições, devem ser tomados sucos de verduras ou de frutas, chá de camomila com dolomita ou caulim e bastante água.

Dieta para gastrite e úlcera gástrica ou duodenal

DIETA PARA UM MÊS

1º dia: Faça repouso absoluto na cama e coloque uma compressa úmida com bolsa de água quente sobre o estômago. Faça um clister com 2 litros de chá de cavalinha morno. Alimentação: abstinência total de alimentos sólidos. Beba somente 2 litros de chá morno de espinheira-santa, misturado com chá de linhaça em partes iguais, e acrescente 1 colher de chá de caulim ou dolomita em pó a cada xícara, mexendo bem. Modo de preparar: derrame 6 xícaras de água fervente sobre 6 colheres de sopa bem cheias de espinheira-santa. Tampe bem e deixe descansar por 10-15 minutos, depois coe o chá. Ferva 2 colheres de sopa rasas de semente de linhaça em 1 litro de água por 5 minutos. Tampe bem e deixe descansar por alguns minutos, depois coe e misture ao chá de espinheira-santa. Coloque em garrafa térmica para conservar a temperatura.

2º dia: Mantenha repouso absoluto, aplique o clister e a compressa quente no estômago, como no 1º dia. Alimentação: somente 5 copos de sucos não ácidos (laranja-lima, figo, mamão, cenoura, beterraba, couve, melancia ou melão) misturados com água em quantidades iguais. Se por acaso houver sensação de fraqueza, misture 1/2 copo de creme de aveia a cada copo de suco (ferva um punhado de aveia em água até obter uma sopinha espessa, passe em peneira fina); tome 100g de suco de couve e 50g de suco de batata crua; além disto, 4 a 5 xícaras de chá de linhaça e espinheira-santa com caulim ou dolomita, seguindo a receita do 1º dia.

3º dia: Mantenha repouso absoluto, aplique o clister e a compressa quente no estômago. Alimentação: 5 copos de sucos não ácidos, não diluídos com água, se for o caso, acrescidos de creme de aveia como acima; tome 100g de suco de couve e 50g de suco de batata crua; além disto, 4 a 5 xícaras de chá de linhaça e espinheira-santa com caulim ou dolomita.

4º Dia: Mantenha repouso relativo, aplique o clister e a compressa quente no estômago antes e depois das refeições. Alimentação: **Em jejum** tome 1 xícara de chá de linhaça e espinheira-santa com caulim ou dolomita.
Desjejum: 2 fatias grandes de mamão ou 1 papaia.
Às 10 horas: suco de batata ou de cenoura.
Ao meio-dia: 5 a 6 bananas-prata ou maçã, bem mastigadas ou amassadas.
Às 16 horas: 1 copo de suco de lima ou outra fruta não ácida.
Às 17 horas: 1/2 copo de suco de couve.
No jantar: 2 a 3 maçãs sem casca, raladas no ralador fino. Se for época de figos frescos, use-os como alimento único, pois são cicatrizantes da mucosa gástrica. Continue tomando ao menos 2 xícaras de chá de linhaça e espinheira-santa com caulim ou dolomita durante o dia.

A partir do 5º Dia: Continue tomando os chás e os sucos, conforme recomendado acima. Nos primeiros dias, aplique um clister de 1/2 litro de água fria, fervida na véspera, logo após o desjejum, até conseguir normalizar a função intestinal. Siga aplicando a compressa quente no estômago por pelo menos duas horas ao dia.

Desjejum: 200g de frutas frescas, não ácidas. Mastigue-as bem ou rale-as após retirar a casca e as sementes (mamão, melão, melancia, pêra, banana-maçã ou banana-prata, maçã não ácida, caqui, figo, uva doce, manga doce, pêssego etc.). Use somente 1 a 2 qualidades por vez. Mingau Bircher Muesli batido no liquidificador ou muito bem mastigado. Modo de preparar: deixe de molho à noite 1 colher de sopa de aveia. De manhã, acrescente uma maçã ralada, 1 colher de chá de suco de limão, 2 colheres de leite de soja, 1 colher de passas, eventualmente 1 castanha ralada, e um pouco de mel. Sirva imediatamente. Uma xícara pequena de leite de soja morno, 1 a 2 fatias de pão integral, de preferência caseiro, amanhecido e torrado, ou de pão sueco, com tofu, ricota fresca ou doce de banana caseiro, sem açúcar.

Almoço: 1 prato de vegetais crus, sem casca e sem sementes: alface, escarola, cenoura, beterraba, moranga, pepino e abobrinha. Pique e moa no liquidificador juntamente com um pouco de nata, suco de limão, salsinha, coentro e uma pitada de sal. Sirva imediatamente para não perder os nutrientes. Para variar, em vez disto, prepare um prato de cenoura e beterraba, com abobrinha ou pepino ralados fininhos, usando o mesmo tempero. Acrescente mais um dos seguintes pratos: sopa cremosa de legumes com batatinhas, mandioquinha ou arroz integral cozida em caldo de verduras e batida em liquidificador; ou purê de batata ou de mandioca, sem manteiga, com leite de soja e um pouco de sal; ou macarrão com picado de glúten em molho. Use também legumes cozidos no vapor, preferencialmente chuchu, abobrinha, cenoura, beterraba, espinafre, acelga, catalona, escarola. Use 2 a 3 ovos caipiras por semana, poché ou misturados à sopa. Nos outros dias, use tofu, creme de ricota ou bife de glúten. Não coma sobremesa.

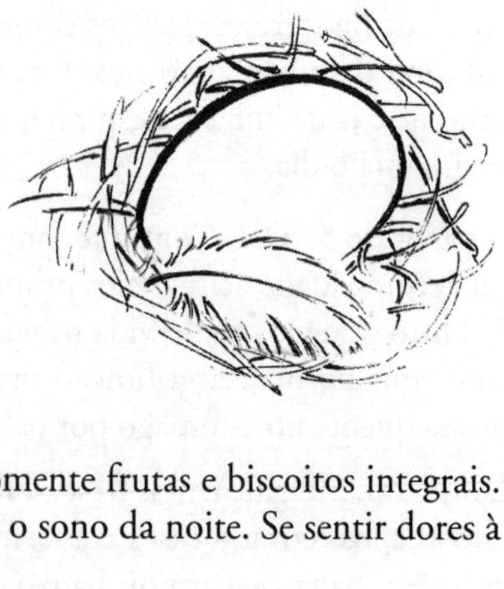

Jantar: Igual ao desjejum ou somente frutas e biscoitos integrais. Quanto mais leve, melhor para o sono da noite. Se sentir dores à noite, tome chá.

A partir do 15º dia pode ser acrescentada ao alimento uma pequena quantidade de manteiga ou azeite de oliva virgem. Se você tolerar bem, pode usar 100g de iogurte natural com frutas doces no jantar e purê de feijão, lentilhas ou grão-de-bico, passados pela peneira, na hora do almoço.

Nos casos de gastrite, a cura pode ocorrer em até uma a duas semanas; nos casos de úlcera, o tratamento é mais longo. Siga este regime até que exames clínicos constatem que você já está curado. Depois adote o regime de saúde básico (ver pág.187).

Dieta para diabetes

SUGESTÃO SOBRE DIETA ALIMENTAR E ESTILO DE VIDA

Siga uma dieta de calorias controladas, mas balanceada em nutrientes e rica em substâncias ativas que possam estimular a atuação do pâncreas. Dependendo da sua idade, de seu peso e altura, de sua atividade física e de sua taxa de glicemia, seu médico lhe recomendará a quantidade de calorias que deverá ingerir por dia.

- 2/3 da alimentação devem ser constituídos de alimentos crus: frutas, verduras, aveia, trigo integral em grão ou flocos, iogurte natural desnatado ou coalhada, e nozes ou castanhas em quantidade moderada. Os alimentos crus devem ser comidos sempre no início da refeição para que possam desenvolver todo o potencial curativo. Quando estiver sem fome coma somente alimentos crus. Coma frutas em abundância, na maior variedade possível, dando preferência àquelas não muito doces e não muito maduras (evite somente a uva e o abacate). As frutas têm efeito importante na neutralização da acidose do sangue.
- Procure tirar um dia por semana para comer apenas frutas e verduras cruas.

- Evite café, chocolate, chá-preto e mate. Substitua-os por chás de ervas ou sucos, por exemplo: chá de linhaça, chá de vagem, chá de folha de amoreira ou de pata-de-vaca, água de cozimento da alcachofra, suco de chucrute ou de verduras amargas e chá de stévia.
- Use diariamente verduras amargas, de preferência cruas: dente-de-leão, agrião, escarola, chicória com a raiz, cebola, alcachofra, vagem, nabo, rabanete, alho, chucrute.

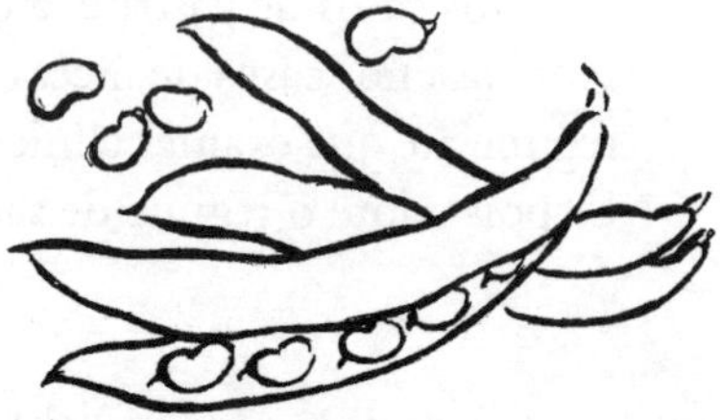

- Não use produtos de cana, nem açúcar refinado, nem mascavo, nem caldo de cana, nem melado, nem glicose de milho. Para adoçar, use chá de stévia em gotas, frutose pura ou um pouco de mel de abelha. (No máximo 1 colher de sopa por dia, somando as calorias ao total do cardápio.)
- Habitue-se a comer pouco, isto é, sempre um pouco menos do que você deseja. Faça somente três refeições por dia e não coma nada nos intervalos. Entre as refeições tome muita água, chás e sucos medicinais.
- Não use carnes, frituras, vinagre, mostarda ou pimenta, nem queijos gordurosos.
- Os alimentos refinados e industrializados devem ser substituídos por pão integral e massas de farinha integral preparados em casa.
- Não beba líquidos às refeições e não use sobremesas, nem mesmo frutas após as refeições.
- Restrinja ao máximo o seu consumo de gorduras, pois o uso excessivo de gorduras é uma das causas do diabetes. Use alguns flocos de manteiga fresca ou nata, ou algumas gotas de azeite de oliva virgem para temperar seu alimento, e nunca aqueça as gorduras.

- Podem ser usados 2 a 3 ovos por semana, sempre de galinha caipira.
- Mastigue corretamente 30 a 50 vezes cada bocado; coma com calma e em ambiente tranqüilo.
- Pratique exercícios físicos e respiração profunda diariamente. Mantenha uma atitude mental positiva, radiante. Estes são fatores importantes para obter a cura.

SUGESTÃO DE CARDÁPIO

Para facilitar-lhe a prática desta dieta no dia-a-dia, elaboramos quatro exemplos de cardápios saudáveis e nutritivos que podem ser igualmente usados em todos os casos que tenham indicação de dietas hipocalóricas.

De 1.000 calorias por dia

Desjejum (aproximadamente 310 calorias): Mingau Bircher Muesli feito de 5g (1 colher de sobremesa) de aveia crua demolhada, 1/2 banana pequena amassada, 1 colher de sopa de suco de limão, 20g (2 colheres de sopa) de iogurte, 100g de maçã ralada (1 pequena), 10g de castanha-do-pará ralada (2 castanhas médias), ou de nozes ou de coco, e 1 colher de chá de casca de limão ralada. Acrescente 100g de frutas frescas (por exemplo: pêssego, laranja, maçã, morango, amora, melancia, melão, kiwi, pêra, abacaxi, mamão). Não use uvas nem passas. Complete com 1 fatia pequena de pão integral e 24g de ricota (2 colheres de sopa rasas). Se quiser usar frutas mais doces do que as citadas acima, reduza a quantidade de pão ou de castanhas.

Às 10 horas (aproximadamente 40 calorias): 1 copo pequeno de suco de verduras, salsão, tomate e uma cenoura pequena.

Almoço (aproximadamente 300 calorias): Salada crua completa, como por exemplo: 100g de alface, agrião ou escarola; mais: 100g de tomate, pepino, abóbora, espinafre ou pimentão; mais: 50g de cenoura, beterraba, rabanete, nabo, repolho, chucrute, couve-flor ou salsão, com molho de 30g (3 colheres de sopa) de iogurte desnatado, limão, cebola, cheiro-verde e um pouco de sal; mais: 100g de batatinha (3 de tamanho médio) cozidas ou assadas na casca, 15g de ricota temperada com cheiro-verde, ou 30g de macarrão integral com molho de tomate caseiro, sem gordura e 50g de bife vegetal, ou 20 g de arroz integral com 20g de feijão, sem gordura, ou polenta feita de 30g de fubá, com molho de tomate caseiro sem gordura, e 1 ovo poché. Prepare ainda 200g de vegetais cozidos no vapor, entre os seguintes: abobrinha, chuchu, berinjela, tomate, alcachofra, couve-flor, vagem, brócolis, ou espinafre, 100g de beterraba, salsão, ervilhas verdes ou cenoura. Use algumas gotas de azeite de oliva e bastante cheiro-verde, para temperar, depois de tirar do fogo.

Às 16 horas: (aproximadamente 50 calorias): 1 copo pequeno de suco de melancia, ou de laranja, ou de abacaxi, ou de melão ou de maracujá adoçado com stévia.

Jantar: (aproximadamente 300 calorias): Semelhante ao desjejum.

De 1.400 calorias por dia

Desjejum (aproximadamente 420 calorias): Mingau Bircher Muesli feito de 5g (1 colher de sobremesa) de aveia demolhada, 1 colher de sopa de suco de limão, 30g (3 colheres de sopa) de iogurte, 1 colher de chá de mel ou 1 ponta de faca de adoçante stévia, 200g de maçã ralada (1 grande), 10g de castanhas-do-pará (2 castanhas médias) ou nozes raladas; acrescente 150g de frutas (por exemplo: pêssego, laranja, maçã, morango, amora, melancia, melão, kiwi, pêra, abacaxi ou mamão). Não use uvas nem passas. Complete a refeição com 30g (1 fatia média) de pão integral, 5g de manteiga e 25g (2 colheres de sopa) de ricota ou queijo-de-minas magro e fresco. Se quiser usar frutas mais doces do que as citadas acima, reduza a quantidade de pão ou de castanhas.

Às 10 horas (aproximadamente 80 calorias): 1 copo (200ml) de suco de verduras, salsão e tomate com uma cenoura média.

Almoço (aproximadamente 390 calorias): Um prato grande de salada crua composta de, por exemplo: 100g de alface, agrião ou escarola; mais: 100g de tomate, pepino, abóbora, espinafre ou pimentão; mais: 100g de cenoura, beterraba, rabanete, nabo, repolho, chucrute, couve-flor ou salsão; mais o molho para temperar a salada: 30g (3 colheres de sopa) de iogurte desnatado, limão, cebola e cheiro-verde picados e pouco sal; acrescente 100g de batatinhas cozidas ou assadas na casca (3 de tamanho médio) com 30g de ricota temperada, ou 50g de macarrão integral ou 50g de polenta, com molho de tomate caseiro sem gordura, e 1 ovo poché ou 1 bife de glúten; ou 30g de arroz integral com 20g de feijão ou lentilha ou grão-de-bico ou soja. Prepare além disto 200g de vegetais cozidos no vapor, podendo escolher entre os seguintes: abobrinha, chuchu, berinjela, tomate, alcachofra, couve-flor, vagem, brócolis ou espinafre, ou 100g de beterraba, salsão, ervilhas verdes ou cenoura. Use algumas gotas de azeite de oliva e bastante cheiro-verde para temperar, depois de tirar do fogo.

Às 16 horas (aproximadamente 100 calorias): 200g (1 copo médio) de suco de melancia, ou de laranja, ou de abacaxi, ou de melão ou de maracujá, adoçado com stévia.

Jantar (aproximadamente 420 calorias): Semelhante ao desjejum.

De 1.600 calorias por dia

Desjejum (aproximadamente 500 calorias): Mingau Bircher Muesli feito de 8g (1 colher de sopa rasa) de aveia crua demolhada, 1/2 banana pequena amassada, 1 colher de sopa de suco de limão, 30g (3 colheres de sopa) de iogurte, 200g de maçã ralada (1 grande), 10g de castanha-do-pará (2 castanhas médias) ou nozes raladas e 1 colher de chá de casca de limão ralada; acrescente 150g de frutas (pêssego, laranja, maçã, morango, amora, melancia, melão, kiwi, pêra, abacaxi, mamão). Não use uvas nem passas; complete com 2 fatias pequenas de pão integral, 50g de ricota (4 colheres de sopa rasas) e 12g (1 colher de chá) de mel. Se quiser usar frutas mais doces do que as citadas acima, reduza a quantidade de pão ou de castanhas.

Às 10 horas (aproximadamente 80 calorias): 1 copo (200ml) de suco de verduras, salsão e tomate com uma cenoura média.

Almoço (aproximadamente 480 calorias): Salada crua completa, composta por exemplo de: 100g de alface, agrião ou escarola; mais: 100g de tomate, pepino, abóbora, espinafre ou pimentão; mais: 100g de cenoura, beterraba, rabanete, nabo, repolho, chucrute, couve-flor ou salsão, com um molho feito de 30g (3 colheres de sopa) de iogurte desnatado, limão, cebola e cheiro-verde picados, e um pouco de sal. Acrescente 100g de batatinhas (3 de tamanho médio) cozidas ou assadas na casca, com 50g de ricota temperada com cheiro-verde ou 50g de macarrão integral com molho de tomate caseiro sem gordura e 100g de bife vegetal; ou 40g de arroz integral com 30g de feijão, soja ou lentilha sem gordura, ou 50g de polenta com molho de tomate caseiro sem gordura e 1 ovo poché. Prepare além disto 200g de vegetais cozidos no vapor, sem gordura, podendo escolher entre os seguintes: abobrinha, chuchu, berinjela, tomate, alcachofra, couve-flor, vagem, brócolis ou espinafre, ou 100g de beterraba, salsão, ervilha verde ou cenoura. Use algumas gotas de azeite de oliva e bastante cheiro-verde para temperar, após tirar do fogo.

Às 16 horas (aproximadamente 50 calorias): 1 copo pequeno de suco de melancia, ou de laranja, ou de abacaxi, ou de melão ou de maracujá, adoçado com stévia.

Jantar (aproximadamente 500 calorias): Semelhante ao desjejum.

De 2.000 calorias por dia

Desjejum (aproximadamente 690 calorias): Mingau Bircher Muesli, feito de 16g de aveia demolhada na véspera (2 colheres de sopa), 8g de suco de limão (1 colher de sopa), 12g de mel (1 colher de chá) e/ou stévia, 200g de maçã ralada (1 grande), 10g de castanhas-do-pará (2 castanhas médias) ou nozes raladas. Acrescente 150g de frutas não muito doces, como pêssego, laranja, maçã, morango, amora, melancia, melão, pêra, abacaxi, mamão. Não use uvas nem passas. Complete a refeição com 2 fatias médias de pão integral (aprox. 70g), 10g de manteiga (1 colher de sopa), 50g de ricota ou queijo-de-minas magro e fresco (4 colheres de sopa) e 1 xícara pequena de leite de soja. Se em lugar das frutas referidas você preferir outras mais doces, reduza o pão ou as castanhas.

Às 10 horas (aproximadamente 70 calorias): 1 copo (200ml) de suco de verduras, salsão e tomate com uma cenoura pequena.

Almoço (aproximadamente 600 calorias): Salada crua completa, composta por exemplo de: 100g de alface, agrião ou escarola; mais: 100g de tomate, pepino, abóbora, espinafre ou pimentão; mais: 100g de cenoura, beterraba, rabanete, nabo, repolho, chucrute, couve-flor ou salsão, com um molho feito de 30g de iogurte desnatado, limão, cebola, cheiro-verde, um pouco de sal e 10g de azeite de oliva (1 colher de sopa). No lugar do azeite podem ser usados 40g de abacate. Acrescente 150g de batatas cozidas ou assadas na casca (4 de tamanho médio) e 50g de ricota temperada com cheiro-verde, ou 40g de arroz e 30g de feijão, soja ou lentilha sem gordura, ou 50g de polenta ou de macarrão integral com molho de tomate caseiro sem gordura e 1 ovo poché ou 1 bife de glúten. Prepare além disto 200g de vegetais cozidos no vapor, podendo escolher entre os seguintes: abobrinha, chuchu, berinjela, tomate, alcachofra, couve-flor, vagem, brócolis ou espinafre; ou 100g de beterraba, salsão, ervilhas verdes ou cenoura. Tempere com 10g de manteiga ou 5g de azeite de oliva e cheiro-verde, após tirar do fogo.

Às 16 horas (aproximadamente 50 calorias): 1 copo pequeno de suco de melancia, ou de laranja, ou de abacaxi, ou de melão ou de maracujá, adoçado com stévia.

Jantar (aproximadamente 590 calorias): 200 a 300g de frutas frescas; mais: 100g de pão integral (3 fatias médias), com 10g de manteiga (1 colher de sopa) ou patê de soja, berinjela ou abobrinha; acrescente 100g de iogurte desnatado ou 1 prato de sopa de vegetais leve e sem gordura.

Os vegetais, cereais, batatas e leguminosas devem ser pesados antes de cozinhar para obter a quantidade de calorias no preparo dos cardápios.

Para facilitar a variação de seu cardápio, elaboramos uma relação das calorias aproximadas contidas em alguns alimentos saudáveis, comuns na dieta ovo-lacto-vegetariana. Assim você pode criar suas próprias combinações, sempre levando em conta as orientações básicas para sua dieta. As calorias são calculadas sobre 100g da porção comestível de cada alimento.

RELAÇÃO DE CALORIAS

CLASSE	100g CONTÉM	CALORIAS (aprox.)
CARBOIDRATOS	Batata cozida	85
	Mandioca (aipim, macaxeira)	116
	Arroz integral cru	371
	Arroz integral cozido	110
	Aveia crua	402
	Fubá, farinha de milho	376
	Farinha de trigo integral	373
	Pão integral de trigo e/ou centeio	240 a 250
	Macarrão de trigo integral, cozido	146
PROTEÍNAS	Farinha de soja	360
	Leite de soja	70
	Leite de soja em pó	460
	Queijo de soja – tofu	200
	Carne vegetal	114
	Iogurte desnatado	74
	Ricota magra	88
	Queijo-de-minas frescal	243
	Ovos cozidos	152
	Feijão cru	350
	Ervilha seca crua	370
	Lentilha crua	303
	Soja	445

GORDURAS	Azeite de oliva, óleo de milho, canola etc.	900 a 930
	Creme de amendoim	641
	Manteiga	755
	Coco	399
	Castanha-do-pará	714
	Amendoim	631
	Abacate	241
FRUTAS	Banana	90 a 110
	Figos maduros	73
	Uvas	74
	Outras frutas	30 a 70
HORTALIÇAS E VERDURAS	Cenoura crua	46
	Beterraba crua	40
	Ervilha verde crua	93
	Milho-verde cru	107
	Verduras folhosas, inclusive repolho e chucrute	12 a 15
	Outras hortaliças	25 a 50
ADOÇANTES	Mel de abelha	306
	Melado	284
	Açúcar mascavo, rapadura	355
	Frutas secas: passa, ameixa, maçã, figo, damasco, abricó	280 a 300
	Stévia	0 (zero)
	Frutose	40

Fonte: Dr. Bircher Benner, *Manual para diabéticos*.

Dieta para emagrecimento natural

Para iniciar o tratamento, o ideal é submeter-se a um período de desintoxicação orgânica em uma clínica naturista especializada, onde se consegue o primeiro impulso para vencer a obesidade. A perda de peso acentuada, proporcionada pelo tratamento intensivo, provê motivação para continuar o tratamento em casa. Este certamente irá requerer algumas mudanças em seus hábitos alimentares, mas a nova dieta lhe parecerá bastante agradável após os primeiros dias de adaptação, e poderá trazer grandes benefícios à sua saúde.

REGRAS GERAIS

- **Evite** carnes, frios, lingüiças, queijos picantes ou gordurosos (use somente ricota ou queijo-de-minas fresco); evite vinagre, mostarda, pimenta, todas as conservas, chá-preto ou mate, álcool, chocolate, fumo, bombons, doces e refrigerantes.

- **Use** alimentos nutritivos tais como: arroz integral; pão, bolos, biscoitos e macarrão feitos de farinha integral, e de preferência produzidos em casa.

- **Use moderadamente** sal, pouco azeite de oliva ou óleos de gergelim, girassol, milho ou arroz. Não coma mais do que 2 a 3 ovos por semana, dando preferência aos ovos de galinha caipira.

- **Não use** frituras e refogados gordurosos, sopas e todos os pratos muito ricos e complicados. Substitua-os por assados e suflês de legumes. Não use sobremesas, açúcar; adoce os alimentos com stévia ou frutose.

- **Beba** de 6 a 8 copos de água pura ao dia. Não beba durante as refeições. Só ingira líquidos até meia hora antes ou, no mínimo, duas horas depois das refeições.

- **Importante:** Inicie as refeições com alimentos crus, especialmente saladas cruas, pois estas contêm poucas calorias e agilizam a digestão dos alimentos cozidos, além de conter fibras que estimulam a função intestinal.

Coma sempre um pouco menos do que deseja comer. O apetite que ainda restou ao levantar-se da mesa desaparece em poucos minutos, tão logo se inicie o processo digestivo.

Não coma nada entre as refeições (2 a 3 por dia). Se eventualmente surgir uma sensação de fome, tome água ou chá de ervas ou 1 copo pequeno de suco de frutas ou verduras.

Mastigue muito bem: de 30 a 50 vezes cada bocado.

Coma sempre com calma e em ambiente tranqüilo, concentrando-se no prazer que o alimento lhe proporciona.

Após as refeições, não descanse. Ao contrário, movimente-se de forma moderada para facilitar a digestão. É muito útil programar-se para uma leve caminhada nestes horários.

SUGESTÃO DE CARDÁPIO PARA UM DIA

Desjejum: 100g a 200g de frutas frescas. Dê preferência a maçã, pêra, mamão, melancia, abacaxi, morango, laranja, melão, kiwi, ameixas, amoras ou grapefruit, evitando as frutas mais ricas em calorias, como as bananas, uvas, figos e abacate. Acrescente 1 xícara de leite de soja ou 1 copo pequeno de iogurte natural desnatado, além de 1 fatia de pão integral com ricota ou queijo-de-minas fresco. Ou prepare o mingau Bircher Muesli da seguinte maneira: 1 colher de sobremesa de aveia demolhada na véspera, 1 maçã, 2 colheres de sopa de iogurte desnatado, 1/2 colher de sopa de suco de limão, um pouco de casca de limão raspada, 1 colher de chá de mel e 1 castanha-do-pará ralada. A maçã pode ser substituída por morango ou abacaxi.

Almoço: 1 prato grande de salada de verduras cruas, como início e parte principal da refeição. Varie os vegetais e use bastante agrião, rabanete, escarola, rúcula etc. Sugestão para o molho: 1 xícara pequena de iogurte desnatado, com cebola, salsinha e cebolinha

picadas, 1/2 colher de sopa de suco de limão e pouco sal. Esta salada, que contém pouquíssimas calorias, satisfaz quase totalmente, podendo porém ser seguida por um ou dois dos seguintes pratos: 1 a 2 qualidades de legumes, cozidos no vapor, sem gordura; carboidratos: 1 a 2 batatinhas (dependendo do tamanho), cozidas ou assadas na casca, ou 2 colheres de arroz integral, ou de macarrão integral, ou de polenta ou de triguilho; proteínas: 2 colheres de sopa de feijão ou outra leguminosa, ou 1 ovo poché, ou 2 croquetes assados de carne vegetal, ou um bife de glúten, ou assado de ricota etc.

Jantar: Semelhante ao desjejum ou, de preferência, só 1 copo de suco, ou 1 copo de iogurte natural desnatado ou 1 fruta. Quanto mais cedo e leve for o jantar, melhor será para a perda de peso. As calorias ingeridas à noite contam em dobro, porque o metabolismo torna-se menos ativo ao anoitecer.

Varie bastante os seus cardápios, usando sua criatividade.

REGRAS GERAIS ATÉ CHEGAR AO PESO IDEAL

Todos os dias: Caminhe no mínimo uma hora em passo rápido, ou nade ou faça ginástica especializada, para ativar o metabolismo e queimar calorias. O melhor horário para estes exercícios, para quem quer perder peso, é de manhã, em jejum.

Todas as semanas: Programe um dia de dieta de sucos.

Todos os meses: Faça três dias seguidos de dieta de frutas ou de monodieta de frutas, alternando a fruta a cada dia, ou, ainda, de arroz integral sem sal.

Outra sugestão de cardápio para acelerar o emagrecimento:

2ª feira – dieta de sucos;
3ª feira – dieta para emagrecimento natural;
4ª feira – monodieta;
5ª feira – dieta para emagrecimento natural;
6ª feira – dieta crudívora;

Sábado – dieta para emagrecimento natural;
Domingo – liberado, desde que seja com bom senso.

Veja mais explicações no capítulo Peso ideal sem drogas e sem fome.

Após o período prescrito para a dieta terapêutica, é recomendável adotar o regime de saúde básico, que é desintoxicante, revitalizante, restaurador do equilíbrio orgânico e ajuda a manter o bem-estar adquirido.

Regime de saúde básico

REGRAS GERAIS

- **Evite** as carnes, os frios, as lingüiças, as frituras (prefira assados), os queijos picantes ou gordurosos (use somente ricota, tofu ou queijo de-minas fresco). Também evite usar vinagre, mostarda, pimenta e todas as conservas.

- **Não use** chá-preto e mate, álcool, chocolate, fumo, doces e refrigerantes em geral, açúcar refinado ou cristal; sobremesas nem frutas após a refeição de verduras.

- **Use** arroz integral; pão, bolos, biscoitos e macarrão feitos de farinha integral; frutas secas, nozes e castanhas, açúcar mascavo, melado ou mel de abelha.

- **Use moderadamente** sal, dando preferência ao sal marinho; quanto às gorduras, devem ser de origem vegetal, tais como o azeite de oliva virgem e os óleos de girassol, canola, gergelim, milho ou arroz, usados com moderação e sem aquecê-los. Não use mais do que 2 a 3 ovos por semana, dando preferência absoluta aos ovos de galinha caipira.

- Beba de 6 a 8 copos de líquido por dia, distribuídos entre sucos, chá e água. Jamais beba durante as refeições. Faça-o até meia hora antes ou no mínimo duas horas após as refeições.

- **Importante:** inicie cada refeição com alimentos crus, na proporção mínima de 50% do total. Coma sempre um pouco menos do que desejaria comer. Não coma nada entre as refeições (três por dia). Faça intervalos de aproximadamente cinco horas entre uma refeição e a seguinte. Se sentir vontade de comer algum alimento, tome sucos de frutas ou verduras, ou um chá com mel. Mastigue bem: de 30 a 50 vezes cada porção de alimento. Coma sempre com calma e gratidão, conscientizando-se do sabor de cada alimento. Crie, dentro de suas possibilidades, um ambiente agradável e tranqüilo para esta atividade.
  Não deite para dormir ou ler imediatamente após as refeições. Movimente-se um pouco, caminhe durante 15 a 30 minutos. Isto facilita a digestão.

SUGESTÃO DE CARDÁPIO PARA UM DIA

Desjejum: 200g de frutas frescas; mingau Bircher Muesli. Modo de preparar: 1 a 2 colheres de sopa rasas de aveia demolhada na véspera, 1 maçã sem casca, ralada no ralador grosso, 1 colher de sopa de suco de limão, 1 colher de chá de casca de limão raspada, 2 a 3 colheres de sopa de iogurte natural desnatado, 1 colher de sopa de passas, 2 castanhas ou nozes raladas e mel a gosto. Se preferir, você pode substituir a maçã por abacaxi ralado ou morangos, amoras, banana ou pêssegos amassados. Acrescente 1 a 2 fatias de pão integral com mel, ricota, queijo-de-minas fresco,

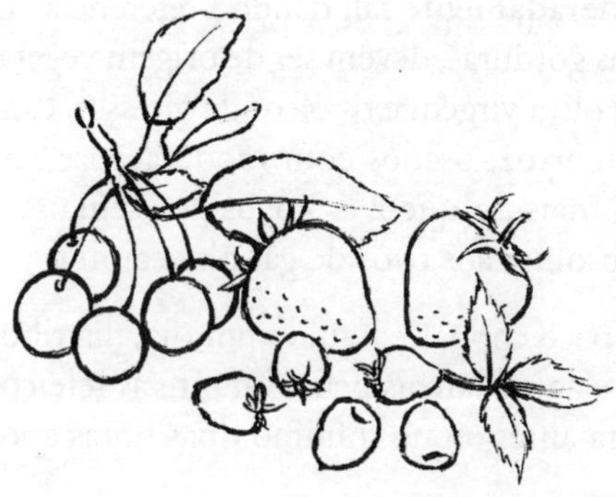

tofu ou creme de amendoim e 1 xícara de leite de castanhas ou leite de soja ou iogurte natural desnatado.

Almoço: 1 prato grande de salada de verduras cruas, como início e parte principal da refeição. Sugestão para o tempero: 1 xícara de iogurte natural, 1 colher de sopa de cebola picada, 1 colher de sopa de salsinha e cebolinha picadas, 1 colher de chá de suco de limão, 1 pitada de sal. Misture com um garfo e derrame sobre a salada ao servir-se. Se preferir, este creme pode ser batido no liquidificador, acrescentando-se tomate, pimentão, batatinha ou cenoura cozida para ficar mais espesso. Para variar use molho de abacate ou tomate; ou tempere com pequena quantidade de azeite de oliva virgem, suco de limão e sal ou gersal. Após a salada, sirva-se de um prato de carboidratos, tais como batatinhas cozidas ou assadas na casca, mandioca, inhame ou cará, arroz integral ou macarrão integral ou polenta ou triguilho. Acrescente uma a duas qualidades de verduras ou legumes, cozidos no vapor. Complete a refeição com um prato de proteínas: feijão, soja ou outras leguminosas, ou 1 ovo poché, ou carne vegetal em bifes, bolinhos, recheios ou assados.

Jantar: Semelhante ao desjejum ou somente frutas e iogurte desnatado com mel. No inverno, pode ser servida uma sopa quente, de legumes com batatinhas ou macarrão, sem gordura, em lugar do iogurte. Quanto mais leve e simples o jantar e quanto mais cedo foi servido, melhor será para o seu sono da noite.

Além destes exemplos, existem inúmeras opções nutritivas e deliciosas, que proporcionarão a necessária variedade à sua dieta. Veja mais detalhes no capítulo Alimento – fonte de saúde.

Ao sentar-se à mesa para fazer sua refeição, você deve lembrar-se:

"Amanhã, este alimento será o meu sangue."

Parte III

A PRÁTICA NO DIA-A-DIA

ALIMENTO – FONTE DE SAÚDE

Na maioria dos países ocidentais, a expectativa de vida aumentou consideravelmente nas últimas décadas, chegando aos 70, 80, até 90 anos. Na idade avançada, porém, as doenças degenerativas e incapacitantes se tornam mais freqüentes, prejudicando a qualidade de vida do idoso e impondo-lhe limites desanimadores. Não admira, portanto, que tenham surgido tantas pesquisas, ultimamente, no sentido de descobrir métodos de prevenção para moléstias graves como problemas cardiovasculares, câncer, diabetes, derrame cerebral, catarata, osteoporose e arteriosclerose. Os resultados dessas pesquisas evidenciam, sem sombra de dúvida, que muitas dessas doenças podem ser evitadas ou, no mínimo, postergadas por muitos anos quando se adota um estilo de vida mais saudável.

De todos os fatores que determinam a saúde, o alimento é, sem dúvida, dos mais importantes. Isto porque o alimento exerce sua influência todos os dias, desde o berço, e continuando pela vida afora. Tudo aquilo que você come, deglute, digere e assimila forma o seu sangue, levando o produto final até as suas células. Estas, por sua vez, o aproveitam para construir órgãos, glândulas, ossos, pele, dentes... Se o seu alimento for adequado, seu sangue será puro e levará às células os preciosos nutrientes de que elas necessitam para construir um organismo saudável, resistente e cheio de vitalidade. Se, porém, você não tiver o devido cuidado com o que come, o sangue será pobre em nutrientes e provavelmente repleto de matérias tóxicas e produtos de fermentação. Neste caso, as células poderão enfraquecer e tornar-se ineficientes para desempenhar suas funções. Sem dúvida, você não quer isso. Então, que fazer para receber a nutrição por meio de sua alimentação diária?

O seu corpo é vivo e natural, por isso precisa de alimento vivo e natural para mantê-lo funcionando bem!

O que vem a ser alimento natural? É o alimento original, adequado às suas necessidades. Cada espécie viva possui o seu alimento original: o leão come zebras e antílopes; o gato come ratos; o cavalo e o boi comem capim; e as aves comem sementes. É assim que os animais permanecem fortes e saudáveis. E qual seria então o alimento natural para o homem? Se recuarmos até a origem, encontraremos a orientação do "Fabricante da Máquina Humana", do Criador do homem, Deus: a dieta ideal seria composta de frutas, hortaliças e sementes (isto é, cereais, nozes e oleaginosas), que obviamente deveriam ser consumidas cruas, integrais e recém-colhidas. Quando avançamos no tempo, temos a experiência de Theodor Hahn, que em 1620 descobriu as ilhas Ladrone, na costa da Espanha, onde os nativos permaneciam isolados da civilização, não conheciam o fogo e viviam de maneira totalmente natural. Eles se alimentavam apenas de vegetais crus, eram altos e esbeltos, possuíam dentes perfeitos, nenhuma doença de pele, os partos eram fáceis e os homens carregavam 250kg nas costas, assobiando. Quase todos viviam até os cem anos, e não conheciam médicos nem delegados de polícia. As famílias eram organizadas em regime de monogamia e possuíam um bom humor irredutível. Não conheciam supermercado, rede de lanchonetes, nem açougues. E quando os exploradores lhes perguntaram por que não comiam caça, arregalaram os olhos e perguntaram: Como? Comer os nossos amigos? Nunca haviam pensado em se alimentar da carne de animais! Se você quiser mais um exemplo, compare a saúde dos animais domésticos, obrigados a comer o que os seus donos comem, com a dos animais selvagens em seu habitat natural. Estes últimos não ficam doentes. Note também as pesquisas sobre a dieta dos campeões das Olimpíadas: mais de 2/3 dos vencedores são vegetarianos, por causa da resistência física que esta alimentação lhes garante.

A partir daí surgem perguntas do tipo: Então não se deve comer carne? Por que não? Não vou ficar desnutrido por falta de proteínas?

A ingestão de carne não é natural ao ser humano. Nossos

dentes não são iguais aos de um carnívoro e o nosso trato digestivo tampouco. O intestino das feras é curto e reto para que a carne que elas ingerem passe rapidamente por ele e não tenha tempo de produzir putrefação. Já o nosso intestino é seis vezes mais longo, projetado para assimilar os nutrientes dos vegetais fibrosos. Quando comemos carne, ela permanece às vezes por até 48 horas em nosso tubo digestivo, gerando enorme putrefação. Isso pode produzir mal-estar e muitas doenças. No início do século passado vivia na Inglaterra um médico, Sir Arbothnot Lane, inventor de uma cirurgia que removia boa parte do intestino humano para conseguir a cura de doenças crônicas produzidas pela má alimentação. E conseguia. O alimento cárneo agora passava rapidamente pelo intestino, como nos animais carnívoros, e não tinha tempo de produzir bactérias de putrefação. É uma opção... Mas eu ainda prefiro escolher uma alimentação adequada a fazer esta cirurgia.

Lembre-se também de que o gado hoje em dia sofre de muitas doenças, e que estas, muitas vezes, são transmitidas pela sua carne, como o temível "mal da vaca louca". Outra desvantagem do uso da carne é o abuso de hormônios na engorda dos animais, tanto do gado bovino e suíno quanto dos frangos, além dos antibióticos e calmantes que compõem a sua ração. Alguns médicos afirmam que o aumento assustador da hipertensão arterial pode ser conseqüência da ingestão de adrenalina concentrada na carne, produzida pelo animal pelo terror do momento do abate, inundando todo o seu corpo. Nosso fígado é diferente do fígado das feras e não produz o amoníaco capaz de neutralizar a adrenalina ingerida. Sem contar que a gordura saturada contida em todas as carnes aumenta o mau colesterol no ser humano que as usa na alimentação. Outro fator de risco é a incerteza quanto à conservação. A proteína animal apodrece muito rapidamente. Assim, quando você compra uma carne bem vermelha, você nunca sabe se ela é realmente fresca ou se foi tratada com nitrito de sódio para melhorar o seu aspecto. Este é um produto químico que atua como toxina no organismo em adição às toxinas que a própria carne produz no intestino, como indol, escatol, cadaverina...

As carnes de frango e de peixe contêm um índice de toxicidade menor do que as de bovinos e de suínos. Mas isto só é verdade se os frangos forem de quintal (as chamadas galinhas caipiras), alimentados com quirera e pasto, e se os peixes forem de escamas, pescados em alto-mar ou em rio limpo, além de comprovadamente frescos. Estas carnes também contêm menos colesterol, mas, por outro lado, produzem mais ácido úrico. Lembre-se também de que o peixe é catalisador do mercúrio contido no mar, e às vezes vem bastante carregado desse material tóxico. Circunstâncias que nos levam a constatar que o melhor mesmo seria abolir inteiramente o uso de carne de animais ou usá-la raramente, em pequena quantidade, como tempero de algum prato de cereais integrais.

Algumas pessoas me perguntam se o organismo humano já não está adaptado ao uso de carne. Eu lhes respondo que, de certa forma, sim, ele está adaptado. Um cavalo não conseguiria digerir um bife, e nós o conseguimos, em geral, sem graves problemas a curto prazo. Mas se eu compreendi que meu organismo não foi feito para digerir carnes de animais, e que ela o sobrecarrega e desgasta intensamente, serei sábia se a substituir por alimentos mais convenientes. Satisfazer o paladar é muito importante, mas conservar o corpo saudável é mil vezes mais importante.

Outra preocupação das pessoas é em relação às proteínas que supostamente nos faltariam ao deixarmos de comer carne. Afirmo sem medo de errar que não há motivo para preocupar-se, muito pelo contrário, pois a maioria das pessoas adoece por ingerir excesso de proteínas. Exemplos são a formação da gota, da artrite, da insuficiência renal e de uma acidificação geral crônica do organismo. Hoje os cientistas da Organização Mundial de Saúde estão recomendando não mais do que 0,7g de proteína por quilo de peso na dieta do adulto. Isto significaria 42g de proteína por dia para um adulto de 60kg. Esta quantidade é facilmente obtida com uma alimentação natural variada, sem ingestão de nenhum produto de origem animal. Podemos tomar como exemplo uma refeição composta de salada de folhas verdes, algumas colheres de soja e uma xícara de arroz integral cozido, que contém toda a proteína necessária.

Conheça a seguir o conteúdo protéico de alguns alimentos vegetais em comparação com o da carne:

100G DE ALIMENTO	TEOR DE PROTEÍNAS
Carnes (em média)	20g
Aveia (aprox.)	14g
Soja (aprox.)	35g
Urtiga seca (aprox.)	43g
Tremoço (aprox.)	44g
Lêvedo de cerveja (aprox.)	52g

Realmente não há o que temer. Pense que o leite materno, nos seis primeiros meses de vida do bebê, durante os quais ele duplica o seu peso, contém somente 2% de proteína. O adulto, que não cresce mais, e que só precisa manter e reparar suas células, certamente não precisará de uma quantidade maior do que esta.

Pare um pouco para observar os animais herbívoros como o touro, o cavalo, o hipopótamo e o elefante, que conseguem extrair a proteína necessária para formar todos aqueles músculos apenas das ervas. O leão foge do elefante, apesar de comer carne. Ele é forte, mas o elefante é mais. Outro detalhe importante: o leão é forte e feroz, o elefante é forte e manso. Vegetarianos são fortes e muito mais pacientes e mansos.

Mas não é só de salada que vive o vegetariano. Existem inúmeros alimentos naturais à disposição de quem resolveu optar por uma alimentação saudável: frutas frescas e secas, azeitonas e nozes, castanhas, amendoim e coco, palmito e brotos, legumes e hortaliças, raízes e tubérculos, cereais integrais e leguminosas... Como também são inúmeras as opções de preparo destes alimentos. A criatividade no processo de preparação dos alimentos é uma arte que merece ser aprendida, pois é parte integrante da sabedoria de bem viver.

Se fôssemos ministrar um curso na arte de comer bem, poderíamos dividi-lo em cinco módulos:

1º PASSO – CONHEÇA OS NUTRIENTES QUE SEU ALIMENTO PRECISA CONTER PARA LHE FORNECER UMA NUTRIÇÃO COMPLETA

Proteínas – Contidas em leguminosas, nozes, amendoins, ovos, glúten de trigo, derivados do leite, cereais integrais, folhas verdes.

Carboidratos – Contidos nos cereais (arroz, trigo, centeio, cevada, milho, aveia etc.), nos feculentos (batata, mandioca, inhame, cará) e, de maneira concentrada, no mel, melado e açúcar.

Gorduras – Contidas nos óleos vegetais, castanhas, nozes, amendoins, coco, azeitonas, nata e manteiga.

Vitaminas e sais minerais – Contidos em grande variedade e em combinação ideal nas frutas e hortaliças, bem como nos cereais integrais.

Fibras alimentares – Elas não podem ser classificadas como nutrientes, mas são indispensáveis para a boa digestão e para a saúde do aparelho digestivo. São encontradas nos cereais integrais e nos vegetais, especialmente quando usados crus.

Oxigênio – Contido nos vegetais crus, e esta é a única maneira de o recebermos em nosso aparelho digestivo para manter saudável o ambiente intestinal.

Água pura – Indispensável para a purificação e hidratação do organismo e para a boa absorção dos nutrientes pelas células.

2º PASSO – APRENDA A MELHOR MANEIRA DE ADQUIRIR OS ALIMENTOS SAUDÁVEIS

Frutas e hortaliças – Devem ser adquiridas ou colhidas o mais próximo possível da hora da refeição. Se você tiver uma horta e um pomar, colha os vegetais poucos minutos antes de comê-los. Se você depende de feira ou quitanda, faça suas compras diariamente sempre que possível. Alimentos guardados na dispensa ou na geladeira perdem boa parte do seu potencial revitalizador. A vivacidade do seu organismo depende da vivacidade do seu alimento, porque "vida só provém de vida". Este é um dos motivos de nos sentirmos tão repletos de energia quando comemos alimentos crus em abundância. O alimento natural do homem é o alimento cru, que é rico em sais minerais e vitaminas, oligoelementos, enzimas vivas, proteínas de fácil assimilação, fibras, gorduras poliinsaturadas, clorofila natural... Não contém matérias tóxicas ou fermentativas. Vegetais crus possuem propriedades curativas e aumentam o potencial de todas as células, preparando-as para selecionar melhor os nutrientes adequados e a expulsar completamente as matérias prejudiciais. Além do mais, transmitem ao organismo a energia solar que só os vegetais armazenam e facilitam a digestão dos alimentos cozidos. Por isto devem constituir o prato inicial de todas as refeições. Se puder escolher, prefira alimentos de plantio orgânico, cada vez mais fáceis de encontrar nos grandes supermercados e nas feiras ecológicas. Se não os achar, procure adquirir hortaliças e frutas de pequenos produtores, que costumam usar menos adubos e agrotóxicos ou os substituem por adubo orgânico. Cenouras pequenas, pés de alface menores com alguns caracóis, batatas pequenas com alguns furos de saúvas demonstram um plantio mais artesanal e cuidadoso.

Cereais – Devem ser sempre integrais, porque só assim são verdadeiramente nutritivos. Você os encontra em lojas naturistas ou na seção dietética dos supermercados. O beneficiamento dos cereais retira-lhes quase 90% dos minerais com os quais a natureza os dotou. Veja só: 100g de arroz integral contêm 1.130mg de sais minerais, enquanto que 100g de arroz refinado (branco) só nos fornecem 130mg destes nutrientes. No caso do trigo e seus derivados, a proporção é semelhante. Isto significa que, ao comer arroz beneficiado ou pão de farinha branca, seu estômago fica repleto de uma massa que só contém 10% dos nutrientes que você necessita. É claro que isto é insuficiente e, com o tempo, aparecerão as inevitáveis conseqüências. Os cereais refinados contêm apenas calorias vazias que engordam sem nutrir. Sem contar que o beneficiamento retira quase todas as fibras, dificultando em muito a digestão.

Foi somente no fim do século XIX que inventaram um moinho de trigo diferente com peneiras de seda para possibilitar a fabricação da farinha refinada. Como era um processo caro, apenas os ricos podiam adquirir o pão branco. Assim ele passou a ser um símbolo de status econômico. Curiosamente, essa idéia parece persistir até hoje, prevalecendo na maioria dos países ocidentais. Tornou-se de fato tão comum que hoje muitas pessoas não sabem da existência do pão integral e nunca provaram arroz integral. Ao visitar fazendas de gado, você poderá observar bezerros bem nutridos, alimentados com farelo de trigo ou de arroz. Ao lhe serem apresentados os filhinhos do fazendeiro, você os vê pálidos, magros, apáticos, e se perguntasse sobre o seu alimento, o orgulhoso pai responderia: "Só comem da melhor farinha refinada e arroz branco de primeira qualidade." Que distorção interessante: quando se trata de animais, compreendemos facilmente que eles precisam de alimentos naturais para se desenvolverem bem, mas quando se trata do ser humano, parecemos não pensar o mesmo.

Açúcar – A história se repete. O açúcar refinado é realmente mais bonito e fácil de ser dissolvido do que o açúcar mascavo ou o melado, e é mais barato que o mel. Mas veja a comparação dos nutrientes: 100g de açúcar mascavo ou melado contêm aproximadamente 650mg de sais minerais; 100g de açúcar refinado contêm apenas 0,003mg de sais minerais. Além disto, ele é altamente fermentativo, rouba cálcio dos ossos, reduz em 14 vezes a eficiência dos leucócitos em seu corpo e é rico em calorias vazias que só engordam. Portanto, o mais correto é adquirir mel, melado ou açúcar mascavo de boa qualidade e usá-los, ainda assim, com moderação. O desejo compulsório de comer doces pode ser sinal de falta de cálcio ou de cromo em seu organismo. Para suprir a carência de cálcio, use banana, nabo, iogurte; o cromo se encontra no brócolis e no lêvedo de cerveja.

Sal – Quando existe o desejo de muito sal, muitas vezes não é necessidade de cloreto de sódio, e sim de diversos sais minerais que talvez estejam faltando em seu alimento. Em vez de aumentar o consumo de sal refinado, que produz inchaço e eleva a pressão arterial, o certo seria suprir as carências com hortaliças, nozes e cereais integrais. Procure adquirir e usar somente o sal marinho integral, rico em minerais e oligoelementos contidos na água do mar, como por exemplo o precioso magnésio, que previne o câncer. O mar é o reservatório de inúmeras substâncias já inexistentes em nosso solo, que já foi abusado pelo uso de adubos e lavado pelas chuvas fortes. O sal marinho integral fornece-lhe estas substâncias e salga sua comida usando uma proporção muito menor de cloreto de sódio

Leguminosas – Feijões, ervilhas, lentilhas, soja, grão-de-bico, tremoço – são excelentes fontes de proteína. Procure variá-las em seu cardápio semanal porque, além das proteínas, cada uma delas possui nutrientes diferentes e importantes para o seu organismo. Use-as sempre em quantidade moderada, pois são alimentos concentrados. Sua proteína não é completa, assim como a da carne também não o é, mas pode ser facilmente complementada com a proteína menos concentrada dos cereais integrais e das verduras. Quando as pessoas reclamam de má digestão das leguminosas, eu lhes explico que em muitos casos a indigestão acontece por se fritar o tempero do feijão. Quando você aprende a temperar sem óleo aquecido, e a usá-lo em quantidades moderadas, a digestão é perfeita.

Gordura – Prefira as de origem vegetal, por não favorecerem o aumento do colesterol no sangue. Lembre-se, porém, de que mesmo entre estas há algumas mais saudáveis e outras menos apropriadas. A margarina, por exemplo, não é um alimento recomendável por conter, em certos casos, boa porção de gorduras animais, sem falar dos aditivos químicos que se podem acumular perigosamente no organismo. Além disto, ao ser hidrogenada, sua gordura se torna saturada. Também não é recomendável usar a gordura de coco, porque contém palmitol e por ser derretida a altas temperaturas, o que favorece o aumento de colesterol no sangue. As melhores opções são: azeite de oliva puro, óleo de canola, de milho, de gergelim e de semente de girassol, especialmente os prensados a frio. Ao usar qualquer óleo, lembre-se de que não existem árvores produtoras de latas de óleo. As oliveiras produzem azeitonas e não azeite. Imagine quantas azeitonas você comeria em uma refeição: quatro, cinco? Agora imagine o azeite que você obteria ao prensá-las. Esta é a quantidade que você deve derramar sobre a sua salada. Azeite e óleos são produtos concentrados que devem ser usados com moderação. Procure não gastar mais do que 100ml por pessoa ao mês. Por exemplo, uma lata de 900ml de óleo deve durar cerca de dois meses, em uma família de 4 a 5 pessoas. Parece pouco? Uma ajuda será ter a lata de azeite sobre a mesa e não na cozinha. Assim você não cai na tentação de fritar seus alimentos, o que os tornaria praticamente indigeríveis. Mais uma dica: use um dosador ou utilize um prego bem fino para fazer os furinhos na lata de óleo.

Derivados do leite – Devem ser usados com muito critério. Não recomendamos o uso do leite de vaca, por ser o principal produtor de alergias, tanto em crianças quanto em adultos. Hoje em dia muitos pediatras já recomendam substituir o leite de vaca (após o desmame do bebê) por leite de soja, de castanhas ou de coco para evitar o aparecimento de bronquite, de rinite e de dermatites alérgicas. O adulto não produz as enzimas necessárias à digestão do leite de vaca e, se insistir em tomá-lo, pode passar a sofrer de gases, cólicas e diarréias. Nos casos em que não há intolerância à proteína do leite, é recomendável o uso de iogurte natural desnatado, que é pré-digerido pelos lactobacilos e, portanto, de mais fácil digestão. A manteiga é gordura animal concentrada e produz aumento de colesterol. Só deve ser usada em pequenas quantidades e por pessoas que tenham o colesterol normal. Neste caso adquira de preferência a manteiga fresca de feira, que você pode provar no local. Mas o melhor mesmo é substituí-la por patês vegetais. O queijo maduro é o resultado da digestão das proteínas do leite pelas bactérias de putrefação. Há milhões delas em cada fatia de queijo, seja queijo prato, suíço, parmesão, provolone, mozarela ou qualquer outro. Os queijos fundidos contêm, além disto, diversos aditivos químicos, usados nos processos de fabricação e conservação. O queijo-de-minas bem fresco é o que menos prejuízos traz, por conter menos bactérias, menos gordura e também menos condimentos. Todos os queijos contêm tiraminas, que podem desencadear crises alérgicas de enxaqueca. Lembre-se também da possível contaminação do produto, seja em sua origem (vaca, estábulo), seja em seu processo de produção. Se você consegue adquirir leite de boa qualidade (se possível, de cabra), produza em casa seu iogurte natural desnatado e sua ricota fresca. É mais seguro. Ou use o queijo de soja, conhecido como tofu, acrescentando tempero a seu gosto.

Ovos – Devem ser de quintal, postos por galinhas soltas, alimentadas com quirera e pasto verde e não com ração. São os chamados "ovos caipiras", que você acha em chácaras, em lojas naturistas ou ainda em feiras ecológicas. Eles são menores, sua gema é bem amarelinha e seu sabor é bem mais típico. Mesmo assim não use mais do que 2 a 3 ovos por semana. Os ovos de granja devem ser evitados por causa dos hormônios, antibióticos e calmantes que a galinha de granja recebe na ração. O ovo catalisa e concentra estas drogas, que poderão fazer muito mal à sua saúde.

Água – Na maioria das grandes cidades, a água da torneira não é própria para beber. Procure água de poço artesiano ou de fonte ou compre uma boa água mineral. É importante beber de 6 a 8 copos de água pura todos os dias para purificar e hidratar o seu organismo.

3º PASSO – PLANEJE SEU CARDÁPIO COM ARTE E CIÊNCIA

- Use a grande variedade de alimentos naturais à sua disposição para receber todos os nutrientes de que você necessita! Varie! Não repita dia após dia os mesmos pratos, por mero hábito.
- Sirva 3 a 4 pratos em cada refeição e não mais do que isto.
- Certifique-se de que todos os nutrientes estejam presentes para que o seu alimento seja completo.
- Faça somente três refeições por dia. Deve haver uma distância de aproximadamente cinco horas entre uma refeição e a

próxima para que o aparelho digestivo tenha tempo de terminar seu trabalho e descansar um pouco. Assim ele estará preparado para digerir perfeitamente a próxima refeição. Nos intervalos tome bastante água pura. Não a tome durante as refeições, pois ela iria diluir o suco gástrico e mudar a temperatura e o pH do estômago. Com isto a digestão seria retardada, o que propiciaria uma fermentação anormal do alimento ingerido. Observe intervalos de meia hora antes e de duas horas após as refeições para tomar os dois litros de água de que seu organismo necessita diariamente.

- Lembre-se sempre da regra áurea da alimentação saudável: "Desjejum de rei, almoço de príncipe, jantar de pobre." Seu jantar deve ser leve, livre de gorduras ou proteínas concentradas. À noite o seu aparelho digestivo e o seu metabolismo já se encontram na posição "descansar". Alimentos pesados comidos à noite engordam em dobro e perturbam o seu sono.

4º PASSO – CONHEÇA O MELHOR MODO DE PREPARAR SEUS ALIMENTOS

Vegetais crus precisam ser devidamente higienizados para evitar possíveis contaminações. Há quem use permanganato, cloro ou outros produtos, mas existe um método muito simples e cientificamente comprovado para eliminar germes (inclusive o vibrião do cólera) e parasitas intestinais: deite as hortaliças cruas em uma solução de 1 litro de água com 3 colheres (sopa) de vinagre de vinho tinto e 1 colher (sopa) rasa de sal, por 15 a 20 minutos. Em seguida, lave-as em água corrente, cuidadosamente. Tanto o sal como o vinagre são bactericidas, e o sal dissolve a película com a qual os microscópicos ovos dos parasitas aderem às folhas, soltando-os ao contato com a água corrente.

Para eliminar boa parte dos agrotóxicos, mergulhe os vegetais por 15 minutos em água com vinagre, depois enxague-os e espalhe-os sobre uma bandeja para deixá-los secar ao ar livre. O vento se encarregará de levar os resíduos juntamente com a umidade restante. No caso do tomate, lave-o com esponja e sabão ou retire-lhe a pele após mergulhá-lo por um instante em água fervente; corte-o ao comprido para remover a parte mais branca do interior, perto do cabo, pois é ali que se concentram os agrotóxicos.

Ao cozinhar os vegetais, use a menor quantidade de água possível para que não sobre nenhum caldo ao terminar o cozimento. Melhor ainda é cozinhá-los no vapor, e sempre por pouco tempo, para que fiquem tenros mas não macios demais. Não refogue, não frite. Tempere com um pouco de sal marinho, muito cheiro-verde e ervas aromáticas, tais como tomilho, estragão, dill, coentro, manjerona e manjericão, além de cebola, alho, louro, gergelim e algumas gotas de limão. Condimentos fortes tais como vinagre, pimenta e mostarda irritam a mucosa do estômago e devem ser evitados. O shoyu (molho de soja) é um tempero bastante apreciado pelos vegetarianos, desde que não contenha glutamato.

Substitua as panelas de alumínio por recipientes de ágata, pedra, vidro ou aço inox. O alumínio se desprende dos utensílios durante o cozimento e contamina o alimento com resíduos tóxicos.

Prepare apenas o alimento que você usará em uma refeição. Alimentos requentados perdem muito do seu valor nutritivo. Os alimentos crus como saladas, sucos e frutas devem ser preparados poucos minutos antes da refeição para que não percam as vitaminas e as enzimas vivas que contêm.

5º PASSO – FAÇA ADAPTAÇÕES GRADATIVAS AO SEU NOVO ESTILO ALIMENTAR

Vá progredindo aos poucos, mas não seja fanático. Que o seu lema seja: "Racional sempre! Radical nunca!" Comece por introduzir as saladas ou frutas cruas no início da refeição, aumentando a proporção de alimentos crus gradativamente, até chegar aos 50%. Passe a usar pão integral, depois arroz integral, aveia e diversas leguminosas. Aos poucos vá eliminando as conservas, os congelados, as frituras, e substituindo os refrigerantes por sucos naturais. Sem perceber, você diminuirá a quantidade de carne em sua mesa, até notar que não a deseja mais. Aprenda a mastigar bem seus alimentos, pelo menos 30 vezes cada bocado. Coma com calma e gratidão, apreciando o sabor de cada prato. Durante a refeição, lembre-se: amanhã este alimento será o seu sangue! Logo ele lhe proporcionará tanta satisfação que o fará esquecer completamente dos lanchinhos intermediários. Continue estudando, adaptando, testando novas receitas. Existem tantos livros de receitas naturais, que o difícil será escolher entre as delícias que você descobrirá. Capriche na apresentação dos pratos; isto lhe trará uma satisfação a mais.

Em poucas semanas, você e sua família estarão habituados a este novo estilo de vida e conseguirão apreciar intensamente o saboroso alimento natural.

SUGESTÃO DE CARDÁPIO PARA UM DIA

Ao levantar: Tome 1 a 2 copos de água fresca ou quente.

Desjejum: Após 30 minutos coma: frutas frescas (de preferência frutas doces), aveia ou outro cereal integral, nozes ou castanhas, pão integral com ricota, mel ou doce caseiro, 1 xícara de leite de soja ou de castanhas ou ainda uma pequena taça de iogurte natural com mel.

No meio da manhã: No mínimo duas horas após terminar o desjejum, comece a tomar 2 a 3 copos de água pura e, eventualmente, um copo pequeno de suco de cenoura ou de verduras.

Almoço: Inicie com uma salada crua, bem variada, contendo no mínimo uma hortaliça de folha, uma de raiz e uma de fruto (ex.: escarola, cenoura e tomate, ou alface, beterraba e abobrinha), que pode ser enriquecida com azeitonas, brotos, fatias finas de cebola, rodelas de rabanete, chucrute, pimentão etc., e temperada com azeite, limão e sal, ou creme de abacate, ou iogurte, ou creme de ricota. Pode-se adicionar gergelim moído e bastante cheiro-verde. O prato quente pode consistir, por exemplo, de cereais integrais ou de feculentos (batatas, mandioca); leguminosas ou castanhas, glúten, ovos poché, bife ou salsicha vegetal, ou assado de ricota; hortaliças cozidas, recheadas ou assadas, suflê ou hamburguer de legumes, acompanhado de molho branco ou de tomate.

No meio da tarde: No mínimo duas horas após terminar o almoço, tome 2 a 3 copos de água e, eventualmente, um copo de suco de frutas.

Jantar: De preferência somente a frutas, ou frutas e torradas, ou frutas e iogurte natural com mel, ou ainda torta de frutas, ou empadinhas com palmito. Nos dias frios pode-se tomar uma sopa leve. Não use proteínas ou gorduras concentradas. Jante cedo, para poder dormir melhor.

Este não é um cardápio específico para perder peso, e sim para ganhar saúde. Mas você poderá ter boas surpresas ao subir à balança...

Os resultados em sua qualidade de vida serão gratificantes: nutrição completa, digestão perfeita, perda de peso gradativa para os obesos, nova beleza da pele e do cabelo, sono profundo, equilíbrio emocional e boa disposição, além de vitalidade redobrada e coragem para enfrentar a vida.

É a saúde que vem do alimento!

PESO IDEAL SEM DROGAS E SEM FOME

A obesidade é um problema de saúde bastante comum e bem mais arriscado do que há pouco imaginávamos. Nos Estados Unidos aproximadamente 50% dos adultos apresentam peso excessivo; no Brasil a taxa é um pouco menor, mas está em curva ascendente, no mesmo ritmo em que o estilo de vida dos brasileiros se assemelha cada vez mais ao daquele país. É um problema que deve ser visto com atenção, pois se trata de uma moléstia crônica, incômoda e que deprime o paciente durante anos, inibindo sua vida social e profissional, além de favorecer o aparecimento de doenças cardíacas, diabetes, hipertensão arterial, artrose, sobrecarga da coluna vertebral etc.

A obesidade não deve ser encarada como um simples problema estético. Compreendendo devidamente as causas desta moléstia, teremos condições de revertê-la, com perseverança e um pouco de disciplina mental.

Sempre nos ensinaram que é gordo quem come demais ou então quem tem preguiça de se mexer. Com isto, estigmatizamos a pessoa obesa como um pecador inveterado que não emagrece porque não quer e o deixamos a sós com o seu problema. É verdade que deveria haver equilíbrio entre as calorias que ingerimos e as que gastamos. Quem come 2.500 calorias por dia e só gasta 600, por levar vida sedentária, tem um superávit que o corpo armazenará em forma de gordura, como "reserva" para uma eventual época de fome. Como esta época não chega, o peso vai aumentando sempre e em ritmo acelerado. No entanto, não é esta a única condição que determina o excesso de peso. Basta observar um pouco a silhueta e os hábitos de seus vizinhos e familiares para notar que existem pessoas gordas que comem pouco e pessoas magras que comem muito. Creio que muitos de nós conhecemos um lar onde o marido come muito e nunca engorda, enquanto a esposa vive fazendo regime e não consegue emagrecer. Se o marido fosse lavrador ou cortador de lenha, teríamos a explicação do fenômeno, mas nem sempre é assim. Muitas vezes ele leva uma vida tão sedentária quanto a esposa e continua sempre magro.

Se formos mais à base do problema, perceberemos que há vários motivos para que a pessoa se torne obesa, além da relação "ingerir/gastar" que todos conhecemos.

O obeso pode, por exemplo, ter sido hipernutrido na infância. O excesso de alimentação no primeiro ano de vida propicia a formação de um número excessivo de células adiposas, responsáveis pelo armazenamento da gordura. Quando a criança cresce, estas células exigem um aporte de gordura muito superior ao normal, o que produz uma fome compulsória durante o resto da vida. No caso de um dos progenitores ser obeso, as chances de a pessoa vir a se tornar também obesa aumentam em 40%.

Pode haver hábitos culturais ou familiares que, na prática, acabam por viciar a pessoa gorda a continuar sua alimentação mal estruturada, mesmo após perceber que ela a prejudica.

Em outros casos, o obeso sofre de ansiedade ou estresse excessivo, levando-o a comer em demasia. Cada vez que se sente deprimido, frustrado, ansioso ou solitário, procura consolo na comida. Sente instintivamente que seu sistema nervoso ficará mais calmo ao receber glicose concentrada, e come mais e mais, principalmente doces e massas.

Todavia, a causa principal da obesidade é, sem dúvida, a disfunção do metabolismo. O Dr. M. O. Bruker, famoso nutrólogo alemão, defende a tese de que a alimentação pobre em elementos vitais faz degenerar as funções metabólicas após algumas décadas, quando existir uma mínima predisposição genética. Isto pode resultar em artrose, diabetes, gota, cálculos biliares e, principalmente, obesidade. A tireóide e outras glândulas passam a funcionar em ritmo excessivamente lento e o peso aumenta incontrolavelmente. Mesmo que o paciente passe a comer menos, e cada vez menos, disposto a fazer qualquer sacrifício para conseguir a perda de peso, muitas vezes constata que seu peso não diminui, mas continua aumentando. A ansiedade de emagrecer e o estresse da contínua sensação de fome estimulam a produção de cortisol, o que resulta em retenção de líquido. O obeso então resolve queimar sua gordura com exercício físico. Matricula-se em academia de ginástica, compra roupas para natação e jogging, bicicleta ergométrica, estepe e esteira, e larga tudo após poucas semanas, porque não agüenta o ritmo em seu estado de subnutrição e, além disto, não verifica na balança o resultado que esperava.

Alguns, ao chegar neste ponto, desistem. Outros começam a tomar fórmulas com ativadores da tireóide, moderadores de apetite, diuréticos, laxantes e calmantes. No início o resultado parece satisfatório. No entanto, após alguns meses, começam a surgir efeitos colaterais, e o médico recomenda-lhes interromper a medicação. Sem o estímulo artificial das drogas, a tireóide, os rins e os intestinos não conseguem mais funcionar, enquanto o organismo, após meses de subnutrição e agora sem o freio do moderador de apetite, clama ininterruptamente por alimento. Em poucas semanas o peso volta ao que era antes... E o que é pior: a cada nova tentativa, a tendência é engordar mais.

A solução é iniciar o tratamento na raiz do problema, pois limitar as calorias não solucionará distúrbios metabólicos. O ideal é praticar um jejum terapêutico de duas a três semanas: abstenção de alimentos sólidos e ingestão de sucos de frutas, hortaliças, caldos de verduras e chás de ervas. Essa dieta líquida, associada a tratamentos naturais que favorecem a desintoxicação orgânica, tem que ser feita, obrigatoriamente, sob acompanhamento médico. Em certos casos também pode ser feita em casa, desde que sob a devida orientação de um médico experiente e desde que seja possível reunir as condições necessárias. O melhor, sem dúvida alguma, é recebê-la em uma Clínica Naturista especializada. Obviamente, haverá uma perda de peso acentuada, pois o corpo expulsará os líquidos retidos e atacará energicamente as gorduras acumuladas. É interessante notar que a dieta não deixa sensação de fome nem de fraqueza, apesar de somar parcas 400 a 500 calorias diárias. Os sucos de vegetais frescos fornecem os nutrientes necessários e a assimilação é perfeita. Contudo, essa perda inicial de peso não constitui o resultado mais importante do tratamento. Durante o jejum terapêutico, o organismo todo se empenha em encontrar um novo equilíbrio funcional. Ocorre uma reeducação do paladar e do aparelho digestivo, uma redução do estômago, fazendo-o muitas vezes voltar ao seu tamanho natural, uma normalização das secreções internas e das funções de todos os órgãos, incluindo as funções metabólicas. É o início da cura!

Animado por este êxito inicial, o paciente está pronto para ter uma compreensão mais perfeita do processo e a motivação para a perseverança. A orientação é a de adotar uma dieta natural e integral, rica em substâncias vitais: vitaminas, sais minerais, oligoelementos, enzimas vivas, carboidratos complexos, proteínas vegetais não alteradas e gorduras naturais. Para isto é necessário eliminar do cardápio todos os alimentos refinados, industrializados e conservados. Mas não é preciso privar-se de pão, arroz, feijão ou massas, desde que sejam integrais e bem mastigados.

Essencial é aprender a iniciar todas as refeições com alimentos crus, pois eles contêm todos os elementos vitais de que o metabolismo necessita para voltar a funcionar perfeitamente. Além disto, os alimentos crus contêm pouquíssimas calorias e auxiliam na perda de peso em virtude da riqueza em enzimas vivas e fibras, que ativam a digestão. Um exemplo destes benefícios: uma generosa porção de salada crua, temperada com molho de iogurte desnatado, soma aproximadamente 100 calorias e deixará o estômago praticamente repleto. A pequena quantidade de alimento cozido que você ainda desejará ingerir em seguida completará sua satisfação com poucas calorias mais.

Outra regra importante é a mastigação cuidadosa. Por exemplo, os carboidratos mal digeridos por falta da ptialina contida na saliva formam gordura facilmente. Além disto, para ter a mesma sensação de saciedade e satisfação, você precisará de menores quantidades de alimento se o conservar na boca por mais tempo. Claro que é mais fácil demorar-se na mastigação de cereais integrais e saladas cruas do que na de alimentos refinados. Seu organismo, satisfeito com os nutrientes completos que lhe são oferecidos, deixa de exigir comida a toda hora, como fazia antes. O que ele desejava na verdade eram mais nutrientes, e o que recebia era uma quantidade maior de comida pobre, incapaz de satisfazer às suas necessidades.

É importante sempre frisar que é conveniente manter um intervalo de pelo menos cinco horas entre as refeições e não comer absolutamente nada entre uma e outra, nem beber leite ou sucos, mesmo naturais. Beba somente água pura ou chá de ervas e nunca beba líquido às refeições. Qualquer líquido dificultaria a digestão e dilataria o estômago. O jantar deve ser praticamente abolido. À noite, o metabolismo está mais voltado para o descanso do que para a assimilação correta de alimento. Portanto, o mesmo alimento, ingerido pela manhã, é transformado em energia, e à noite, em gordura. Fazendo um desjejum completo e tendo um bom almoço, você não necessitará mais do que de uma fruta, um suco ou uma pequena taça de iogurte desnatado à noite.

Planeje suas refeições como um acontecimento importante e aprazível, e jamais faça qualquer outra coisa enquanto estiver comendo. Desligue a televisão, guarde o jornal, esqueça as preocupações e os problemas. Concentre-se inteiramente no prazer de comer para que essa lembrança o satisfaça por muitas horas.

Os fatores psicológicos têm grande influência sobre o aumento de peso. Uma atitude mental correta poderá determinar uma mudança total do quadro. As seguintes sugestões poderão ajudar:

- Decida chegar ao seu peso ideal, mesmo se tiver de perseverar no esforço por longo tempo. A superação completa da obesidade levará meses e às vezes anos. Não se contente com menos; ainda que seja vencido em uma ou outra batalha, não abandone nunca a luta. Imagine-se magro, bem proporcionado e saudável. Projete continuamente esta imagem de si mesmo sobre uma "tela" em seu cérebro e seu sistema nervoso central se encarregará de transformar essa projeção em realidade.

- Não tenha medo da fome. Ter fome é sinal de que o estômago está vazio e portanto descansando. Permita-lhe o descanso, ele merece. Enquanto isto seu corpo consumirá as gorduras antes acumuladas.

- Evite comer quando estiver ansioso, com raiva ou frustrado. Sua digestão funcionará muito mal nestas horas, e o resultado será novamente o aumento de peso.

- Faça uma lista das coisas que você gosta de fazer, além de comer. Consulte-a quando estiver em tentação de compensar algum mal-estar emocional com guloseimas. Distraia-se ouvindo música, arrumando gavetas ou telefonando para um amigo; leia uma revista, tome um copo de água, respire fundo ou saia de casa para uma caminhada. Em último caso, coma um biscoito ou uma fruta seca e aguarde o efeito calmante da glicose em seu cérebro, o que se dará após 20 a 30 minutos. Se estiver muito impaciente, tome uma colher de sopa de mel e mantenha-a na boca por 5 a 10 minutos antes de engolir. A glicose concentrada do mel será absorvida pela mucosa da boca e conduzida ao cérebro rapidamente.

- Seja cuidadoso com o uso de adoçantes. Evite os alimentos dietéticos se contiverem ciclamatos ou aspartame em sua formulação. O mais aceitável é a stévia; procure o produto puro, integral, ou adquira a erva para prepará-la em casa. Mas lembre-se de que qualquer adoçante pode, no decorrer dos anos, prejudicar a função do pâncreas. Quando o sabor doce chega às papilas gustativas e estas transmitem a mensagem ao cérebro, o pâncreas receberá a ordem de produzir insulina para introduzir a glicose recém-chegada às células. A insulina é produzida, mas não encontra glicose, e o pâncreas fica confuso. Se isto se repetir por muito tempo, ele deixará de atender à ordem do cérebro e produzirá cada vez menos insulina, provocando o diabetes.

- Creia firmemente que seu metabolismo está a caminho da cura e que, portanto, você pode voltar ao seu peso ideal.

O exercício físico completará o tratamento. Ele gasta calorias, queima gorduras, ativa a circulação, faz você transpirar, purificando o sangue e obrigando-o a respirar mais oxigênio, aumentando assim a combustão das gorduras. Além disto, pode ajudá-lo a conseguir um corpo bem proporcionado, derretendo as gorduras localizadas e formando músculos onde você os quer. Vale lembrar ainda que a atividade física estimula a produção de endorfina, o hormônio da alegria, que gera satisfação e facilita o equilíbrio entre o alimento desejado e aquele que você realmente necessita.

Exercite-se diariamente, mas não exagere. O estresse que você sente ao obrigar-se a "malhar" durante horas seguidas pode resultar em aumento de peso em vez de perda. Isto ocorre pela produção de cortisol, um dos hormônios da ansiedade, que favorece a retenção de líquido nos tecidos. Qualquer exercício físico gasta calorias. Mas o estímulo metabólico necessário para a rápida combustão das gorduras já acumuladas só é conseguido após, no mínimo, 45 minutos de exercício vigoroso. Por isto é bom planejar uma hora de exercício contínuo por dia, ou mais, se lhe for possível. Descubra sua atividade predileta e converse com seu médico a respeito.

SUGESTÃO DE DIETA PARA ALCANÇAR O PESO IDEAL

Após um período de pelo menos dez dias de dieta líquida, passe a um cardápio ovo-lacto-vegetariano integral de calorias reduzidas com muitos vegetais crus. Todas as semanas, reserve um dia para fazer uma dieta líquida de 24 horas. Todos os meses, passe três dias seguidos na dieta de frutas ou comendo somente arroz integral sem sal. (Ver detalhes sobre as dietas no capítulo Dietas terapêuticas.)

Para acelerar ainda mais a perda de peso, aqui vai outra sugestão:

2ª feira: dieta líquida.
3ª feira: dieta de emagrecimento natural.
4ª feira: monodieta (comer um alimento só, por ex.: arroz integral sem sal, ou melancia, ou maçã, ou banana, ou abacaxi, 3 a 5 vezes ao dia; nos intervalos só água).
5ª feira: dieta líquida.

6ª feira: dieta crudívora (só alimentos crus, três vezes ao dia; nos intervalos só água).
Sábado: dieta de emagrecimento natural.
Domingo: dieta liberada, desde que seja com bom senso.

Corretamente seguido, este plano recompensará você com um corpo esbelto, além de nova saúde e vitalidade redobrada.

A PRÁTICA DA HIDROTERAPIA

Na parte II deste livro, você encontra a explicação do significado e a história da hidroterapia. Neste capítulo você verá como praticar, em sua casa, as principais formas de hidroterapia e de outros tratamentos naturais, e perceberá que na maioria dos casos estas aplicações tão eficazes não requerem muita habilidade específica nem equipamentos inacessíveis.

Compressas frias

As compressas frias são usadas para combater inflamações, baixar a febre, aliviar dores de cabeça congestivas, queimaduras, contusões e náuseas, e acalmar funções orgânicas aceleradas.

Supondo que sua filha esteja com náuseas, coloque uma compressa fria em seu estômago, dê a ela um pouco de suco de limão puro, ou misturado em partes iguais com água (sirva-lhe uma colher de chá a cada três minutos), e dentro de uns 15 minutos ela provavelmente estará perfeitamente bem.

Para aplicar uma compressa fria, você deve forrar a cama com plástico e um lençol de algodão. Observe que o plástico nunca deve ser usado para envolver o paciente, apenas para proteger a cama da umidade. Molhe em água fria uma toalha felpuda de tamanho adequado, torcendo-a para tirar o excesso de água, e aplique-a sobre o local a ser tratado (no caso, o estômago). Cubra-a com uma camada de flanela e deixe por aproximadamente 15 minutos. Depois disso, troque-a por outra fria. Conforme a necessidade, repita o procedimento até completar uma hora de tratamento.

No caso de uma contusão, aplique uma compressa fria e acrescente um pouco de vinagre ou água vegeto-mineral, e haverá rápido alívio à dor. Em caso de febre, uma das maneiras de baixá-la é envolver ambas as pernas em compressas frias e trocá-las a cada 15 minutos até completar uma hora. Com isto, você estará desviando o calor excessivo do corpo para as toalhas molhadas nas pernas; você pode notar que elas se aquecem rapidamente e que a febre baixa na mesma proporção, mesmo sem medicamentos.

Se houver dor de cabeça, o primeiro tratamento a ser tentado é a compressa fria na testa, que é trocada cada vez que se aquecer. Em geral, o alívio começa imediatamente. É importante lembrar, no entanto, que nunca se deve usar compressa fria na testa em caso de sinusite.

A compressa fria aplicada à região do coração, trocada a cada cinco minutos, para que se mantenha bem fria, pode acalmar uma taquicardia (palpitações) em 15 a 20 minutos.

Para quem sofre de insônia, a compressa fria aplicada à coluna vertebral pode ser de grande ajuda. Neste caso, forre a cama com plástico, cubra-o com um tecido de algodão, molhe uma toalha de rosto em água fria e, depois de torcê-la, dobre-a em três partes, ao comprido. Coloque-a sobre o plástico coberto e deite-se sobre ela de modo que possa abranger sua coluna, da região cervical até o cóccix. Cubra-se normalmente e tente relaxar. A compressa fria facilitará a chegada do sono.

Compressas quentes

Relaxam músculos e tecidos tensos, aumentam a circulação do sangue para o lugar tratado de maneira imediata e aliviam dores causadas por espasmos como, por exemplo, cólicas e câimbras. Se alguém em sua casa estiver com empachamento ou com cólicas na vesícula, um dos tratamentos básicos recomendados é a compressa no fígado.

Forre a cama com uma faixa de flanela ou moletom soft e faça o paciente deitar-se sobre ela. Coloque sobre a região do fígado uma toalhinha úmida e sobre esta uma bolsa de borracha com água quente a 40°C. Enrole a faixa no tronco do paciente para manter a compressa no lugar. Deixe-a por uma hora ou mais.

Esta aplicação é muito usada na Naturopatia para estimular a desintoxicação, já que o fígado é um dos órgãos mais ativos na eliminação de impurezas.

Fomentações

As fomentações geralmente são aplicadas alternando quente e frio para aumentar a eficácia. São excelentes no tratamento da tosse, inclusive da coqueluche e da bronquite asmática, porque produzem dilatação dos brônquios e fluidificação do muco que eles contêm. Com isto facilitam a expulsão do muco deixando a respiração mais livre. A tosse poderá aumentar um pouco no início do tratamento, por este estimular a expulsão do catarro, mas logo em seguida se acalmará.

Coloque perto da cama do paciente uma mesinha com um fogareiro elétrico. Ponha a ferver, na cozinha, uma panela de tamanho médio com água e folhas ou essência de eucalipto. Coloque-a sobre o fogareiro elétrico, já ligado antes, para mantê-la fervendo. Coloque sobre a panela aberta uma peneira de metal do mesmo diâmetro, na qual você colocou duas toalhas de rosto úmidas, enroladas e dobradas no tamanho da região que vai tratar. Tampe a panela, cobrindo completamente as toalhas úmidas, e aguarde por alguns minutos, até que elas tenham absorvido o vapor de eucalipto.

Levante a tampa e retire uma das compressas, teste o calor na pele do rosto, para não queimar o paciente, e aplique-a sobre a região que quer tratar, neste caso sobre os brônquios. Cubra a compressa com uma toalha de banho seca dobrada e abrigue o paciente com um cobertor. Deixe o fomento por 3 a 5 minutos e troque-o por outro antes de esfriar (é bom verificar a temperatura após três minutos).

Recoloque a primeira toalha na peneira, para que esta se aqueça com o vapor até que a outra precise ser trocada. Depois destes três fomentos, aplique no mesmo local outra toalha de rosto, bem úmida e fria, por um minuto. Repita toda a série de três compressas quentes e uma fria por mais duas ou três vezes, terminando sempre com a compressa fria. Peça ao paciente que mantenha pelo menos meia hora de repouso após o tratamento. Em vez de aquecer as toalhas no vapor do chá de eucalipto, você pode optar por mergulhá-las diretamente no chá de eucalipto quente, usando luvas de borracha para retirá-las e torcê-las. O procedimento é mais fácil, mas temos notado que o tratamento com vapor é mais eficaz.

Compressas aquecedoras

As compressas aquecedoras são aplicadas úmidas e frias, cobertas com um envoltório aquecedor, para conseguirmos uma forte reação de calor ou de transpiração. A médio prazo são mais eficazes do que as compressas quentes por estimularem a reação correta do próprio organismo.

São muito benéficas quando aplicadas em crianças e em jovens ou adultos com boa reação ao frio. No entanto, quando estamos tratando de uma pessoa debilitada ou friorenta, é melhor aplicarmos a compressa quente, pois a eficácia das compressas aquecedoras depende da capacidade do paciente de produzir calor como reação ao frio.

Compressa na garganta: Se a região tratada for pequena, como no caso da compressa aquecedora na garganta, todas as pessoas reagem produzindo calor, mesmo as idosas ou debilitadas. Esta compressa é usada para combater as dores de garganta, a amigdalite ou tonsilite aguda, e tem ótimos resultados em casos de rouquidão. É muito simples de aplicar: molhe em água fria, e torça bem, um lenço de algodão, dobrando-o no tamanho certo. Coloque-o na garganta, entre uma orelha e outra, de modo a abranger as amígdalas. Enrole no pescoço um cachecol de lã ou uma faixa de moletom soft que cubra completamente o lenço úmido e prenda-o com alfinete de gancho.

A pessoa tratada deve deitar-se e cobrir-se bem, incluindo o pescoço. A compressa permanece a noite toda e amanhece seca e quente. Isto significa que, no calor da cama, o corpo reagiu à aplicação fria, levando muito sangue quente, repleto de leucócitos, à região inflamada, combatendo assim a infecção.

No caso da rouquidão, o calor úmido que permanece no local durante toda a noite favorece a recuperação das cordas vocais.

Faixa derivativa: Esta é uma compressa aquecedora no tronco, aplicada em casos de má digestão, gases, intestino preso, dores abdominais ou dificuldade para adormecer. Forre a cama com plástico (para proteger o colchão) e estenda sobre ele uma flanela grossa ou moletom, e sobre esta uma faixa de tecido de algodão úmido, com largura suficiente para envolver o paciente do estômago até as virilhas e no comprimento certo para dar uma volta completa em seu tronco. Faça-o deitar-se sobre a faixa úmida, envolva-o com ela e com a faixa de flanela ou de moletom, e prenda a compressa com um alfinete de gancho. Cubra-o bem e deixe-o por pelo menos uma hora, mas, de preferência, a noite toda. É importante que o paciente esteja se sentindo confortavelmente quente antes de iniciar a aplicação. Caso esteja sentindo frio, aqueça-o servindo-lhe chá quente ou preparando-lhe um escalda-pés. Ao retirar a compressa, lave a região com água morna.

Se quiser se convencer da eficácia deste tratamento, confira a eliminação de impurezas que ela promove, colocando a faixa úmida, após o uso, em uma bacia com água limpa, e veja como a água fica turva.

Faixa alta: Em casos de pressão alta, esta mesma compressa pode ser aplicada, usando-se uma faixa mais larga, suficiente para abranger desde a região logo abaixo do coração até as virilhas. É muito benéfica quando usada no meio do dia, pois ao baixar a pressão arterial neste horário pode evitar um aumento perigoso da mesma no fim da tarde. É vantajoso fazer um pedilúvio de calor crescente antes de aplicá-la, pois este também tem a tendência de fazer a pressão arterial baixar. Seguindo as regras gerais da hidroterapia, porém, estes tratamentos devem ser feitos antes da refeição.

Envoltório geral: Nas doenças acompanhadas de febre é surpreendente o efeito do envoltório geral, que produz um forte suadouro e com isto, além de baixar consideravelmente a febre, favorece a eliminação das toxinas pelo suor e apressa o diagnóstico da doença, trazendo grande alívio ao paciente.

Verifique se a pessoa está se sentindo quente. Sirva-lhe uma a duas xícaras de chá de tília ou alfavaca bem quente com mel. Forre a cama com um plástico grande e coloque uma toalha de rosto felpuda e seca sobre o travesseiro. Sobre o plástico coloque um cobertor ou manta que alcance desde o travesseiro até os pés. Sobre este, estenda uma faixa de tecido de algodão úmido do tamanho do paciente, desde as axilas até os tornozelos. Faça-o deitar-se e envolva-o, alisando bem a faixa; depois, envolva-o na manta, que deve cobri-lo desde os ombros até os pés inclusive; envolva sua cabeça na toalha seca que está sobre o travesseiro. Coloque perto de seu corpo três bolsas de borracha ou garrafas com água quente a 40ºC, sendo uma nos pés e uma de cada lado do paciente. Cubra-o com vários cobertores ou edredons e verifique se começa a transpirar (gotas de suor na testa), o que ocorrerá no máximo em vinte minutos. Depois disto, deixe-o transpirar por uma hora ou mais; se adormecer, não o acorde, pois é bom que permaneça no suador o máximo de tempo possível. Em seguida, ao tirar o envoltório, lave o paciente rapidamente com água morna, tendo o cuidado de antes fechar as portas e janelas para evitar corrente de ar. Faça-o descansar na cama, vestido de pijama e coberto com uma manta.

Com este tratamento consegue-se baixar a temperatura de um doente, muitas vezes, em 1 a 2 graus, sem medicamentos. Isto é importante, porque os remédios antitérmicos tendem a baixar a temperatura bruscamente. Sabendo que a febre representa uma ajuda preciosa no combate à infecção, é preferível mantê-la sob controle de maneira cuidadosa.

Se conseguirmos manter a temperatura entre 38 e 38,5ºC com tratamentos naturais, não haverá perigo de convulsão ou outros danos, e estaremos mantendo as condições de que o corpo necessita para aumentar substancialmente o número de leucócitos no sangue. Lembre-se de que os leucócitos são os soldados de defesa contra os germes.

Agora veja como se consegue estimular as autodefesas contra a infecção: O paciente febril deve fazer repouso no leito, abster-se de alimento sólido por 1 a 2 dias e tomar muito líquido, principalmente sucos de frutas cítricas, chá de alho ou chá de ervas com própolis e mel, além de muita água pura. O tratamento, mesmo que a doença ainda não esteja declarada, deverá começar com uma limpeza intestinal por laxante (sal amargo, chá de cáscara sagrada etc.), ou ainda melhor, por um clister.

Clister
(Enema / endoclean / lavagem intestinal)

O clister é considerado um verdadeiro pronto-socorro contra as febres. Se as mães soubessem como é fácil e rápido aplicar um clister, e como esta técnica totalmente inofensiva pode evitar complicações nas doenças febris, começariam a usá-la imediatamente em todos os casos de febre de seus filhos, e com isto poupariam muita angústia, dor, tempo, dinheiro e corridas ao hospital. O clister seria sempre a primeira medida, mesmo antes de se manifestar a natureza da infecção, com exceção de alguns casos mencionados logo adiante.

Em toda doença infecciosa, o organismo empurra para o intestino grosso, ininterruptamente, as toxinas, os dejetos do metabolismo e outras substâncias prejudiciais para se ver livre destes "inimigos internos" enquanto está ocupado em lutar contra a doença.

É como se um país em estado de guerra pusesse na cadeia os espiões e sabotadores que lá habitam para evitar que estorvem as medidas de defesa contra o inimigo externo. Se o tratamento não começar pela limpeza intestinal, os "inimigos internos" voltarão para o sangue, o que poderá impedir a vitória do corpo sobre a doença e trazer graves complicações. Portanto, quanto mais freqüente e completa for a limpeza intestinal, principalmente no primeiro e no segundo dia, mais rapidamente a doença será vencida. Isto significa que teremos de aplicar de 4 a 6 clisteres no primeiro dia, de 3 a 4 no segundo e de 1 a 2 por dia até cessar a febre, o que, na maioria dos casos, deverá acontecer no terceiro dia.

Mesmo que haja evacuações espontâneas nos intervalos dos clisteres, e mesmo que a água do clister tenha voltado aparentemente limpa, não se iluda: ela está carregada de micróbios e matérias tóxicas, e é preciso continuar com a série. A melhor prova disto é o grande bem-estar do paciente e a diminuição da febre que se seguem a cada limpeza intestinal.

O Dr. Alfred Brauchle declara em seu livro, *Naturheilkunde Fuer Den Praktischen Arzt* (Naturopatia para o médico), que a aplicação de clisteres freqüentes ao primeiro sinal de uma infecção pode mudar decisivamente a evolução da doença, tornando-a mais branda e facilitando sua rápida resolução.

Material necessário: 1 vaso irrigador de plástico ou inox de 2 litros, com mangueira de borracha ou látex de aproximadamente 2m de comprimento; 1 sonda descartável (compre sonda retal ou uretral, número 18 para adultos, número 20 ou 21 para crianças); chá de cavalinha, carqueja ou camomila coado, ou ainda água fervida com 1 colher de chá de sal, tépida ou morna, isto é, entre 22 e 26°C (a água tépida ajuda a abaixar a febre, por refrescar os intestinos); vaselina para lubrificação da sonda e 1 prendedor de roupa grande.

Modo de proceder: Pendure o vaso irrigador em um gancho na parede, aproximadamente a 1,5m de altura. Dobre a mangueira a um palmo do fim e prenda a dobra com o prendedor. Coloque o chá coado ou a água fervida no vaso irrigador. Para bebês até 9 meses, use 1/4 litro; de 10 meses até 3 anos, 1/2 litro; dos 3 aos 10 anos, 1 litro; dos 10 aos 15 anos, use 1,5 litro; adultos podem usar 2 litros. Encaixe a sonda no terminal da mangueira e lubrifique sua ponta com vaselina; retire o ar da mangueira e da sonda, soltando o prendedor por um instante e desprezando uma pequena quantidade do líquido; dobre a mangueira novamente e prenda-a com o prendedor, até ter introduzido uma parte da sonda cuidadosamente no intestino; então retire o prendedor e regule o fluxo do chá, dobrando ou soltando a mangueira, até o chá terminar; oriente a criança a manter o líquido no intestino pelo máximo de tempo que puder.

A criança deve ficar deitada sobre o seu lado esquerdo, com a perna esquerda esticada e a direita flexionada, virada de costas para a mãe. Caso ela tenha idade suficiente, explique-lhe o procedimento com palavras simples, prometendo-lhe que seu organismo ficará limpo por dentro e com isto logo vai sarar e poder brincar novamente. Já na segunda aplicação ela ficará bem à vontade e colaborará com o tratamento, principalmente ao perceber como se sente melhor após fazê-lo. O adulto que quiser aplicar o clister em si mesmo ficará na posição de quatro em frente ao vaso sanitário, apoiado sobre os joelhos e cotovelos, de modo a manter as nádegas mais altas que o abdome.

O enteroclisma ou clister, além da indicação na febre, é útil no combate a muitas moléstias: obstipação intestinal crônica, intoxicação alimentar ou medicamentosa, gases, diarréias, usando-se neste último caso chá de camomila morno com dolomita ou caulim.

Não aplique o clister sem orientação médica em casos de sintomas abdominais agudos, como apendicite, úlceras intestinais ou suspeita de doenças semelhantes, pois neste caso ele poderia ser contra-indicado. Consulte seu médico.

Medidas adicionais nas doenças febris: Os banhos gerais tépidos, as compressas frias nas pernas, abdome e testa, bem como o suadouro com envoltório geral, ajudam a manter a febre abaixo de 38,5ºC, quando ela não oferece nenhum perigo. Quando aparecerem outros sintomas, que identifiquem a doença como gripe ou resfriado, caxumba, catapora, rubéola, amigdalite, infecção urinária etc., devemos aplicar os tratamentos naturais específicos, sempre que possível com a orientação de um médico especializado, até a rápida e completa resolução da crise.

Banho de ar, massagem de escova e fricção com luva molhada

Comece o dia expondo a pele do corpo inteiro ao ar fresco da manhã. Para isto tire a roupa e faça exercícios respiratórios e alongamentos diante da janela aberta por alguns minutos, sempre que o clima o permita. Em seguida aplique a massagem de escova e a fricção com luva molhada.

Para isto você vai precisar de uma escova de cerdas naturais com cabo; escove a pele com traços firmes e longos, começando dos pés e pernas, depois mãos e braços, depois o tronco, levando os traços sempre em direção ao coração por 1 a 2 minutos em cada região. Caso você queira aplicar a massagem em você mesmo, talvez prefira uma escova de cabo mais longo. Em seguida faça uma fricção com toalha molhada no corpo todo na mesma seqüência. Para isto você pode usar uma luva de toalha ou uma pequena toalha felpuda molhada em água fria e levemente torcida. Em seguida vista-se sem se enxugar e volte para a cama por 10 a 15 minutos. Você sentirá um bem-estar imediato. Se você aplicar a escova e a fricção diariamente, o resultado será: pele mais bonita, circulação do sangue mais ativa, prevenção de infecções, pelo estímulo ao sistema imunológico e eliminação de impurezas pela pele. Ela é igualmente benéfica para crianças e adultos. Pode substituir o suadouro em pessoas debilitadas que estejam com febre. Neste caso é aplicada seis vezes ao dia e pode ser feita em pacientes acamados. Caso o paciente esteja sentindo frio, podemos usar água morna para fazer a fricção, cobrindo imediatamente cada parte friccionada para que não esfrie.

Aditivos naturais: Podemos aumentar o efeito curativo da água, em casos específicos, acrescentando ervas medicinais, vinagre, sal marinho, própolis, carvão, argila ou dolomita. Exemplos: camomila ou malva como analgésicos ou antiinflamatórios, alfafa para desintoxicar, cavalinha contra infecções (especialmente urinárias), carqueja para ativar a circulação, confrei para cicatrizar, vinagre como bactericida, própolis também como bactericida e contra fungos (micoses). A água com sal marinho restitui ao organismo os elementos que lhe faltam, pois contém mais de cinqüenta nutrientes e oligoelementos que penetram no sangue, através da pele, com grande facilidade. O carvão vegetal tanto pode ser ingerido para combater intoxicações digestivas com vômitos e diarréias (em cápsulas que se adquirem em farmácias de ervas), como também transformado em cataplasma e aplicado externamente sobre o abdome.

Cataplasmas de argila e de dolomita

Algumas lojas naturistas já oferecem argila medicinal para vender. Se não a encontrar, tente achar um barranco de terra limpa, sem lixo e sem aterro. Você vai cortar e desprezar uma camada vertical de aproximadamente 20cm de espessura e cavar para dentro do barranco, a 1,5m de profundidade, até conseguir a quantidade desejada. A argila deve ser amarela, vermelha ou cinzenta e dar boa liga quando misturada com água. Se possível, expô-la ao sol e peneirá-la para facilitar a sua dissolução. A dolomita também pode ser adquirida em lojas naturistas e é de manuseio mais fácil do que a argila. Tendo praticamente as mesmas aplicações da argila, a dolomita é uma pedra moída para fins medicinais, resultando um pó branco e muito fino de fácil absorção pela pele. Para preparar a argila ou a dolomita, você deve usar uma bacia de louça, vidro ou ágata e uma colher de pau para mexer, até ficar na consistência de massa de bolo mole. Dobre um jornal no tamanho do cataplasma desejado e coloque-o sobre uma bandeja. Cubra-o com um papel limpo. Se você adquiriu a película permeável que acompanha a dolomita, use-a em forma de envelope, o que facilita a aplicação. Se for aplicada fria sobre entorses ou contusões, dará alívio rápido às dores. Em caso de febre, gases e má digestão, deve ser colocada fria sobre o abdome. É excelente para secar espinhas e furúnculos, absorver o veneno após picadas de insetos, cicatrizar úlceras e feridas antigas, acelerar a cura de fraturas. Por sua radioatividade natural, é capaz de revitalizar órgãos enfraquecidos. Os cataplasmas podem ser aplicados quentes ou frios, seguindo os mesmos critérios das compressas. Conforme o caso, você pode acrescentar essências, chás medicinais, mel, cebola ou cenoura ralada para aumentar o efeito curativo. A dolomita também pode ser ingerida, dissolvida em chá de camomila, para aliviar a gastrite, a colite e a azia, e para prevenção e tratamento da osteoporose, pois é rica em cálcio e magnésio. Em caso de aftas, estomatite ou infecções dentárias, faça bochechos com dolomita dissolvida em água ou chá.

Escalda-pés alternado

Indicado no tratamento de má circulação sangüínea periférica e varizes, bem como em contusões e entorses após 48 horas; proporciona bom estímulo à circulação, por reeducar as artérias e veias a se dilatarem e contraírem alternadamente; útil para a eliminação de edemas; produz aquecimento geral do sangue, o que pode auxiliar no combate às infecções; proporciona alívio ao esforço do coração, por facilitar a circulação do sangue.

Encha um balde de água quente (39 a 40ºC) e outro de água fria da torneira (15 a 19ºC). Coloque os pés e as pernas na água quente por 3 a 4 minutos; em seguida, na água fria, por meio a um minuto. Enquanto os pés estiverem na água fria, acrescente água fervente ao balde de água quente para manter a temperatura inicial. Caso haja feridas expostas, convém usar chá de cavalinha ou carqueja para o banho quente e medir cuidadosamente a temperatura, que nestes casos não deve passar de 39ºC, para evitar queimaduras na pele sensível. Alterne cinco vezes, terminando com a aplicação fria. Mantenha repouso de 15 a 20 minutos.

Pedilúvio crescente

Indicado para aliviar dores de cabeça congestivas, obstrução das artérias das pernas (claudicação intermitente), combater crises asmáticas e hipertensivas.

Encha um balde de água temperada (38°C) e coloque nela os pés e as pernas até aproximadamente a altura dos joelhos. Em dias frios, convém envolver-se em um cobertor leve. Ferva 2 litros de água em uma chaleira e vá juntando esta água, lenta e uniformemente, à água do balde, até chegar à temperatura de 45°C, em 10 a 15 minutos. Permaneça na água quente por mais cinco minutos, enxugue os pés e as pernas e faça repouso no leito. Para intensificar o efeito do pedilúvio, você pode aplicar uma compressa aquecedora às pernas por meia a uma hora. Caso haja transpiração, faça ablução fria ou morna com toalha felpuda, quando cessar de transpirar.

Banho de braços frio

Esta técnica é muito eficaz para acalmar palpitações cardíacas (taquicardias ou arritmias). Além de diminuir a taquicardia, fortalece o músculo do coração. Entretanto, só deve ser aplicada se não houver insuficiência coronariana (artérias cardíacas estreitadas ou obstruídas). Em caso de dúvida, consulte seu médico; não se arrisque a fazer experimentos por conta própria, principalmente quando se trata do coração.

Use uma banheira especial para braços, ou uma banheirinha das que se usam para bebês ou uma pia de banheiro suficientemente grande. Encha-a de água fria e mergulhe os braços até acima do cotovelo, por 3 a 5 minutos. Repita a aplicação duas a três vezes por dia..

Banho de braços crescente

Este banho só deve ser aplicado com prescrição médica e, mesmo assim, por pessoa habilitada e treinada. É contra-indicado em casos de taquicardia e insuficiência cardíaca, mas pode ser um grande auxílio no tratamento da insuficiência coronariana e nas crises de angina pectoris.

Colocam-se ambos os braços em uma banheirinha ou pia grande, cheia de água a 37ºC, a ponto de cobrir os cotovelos. Se estiver fazendo frio, cobre-se o paciente e a banheira com um cobertor. Acrescenta-se aproximadamente dois litros de água fervente, lenta e continuamente, até que no prazo de dez minutos a temperatura alcance 43º C. Verifica-se continuamente o pulso do paciente, a cor da pele do rosto e a respiração. Se houver inquietação, palidez ou aceleração do pulso, deve-se interromper o banho e fazer o paciente repousar. Se houver boa reação (rosto rosado, bem-estar, transpiração na testa), ele poderá ficar no banho por mais cinco minutos. Em seguida enxugar os braços e fazê-lo repousar por pelo menos trinta minutos. Verifica-se então se ele transpirou mais e, neste caso, faz-se uma fricção fria. O efeito pode ser intensificado se usarmos compressas aquecedoras nos braços logo em seguida ao banho crescente.

Vaporização

Indicada para resfriados, tosse, sinusite, rinite alérgica, rouquidão. A maneira mais simples de aplicá-la é usando um vaporizador elétrico, ligando-o e colocando as essências indicadas, de acordo com o manual de instruções. Geralmente usa-se essência de camomila ou eucalipto. O paciente deve sentar-se defronte ao vaporizador, que ficará sobre um banquinho da mesma altura do seu assento, e debruçar-se sobre ele, respirando o vapor durante 15 minutos pelo nariz e pela boca.

Durante a vaporização, a pessoa tratada deve estar coberta, incluindo a cabeça, por um lençol de algodão, para formar como que uma tenda para o vapor, o que torna o tratamento mais eficaz. Em seguida, faça-lhe uma ablução fria na cabeça, no rosto e no pescoço e faça-a repousar por pelo menos 30 minutos.

Na falta de um vaporizador, você pode improvisar, colocando sobre o banquinho um fogareiro elétrico e uma panela com chá de camomila ou eucalipto preparado previamente. O restante do procedimento é o mesmo.

Jato de vapor

Combate dores de ouvido, labirintite, nódulos endurecidos e dores localizadas, como bursite ou dor ciática. Ferva em uma panela de pressão um litro de chá de camomila ou eucalipto previamente coado. Mantenha-o fervendo sobre um fogareiro elétrico. Faça o paciente assentar-se ao lado do fogareiro. Retire da panela de pressão a válvula de segurança e coloque sobre o orifício um pedaço de mangueira de borracha de aproximadamente 40cm de comprimento (pode ser mangueira de jardim). Dirija o jato de vapor para a região a ser tratada, aproximando-o o máximo possível dela, mas tomando cuidado para não queimar a pele. A duração do tratamento é de 15 minutos. Em seguida faça uma ablução fria da região tratada e, se for o ouvido, coloque uma pequena rolha de algodão para evitar o resfriamento brusco do conduto auditivo.

Este tratamento leva ao local doente não apenas os benefícios do calor, mas também o das ervas medicinais contidas no vapor. Em casos de infecções do ouvido, o vapor penetra tão profundamente nele que é capaz de resolver casos de otite média ou de labirintite crônica, especialmente se o completarmos pingando algumas gotas de suco de cebola morno no ouvido antes de colocar o algodão.

Gargarejos

Nas amigdalites, ou logo ao primeiro sinal de resfriado, aplique este tratamento, que as crianças acham muito divertido, principalmente se um adulto as acompanhar nos gargarejos com brincadeiras. Prepare 1/2 copo de água quente, acrescente 1 colher (sopa) de vinagre ou o suco de 1/2 limão e 1 colher (café) rasa de sal.

Ensine as crianças a fazer de 3 a 4 gargarejos prolongados com esta mistura, repetindo-os de hora em hora no primeiro dia, de duas em duas horas no segundo dia e, provavelmente, nenhum no terceiro, porque não será mais necessário. Caso a garganta esteja tão irritada que o vinagre provoque dor, mude para gargarejos com chá de camomila ou malva, eventualmente com acréscimo de dolomita em pó. Crianças maiores podem usar, com bons resultados, gargarejos de 1/2 copo de água quente com trinta gotas de extrato de própolis. Crianças pequenas às vezes rejeitam o sabor do própolis.

Banho de assento frio

É um banho revitalizante e refrescante para todos os órgãos do baixo-ventre, capaz de combater a febre interna e melhorar o tônus da musculatura da bexiga e dos intestinos.

Para prepará-lo, você precisa de uma "banheira de assento" redonda onde deve colocar água fria (15 a 19ºC) até a metade. Escolha uma hora em que seu corpo esteja aquecido, por exemplo ao levantar-se da cama, ou após exercícios físicos ou, ainda, após o banho de sol.

Sente-se lentamente na água fria e faça uma fricção vigorosa no baixo-ventre com as mãos ou com um pano macio; permaneça no banho não mais do que 1/2 minuto nas primeiras vezes, aumentando a duração gradativamente, até 2 ou 3 minutos. Em seguida, recolha-se ao leito para aquecer-se por aproximadamente trinta minutos.

Banho de assento quente

Este banho é relaxante, calmante de cólicas intestinais e das cólicas menstruais, além de ser desintoxicante, pois apóia o trabalho do fígado e dos rins, principalmente quando se acrescenta chá de alfafa. Combate as infecções do baixo-ventre, especialmente as infecções urinárias, com acréscimo de chá de cavalinha ou de 2 copos de vinagre, e as infecções dos órgãos genitais femininos, com chá de tanchagem e vinagre. Pode também ajudar no tratamento do diabetes, por abranger a região do pâncreas. As propriedades medicinais das ervas são absorvidas pelo corpo através dos poros que se abrem no calor do banho.

Para preparar o banho de assento quente, use a banheira de assento redonda mencionada no tratamento anterior; encha-a de água quente (39 a 40ºC) à qual você acrescentou um chá forte de ervas medicinais específicas para seu caso. Prepare uma bacia com água na temperatura de 37 a 38ºC para colocar os pés. Sente-se na banheira, recostando-se confortavelmente, e ponha os pés na bacia. Se você tiver tendência à taquicardia, ponha uma compressa fria sobre o coração, e se houver tendência à dor de cabeça, coloque uma compressa fria sobre a testa. Se o banheiro estiver frio, aqueça-o com um aquecedor elétrico ou cubra-se com uma toalha. Acrescente água quente de vez em quando para conservar a temperatura inicial. O banho deve durar de 20 a 30 minutos. Em seguida, tome uma rápida ducha fria ou tépida e faça repouso de 30 minutos, de preferência no leito. Em caso de infecção urinária, faça apenas uma fricção do tronco com uma toalha molhada em água fria em vez de tomar a ducha fria.

Banho de assento alternado

É indicado nos casos de constipação intestinal crônica (prisão de ventre) e hemorróidas. Para este banho necessitaremos de duas banheiras de assento. Encha uma das banheiras com água quente de 39 a 40ºC e uma bacia para os pés com água de 37 a 38ºC, como no banho anterior. A outra banheira deve conter água fria (15 a 19ºC). Sente-se na água quente por cinco minutos, colocando os pés na água quente também, depois passe para a água fria por alguns segundos apenas, sem por os pés na água. Volte para o banho quente, depois para o banho frio, por mais 2 a 3 vezes, terminando com o frio. Depois, faça repouso de 30 minutos, bem coberto, no leito.

Banho de assento crescente

Este é um banho muito eficaz no tratamento de cólicas renais ou cólicas biliares. Além disto, por produzir uma forte dilatação das vias urinárias e biliares, favorece a expulsão dos cálculos que estão provocando as cólicas e alivia os espasmos. Consulte seu médico antes de aplicar este tratamento, porque o êxito em expulsar os cálculos depende do tamanho deles, que precisa ser verificado por exames laboratoriais.

Encha a banheira com água a 38ºC e faça a pessoa assentar-se, confortavelmente, com os pés em uma bacia com água morna, como no banho de assento quente. Com uma chaleira, acrescente água fervente, lentamente, até alcançar a temperatura de 45ºC, em 20 minutos. Peça ao doente que permaneça mais cinco minutos na água, se suportar bem, e que depois se enxugue sem tomar a ducha fria. O repouso é de, no mínimo, 30 minutos. Depois disto pode ser feita uma fricção com água fria ou morna.

Semicúpio ou banho vitalizante

O semicúpio, idealizado no século XIX por Louis Kuhne, é um dos banhos mais eficazes conhecidos na medicina natural. Chama-se também banho vitalizante, porque renova a força vital e a reação do organismo contra a doença, por causa de sua atuação benéfica sobre todo o sistema nervoso. É aplicado ao baixo-ventre, onde abrange grande quantidade de nervos e vários órgãos vitais. Opera como uma massagem refrescante, removendo a febre interna e descongestionando o cérebro. Tem grande poder eliminador, atraindo aos órgãos de eliminação situados no baixo-ventre as toxinas e matérias estranhas de todo corpo.

Este banho é indicado em casos de constipação intestinal crônica, de retenção urinária, de menstruação dolorosa ou irregular, de esgotamento nervoso e na insônia, bem como em todas as inflamações, especialmente as do abdome, por ativar, como já foi dito, a reação própria do organismo. Pode ser aplicado em seguida a tratamentos quentes, por exemplo, ao banho de sol, vapor ou sauna, após uma inalação ou jato de vapor, quando derivará para os órgãos de eliminação as toxinas dissolvidas pela aplicação quente.

A maneira mais prática de fazer o semicúpio é assentando-se no bidê do banheiro ou, na falta deste, no vaso sanitário, diante do qual se coloca um balde alto. Encha o recipiente de água fria (no máximo 19ºC). Pegue um pano de algodão macio, molhe-o bem na água fria, e passe-o suavemente na pele, começando pela face interna da coxa direita, subindo em linha reta para o abdome e atravessando-o abaixo do umbigo, da direita para esquerda, acompanhando o intestino grosso e descendo pela face interna da coxa esquerda. Continue molhando o pano e fazendo o mesmo movimento, suavemente, por um prazo que varia de 10 a 30 minutos, e que em casos especiais de dor ou febre, pode ser prolongado até uma hora. Comece com 10 minutos nos primeiros dias, aumentando o tempo em 5 minutos a cada dia, e aplique-o então por 30 minutos todos os dias. Se a água se aquecer durante o banho, deve ser renovada, ou acrescida de algumas pedrinhas de gelo, porque a eficácia do banho depende de a água estar realmente bem fria. A condição número 1 para praticar o semicúpio é que você esteja com o corpo quente antes de começá-lo, podendo aquecer-se, caso necessário, com exercícios ou escalda-pés. Durante o banho, você pode abrigar-se usando blusa e meias de lã. O importante é conseguir uma forte reação de calor no baixo-ventre a ser produzida por seu organismo após o banho. Para que isto possa ocorrer, é necessário abrigar-se na cama ou praticar exercícios vigorosos, logo após terminar. Também neste tratamento é válida a regra vigente para todos os banhos medicinais: devem ser aplicados com uma distância de no mínimo 1 hora antes e de no mínimo 2 horas depois das refeições. O semicúpio não deve ser praticado durante os primeiros 5 dias da menstruação, para não alterar o fluxo, e é contra-indicado em casos de cistite aguda.

Possivelmente, ao começar o tratamento diário pelo semicúpio, venham a aparecer crises curativas como, por exemplo, erupções na pele do baixo-ventre ou eliminações fortes pela urina ou pelas fezes. Isto é sinal de boa reação e deve encorajar a continuar perseverantemente. Depois de pouco tempo você notará uma nova energia do corpo e da mente, e o alívio de muitos sintomas incômodos.

Ducha contínua

Esta ducha é aplicada com grande êxito em muitas clínicas naturistas da Europa. No Brasil é pouco conhecida, e somente algumas poucas clínicas naturistas a instalaram. Sua origem é muito interessante: Em meados do século passado, um jovem atleta grego viajou aos Estados Unidos para participar de uma competição esportiva. Durante os treinos para a disputa, sentiu uma dor repentina na região inguinal direita, que o obrigou a parar o exercício. Procurou um médico que, após o exame, diagnosticou uma hérnia inguinal e indicou uma cirurgia de emergência. Foi orientado a dirigir-se ao hospital na manhã seguinte para fazer os exames pré-operatórios. Desanimado, e sentindo muitas dores, voltou ao hotel para tentar dormir. Enquanto tomava uma ducha, notou que sentia um certo alívio da dor quando a água quente atingia o local da hérnia. Resolveu aproveitar melhor o tratamento que acabara de descobrir. Para isto dobrou algumas toalhas de banho e as colocou no fundo da banheira. Deitou-se sobre elas de tal maneira que o jato de água quente atingia exatamente a região inguinal. A dor foi diminuindo, e ele adormeceu. Quando acordou, percebeu que havia permanecido deitado sob a ducha durante 8 horas e que a dor havia sumido. Apresentou-se ao médico, que constatou com espanto o desaparecimento da hérnia: a ruptura muscular havia cicatrizado completamente durante as 8 horas de ducha quente localizada. Assim o jovem atleta pôde voltar aos treinos...

Inconformado com o fenômeno a que acabara de assistir, o Dr. Lust entrou em contato com um colega alemão, o Dr. Sommer, e juntos começaram a estudar o mecanismo de ação da prolongada massagem de água quente sobre rupturas musculares no corpo humano. Conseguiram encontrar a explicação científica do fenômeno e, além disto, fizeram outras descobertas surpreendentes sobre a atuação da ducha contínua de água quente. Inventaram então uma maneira confortável e prática de receber a aplicação:

O paciente fica deitado sobre um colchão de água e recebe a ducha em determinada seqüência em aplicações que variam de 1 a 6 horas de duração. O cabeçote especial da ducha é instalado em um carrinho que corre em trilhos, de maneira que a água alcança facilmente todas as partes do corpo.

A pressão da água quente, de intensidade controlada e uniforme, proporciona uma suave massagem do corpo todo, resultando em relaxamento total e em remoção de dores e espasmos musculares. Há um aumento da circulação do sangue nas partes tratadas e um intensivo treinamento circulatório para os vasos. A ducha estimula todos os órgãos de eliminação (pele, rins, fígado, pulmões), que passam a trabalhar em ritmo acelerado. Em virtude de seu efeito relaxante e reconfortante sobre o sistema nervoso, produz grande alívio nas crises de enxaqueca. A ducha contínua também é muito usada em casos de reumatismo, artrite, artrose, dor ciática, hérnias inguinais e hérnias de disco, lombalgia, torcicolo, doenças da pele, hipertensão arterial e distonia neurovegetativa. São extraordinários seus efeitos no tratamento pós-cirúrgico e pós-traumático (fraturas, contusões, hematomas) e sua grande capacidade de aumentar a cicatrização.

Reconhecendo seu grande poder terapêutico, muitas clínicas naturistas da Europa aplicam a ducha contínua há dezenas de anos e relatam grandes resultados de cura. Citamos em especial a clínica do Dr. Dorschner, na Alemanha, que a utiliza como único tratamento hidroterápico em inúmeras doenças crônicas em aplicações diárias de até 8 horas de duração por pessoa.

No tratamento caseiro, você pode usar a água quente do chuveiro ou da duchinha, aplicando-a por 30 minutos só no local da dor como, por exemplo, em casos de dor ciática, torcicolo, artrose nos joelhos... A eficácia não será exatamente a mesma, porque será difícil conseguir a necessária intensidade da pressão de água, mas haverá bom alívio se a ducha for aplicada com perseverança, 1 ou 2 vezes ao dia.

Sauna finlandesa (seca) e banho turco (vapor)

Estes banhos são tomados geralmente em clínicas, academias ou clubes, com supervisão profissional; mas há pessoas que instalam uma sauna caseira em seu lar. É um tratamento eficaz para conservar e recuperar a saúde, por seus diversos efeitos terapêuticos: ajuda a perder peso, enquanto se faz uma dieta hipocalórica; ativa a circulação sangüínea, por causa do contraste entre o calor da sauna e das duchas frias que se intercalam; aumenta poderosamente as autodefesas, por produzir uma "febre artificial", que chega a aumentar o número de leucócitos para até 120 mil por mililitro de sangue; com isto cresce a resistência às infecções e cria-se uma melhor reação ao frio e ao calor; purifica o sangue, pois pela transpiração abundante consegue-se uma grande eliminação de matérias tóxicas pelos poros.

Durante um estudo sobre a eliminação de toxinas pelos poros foi colhido o suor de algumas pessoas saudáveis enquanto tomavam sauna e, em seguida, injetado em camundongos. Todos os animais morreram! Isso porque os camundongos são pequenos e não suportam tanto veneno, enquanto nós somos grandes e o suportamos... Mas seremos mais sábios se cuidarmos de desintoxicar-nos regularmente para conservar nossa saúde.

A sauna pode ser tomada 1 a 2 vezes por semana por pessoas que se encontram em bom estado geral de saúde, com pressão arterial equilibrada entre 110 x 70mmHg e 150 x 90mmHg, e que não sejam portadoras de problemas cardíacos. Antes de iniciar o tratamento, certifique-se do horário de sua última refeição, que deve ter sido completada há pelo menos duas horas. A temperatura ideal e o tempo de aplicação variam de pessoa para pessoa. Geralmente o banho turco é tomado a 45ºC e a sauna seca entre 70 e 90ºC; a duração é de 20 a 40 minutos, dependendo da sua resistência, do seu hábito e do seu bem-estar. Tome uma ducha fria ou morna antes de entrar na sauna e outras duchas frias de dez em dez minutos durante o tratamento.

Termine sempre com uma ducha fria ou, se houver, com uma ducha escocesa. Beba 1 copo de água fria ou 2 xícaras de chá quente (para estimular a transpiração) antes de entrar na sauna e 1 a 2 copos de água fria ao sair. Repouse durante pelo menos 30 minutos. Caso você venha a transpirar novamente, tome mais uma ducha fria ou faça uma fricção com toalha molhada. Após enxugar-se, é útil aplicar um creme hidratante ao corpo todo.

Ducha escocesa

Aplicada após a sauna, em clínicas e academias, a ducha escocesa une o efeito térmico (aplicação quente e depois fria) ao efeito mecânico produzido pela forte pressão de água. Se aplicada na seqüência correta, estimulará a circulação sangüínea, sucessivamente, em todas as partes do corpo. É contra-indicada em pessoas que sofrem de fragilidade capilar ou de varizes muito acentuadas. Mas é excelente no tratamento de gorduras localizadas, além de possuir um efeito muito revitalizante.

Hidroginástica

Se a ginástica é boa para a saúde, imagine a hidroginástica! Com água, tudo fica melhor! Você não precisa se preocupar com os inconvenientes do impacto sobre a coluna, os joelhos e tornozelos, nem ter medo de cair: a água o sustenta e apóia, torna-o leve e ágil...

Você queima calorias sem o desconforto da transpiração; desenvolve um corpo escultural sem ficar exausto; você melhora a capacidade cardiorrespiratória, a circulação sangüínea, a coordenação motora, a flexibilidade, o equilíbrio e a consciência corporal.

A água da piscina deve estar entre 25 e 30°C. O seu exercício na água morna, além de ser divertido – porque todos gostamos da água –, também lhe proporcionará relaxamento e um grande bem-estar, enquanto o estresse se vai...

Nada melhor do que a hidroginástica para induzir um sono profundo e reparador para a noite e um benéfico relaxamento para músculos e nervos tensos.

Hidromassagem

Algo semelhante acontece na hidromassagem, só que neste caso é a água que faz o movimento enquanto você fica deitado na banheira, relaxando. A imersão na água quente movimentada pelos jatos de ar aumenta a circulação periférica e abre os poros, facilitando a expulsão das toxinas.

A temperatura ideal é de 38 a 39ºC e a duração de 20 a 30 minutos. Pessoas com pressão arterial baixa devem tomar algum cuidado com este banho, pois ele pode fazer a pressão arterial diminuir um pouco. Observe como você se sente e, ao terminar, levante-se com cuidado. Em seguida tome uma rápida ducha fria.

Geralmente se acrescentam ao banho determinadas essências de plantas medicinais, como jasmim, limão, rosmarinho, alfazema e outras. Isto aumenta o prazer do banho, além de relaxar tensões, tonificar tecidos flácidos, remover dores etc. Em casos de artrite e reumatismo, acrescenta-se sal marinho, extrato natural de samambaia-do-mato e dolomita.

O turbilhão da água aumenta o efeito terapêutico. O resultado é surpreendente, tanto para a saúde quanto para a beleza.

Tratamento de zonas reflexas

Todos os órgãos e glândulas, incluindo o cérebro, possuem zonas de ação reflexa na nossa pele e nos nossos tecidos. Ao tomarmos conhecimento delas, poderemos estimular ou frear as funções orgânicas aplicando alguns simples tratamentos externos. Por exemplo, as solas dos pés são a zona reflexa do cérebro e de diversos órgãos do baixo-ventre. Se você caminhar na grama molhada por 5 a 10 minutos, o frio do orvalho e a massagem da relva nos seus pés poderão revigorar o seu sistema nervoso. Você pode intensificar este efeito caminhando na areia, sobre pedrinhas roliças e depois em um tanque de água fria. A alternância entre a água fria e as pedras aquecidas pelo sol ativará a circulação no corpo todo. Além disto, você estará ligando o seu "fio terra" quando seus pés descalços (sem a interferência das solas de borrachas) estabelecerem contato com a terra, a grama e a água. Com isto, você descarrega automaticamente a eletricidade excessiva acumulada no corpo. Por isso é excelente para a saúde andar na areia e na água da praia. Em casa você pode "caminhar" dentro da sua banheira com 20cm de água fria.

Pelo mesmo princípio das zonas reflexas, uma cólica menstrual pode ser prontamente aliviada colocando-se uma bolsa de água quente sobre a região lombar. E se alguém estiver com taquicardia (palpitações), o primeiro auxílio pode ser a colocação de uma compressa bem fria sobre o peito, na região precordial. Este efeito ainda poderá ser aumentado se fizermos um banho de braços frio por 5 minutos (na pia ou em uma banheira de bebê). Em dores do peito (angina pectoris), temos conseguido alívio imediato com um banho de braços crescente. No entanto, não recomendamos a aplicação dos banhos de braços sem orientação médica, pois poderíamos confundir os sintomas e, talvez, prejudicar a pessoa. Aliás, repetimos ser imprescindível buscar a orientação de um médico experiente se tivermos qualquer dúvida sobre a natureza da doença ou se os sintomas não melhorarem logo.

Você ficou entusiasmado com a variedade de tratamentos que a hidroterapia lhe oferece? Gostou da simplicidade das técnicas? Então comece a experimentá-la pessoalmente e verá o quanto ela funciona!

PRONTO-ATENDIMENTO NATURAL CASEIRO

Na vida diária podem ocorrer com você ou com alguém da sua família pequenos acidentes, como queimaduras, contusões ou mal-estares comuns que não chegam a representar perigo, mas que incomodam e podem impedir a realização plena do trabalho e do lazer. Ou então o seu filho acorda com dor de ouvido justamente na primeira noite de um fim de semana prolongado e o seu pediatra viajou. Ou o remédio que você toma habitualmente não está mais fazendo efeito e você procura algum tratamento adicional que possa lhe proporcionar alívio. Estes casos podem, na maioria das vezes, ser resolvidos por meio de alguns simples tratamentos caseiros, acessíveis a qualquer pessoa que não tenha receio de aplicá-los.

É importante ressaltar que moléstias mais graves ou doenças crônicas requerem orientação médica. As sugestões que se seguem não visam a substituir a visita ao médico, mas apenas ensinar as primeiras medidas naturais de apoio que podem ser aplicadas quando alguém em sua casa não se sentir bem. Desta maneira podem ser evitados os riscos da automedicação com remédios químicos. Se o incômodo persistir, procure assistência médica. Algumas doenças crônicas podem apresentar melhoras surpreendentes após um período de repouso e desintoxicação orgânica em uma clínica naturista.

Existem algumas regras básicas a serem observadas ao se aplicarem os tratamentos naturais caseiros:

- Antes de realizar qualquer tratamento, tenha certeza de que compreendeu bem a técnica.

- Entenda que a doença aguda (febre, vômitos, diarréia, erupções) é um esforço de seu organismo para se livrar de matérias tóxicas e tente auxiliá-lo neste esforço.
- Observe a necessidade de um período de, pelo menos, 2 horas entre a última refeição e qualquer aplicação de calor ou frio. Mantenha um repouso de 30 minutos após cada banho quente e aqueça-se por meio de exercícios ou com cobertores após cada tratamento frio.
- As aplicações de hidroterapia precisam sempre ser associadas a uma dieta apropriada ao caso e a outras medidas que promovam a purificação do sangue e dos tecidos no organismo.
- Todos os tratamentos naturais com água, vapor, dolomita etc. são detalhadamente explicados no capítulo A prática da hidroterapia e demonstrados no vídeo *Hidroterapia e tratamentos caseiros*, também da autora. Deveriam ser estudados e ensaiados antecipadamente para evitar dúvidas em caso de alguma emergência. Veja também a Lista de material necessário e a Farmácia natural caseira, nos próximos capítulos.

Crises de dor

Cefaléia: Coloque compressas bem frias sobre a testa e uma bolsa de água quente na nuca. Se a dor não passar, faça um pedilúvio crescente e/ou uma inalação de vinagre de maçã (coloque 2 colheres de sopa de vinagre em um copo de água fervente, ou molhe um algodão em vinagre de maçã, e aspire o cheiro por aproximadamente cem vezes). Se houver prisão de ventre, faça um enema (clister) com 2 litros de chá ou água morna. Um semicúpio de 30 minutos de duração também pode dar bom resultado. Ou misture 1 colher de chá bem cheia de gengibre em pó a 1/2 copo de água e tome bem devagar. Em último caso pode-se tomar uma colher de café de guaraná em pó e conservá-lo na boca por 10 a

15 minutos, antes de engoli-lo. Mas o guaraná em pó tem efeitos colaterais, por isso é melhor evitá-lo.

Enxaqueca: Além das medidas acima, tente repousar em um quarto escuro e silencioso, e repita as aplicações se a crise retornar. Se houver náuseas, aplique uma compressa fria no estômago e tome o suco de 1 limão grande em igual quantidade de água, sorvendo somente um pequeno gole de 3 em 3 minutos, até as náuseas passarem. Para tentar livrar-se das crises de enxaqueca, é preciso eliminar da dieta alguns itens que favorecem o aparecimento destas crises – qualquer tipo de queijo, leite de vaca, carnes, frituras, chocolate e amendoim. Procure um fisioterapeuta que saiba aplicar a massagem de zonas reflexas; ela costuma dar bons resultados. Se as crises persistirem, pense em agendar um tratamento em uma clínica naturista.

Dor de dente: Faça uma vaporização com anis ou losna com a boca aberta, seguida de cataplasma de argila ou dolomita fria, externamente. Coloque alho triturado ou um algodão embebido em óleo de cravo no dente dolorido. Se houver inflamação, faça bochechos de chá de camomila morno com 15 gotas de extrato de própolis, até conseguir consultar seu dentista.

Dores na coluna vertebral ou nas costas: Aplique um jato de vapor local com camomila, ou fomentações ou cataplasma de dolomita quente. Friccione com loção de erva-baleeira com cânfora. Se persistirem, procure um fisioterapeuta especializado em quiropraxia, pois pode ter ocorrido um deslocamento de uma ou mais vértebras, que possivelmente estarão comprimindo os nervos.

Dor ciática: Além das medidas descritas no item acima, mantenha bastante repouso, sempre deitado sobre o lado sem dor, com as pernas encolhidas, e faça seguidas aplicações de calor. Quando caminhar, não use sapatos rasos, mas com saltos de 3cm de altura, para evitar a distensão do nervo ciático. Procure um fisioterapeuta que saiba aplicar a massagem de zonas reflexas para dor ciática.

Dores reumáticas e artrites: Além das aplicações de calor e das massagens com loção de erva-baleeira para aliviar as dores, friccione o local com pomada de veneno de abelha duas vezes ao dia. Passe para uma dieta alcalinizante (ver capítulo Dietas terapêuticas) para desacidificar o sangue.

Dores de artrose: Aplique localmente compressas quentes, cataplasmas de dolomita e loção de erva-baleeira canforada, como descrito acima. Para uso interno, dilua 33g de cloreto de magnésio em 1 litro de água filtrada, agite bem e tome 2 colheres de sopa, 3 vezes ao dia, sempre antes das refeições, durante pelo menos 2 ou 3 meses (guarde em geladeira). Adote uma dieta saudável, conforme o nosso regime de saúde básico, para estimular a regeneração das articulações. Tome muita água e algum suplemento de sílica, como cápsulas de cavalinha ou dolomita em pó. É preciso conceder um certo repouso às articulações afetadas, mas também é necessário movimentá-las. O ideal é procurar um fisioterapeuta, que aplicará os exercícios cuidadosamente, até o limite de dor, de preferência sob aquecimento, como, por exemplo, numa piscina aquecida. Se a sua artrose for nos joelhos, caminhe somente no plano, evitando ladeiras e escadas. Se você estiver com excesso de peso, procure perder alguns quilos com urgência. Você ficará surpreso com a melhora.

Osteoporose: É importante fazer exercícios regularmente, a fim de transmitir aos ossos a mensagem de que você precisa deles, para que não ocorra uma atrofia prematura. Uma boa caminhada de 40 a 60 minutos por dia ou 30 minutos diários de musculação poderão restabelecer a sua massa óssea. Siga uma alimentação saudável, baseada no equilíbrio ácido/básico, incluindo diariamente vegetais crus numa proporção de pelo menos 50%. Sabendo que seu sangue passará a extrair cálcio de seus ossos se sua dieta for muito acidificante, evite comer carne, açúcar, gorduras e leguminosas em excesso, e procure abolir o café. Os médicos têm recomendado a ingestão de cálcio e magnésio, não somente quando já existe osteoporose, mas também como medida preventiva, principalmente na época do início da menopausa. Existem vários suplementos naturais que contêm estes elementos, sendo o mais comum e econômico a dolomita em cápsulas, que fornece o cálcio e o magnésio na proporção ideal. Mas não esqueça que os dois nutrientes não serão fixados nos ossos a não ser que haja suficiente vitamina D no sangue. Uma boa maneira de conseguir a vitamina D é procurar tomar sol diariamente, de preferência na parte da manhã ou então à tardinha. Trinta minutos diários, se possível no corpo inteiro ou, pelo menos, no rosto, braços e pernas, já são suficientes. O ideal seria programar uma boa caminhada ao sol da manhã sempre que lhe for possível.

Pequenos acidentes

Epistaxe (hemorragia pelo nariz): Coloque os pés em água bem gelada até a hemorragia cessar completamente. Enquanto isto, cheire vinagre, instile limão no nariz e beba suco de limão puro, fazendo também bochechos com este suco. Bolsa de gelo ou compressas bem geladas sobre o nariz também ajudam. Se a hemorragia for muito forte, é melhor procurar um pronto-socorro para a cauterização do vaso rompido.

Contusões: Nas primeiras 48 horas, aplique compressas de água gelada ou cataplasmas de argila ou dolomita bem fria com extrato de arnica várias vezes seguidas. Depois de 48 horas, aplique banhos ou compressas alternadas. A loção de erva-baleeira com cânfora alivia bem as dores. Beba suco de couve e 10 gotas de extrato de arnica, em 1 copo de água, 2 a 3 vezes ao dia.

Queimaduras: Se forem graves ou extensas, não aplique nada sobre elas, mas procure assistência médica imediatamente. No entanto, se forem leves, mergulhe a parte queimada em água fria demoradamente, até que a dor tenha cessado por completo. Se ela voltar após a retirada da água, repita a aplicação. Folhas de confrei macetadas ou cataplasma de batata com cenouras cruas raladas, misturadas com um pouco de azeite, auxiliam a rápida recuperação da pele. Continue hidratando o local seguidamente.

Desmaios: Se não houver um motivo conhecido, deite a pessoa sobre a cama, sem travesseiro, desaperte suas roupas, ponha compressas frias nos pulsos, coloque um tecido embebido em vinagre ou em água-de-colônia sobre seu nariz; massageie seus pés e suas mãos e dê leves tapinhas em seu rosto, enquanto fala calmamente com ela até que volte a si. Se isto demorar mais de 5 minutos, chame assistência médica imediatamente.

Convulsões: É preciso abrir todas as roupas apertadas, colocar um lenço dobrado entre os dentes do doente, para que ele não morda a língua, apoiar sua cabeça sobre algo macio para que ele não se machuque e aplicar compressas frias com toalhas bem molhadas na região do baixo-ventre. Depois de passada a crise, faça-o repousar na cama, converse calmamente com ele e dê-lhe água fresca para beber. Para evitar que as crises se repitam, a orientação é adotar um regime vegetariano bem natural, dar atenção à perfeita função intestinal, fazer fricções de luva fria e banhos de ar, semicúpio ou banhos de tronco frios diariamente e proteger-se do excesso de atividades e do calor, em especial do sol na cabeça. Não tomar sauna. Consultar um neurologista. O chá de galega (em crianças) ou de sabugueiro e visco (em adultos) pode ajudar bastante.

Picadas de insetos: Corte uma cebola pelo meio e esfregue-a no local, até a dor passar. Aplique cataplasma de dolomita fria no local. A loção de erva-baleeira canforada tira o prurido de pequenas picadas. Em caso de picada de abelha, é preciso retirar o ferrão antes de tomar qualquer outra providência.

Moléstias de pele, cabelos e unha

Espinhas, acne: Duas a três vezes por semana, faça uma vaporização local com chá de cavalinha por 15 minutos; em seguida, aplique uma máscara de argila ou dolomita fria por 30 minutos. Lave com água morna, depois com água fria, e passe uma loção tônica e um bom hidratante, que não contenha ingredientes gordurosos.

Sugerimos algum produto à base de *aloe vera* (babosa). Nunca esprema cravos ou espinhas para não deixar cicatrizes. Procure uma esteticista profissional para fazer um tratamento de pele. Faça uma minidesintoxicação com dieta de frutas e verduras cruas pelo período de 1 ou 2 semanas. A seguir passe para uma alimentação vegetariana natural, com exclusão de frituras, açúcar e chocolate, e moderação no uso de ovos. Tome 3 xícaras de chá de bardana por dia durante 3 meses. Fique atento ao bom funcionamento do intestino (confira o tratamento para constipação intestinal crônica). Tome de 6 a 8 comprimidos de lêvedo de cerveja por dia às refeições. Faça sauna uma vez por semana e tome banhos de sol no local das espinhas, pela manhã.

Feridas e furúnculos: Lave com chá de cavalinha ou carqueja quente e, em seguida, aplique um cataplasma de dolomita frio por cerca de uma hora. Para abrir um furúnculo, aplique um jato de vapor local com camomila e, a seguir, um cataplasma de dolomita misturada com uma cebola ralada e mel; ou então aplique um saquinho de gaze com sementes de linhaça fervidas, ainda bem quentes, sobre o local, por 1/2 hora. Repita, se for necessário. Faça a dieta de frutas e verduras cruas por alguns dias. Caso seu intestino esteja preso, aplique um enema (clister) de 2 litros de chá de cavalinha para evitar que haja migração de impurezas para o sangue. Tome 9 comprimidos de lêvedo de cerveja por dia, às refeições, durante 2 a 3 meses.

Erupções na pele: Na maior parte dos casos as erupções representam um esforço do organismo para expulsar as matérias tóxicas que circulam no sangue. A atitude mais inteligente neste caso será fazer uma desintoxicação com dieta de vegetais crus acompanhada de uma limpeza intestinal por enema. Se houver prurido, banhe a área repetidamente com água gelada ou aplique compressas frias com vinagre de maçã. Em alguns casos o talco mentolado dá bons resultados e em outros casos a babosa ou uma pomada de *aloe vera* funcionam muito bem. Se a erupção for escamosa, tipo psoríase, além das medidas de desintoxicação já explicadas, aplique compressas ou banhos de aveia cozida às partes afetadas, diariamente. Se as lesões forem extensas, e a desintoxicação caseira não der o resultado esperado, considere a possibilidade de fazer o tratamento em uma clínica naturista.

Aftas: Muitas vezes as aftas são o meio que o organismo encontrou de expulsar as matérias estranhas pela mucosa oral. Por esse motivo é importante usar uma dieta desintoxicante ou uma dieta alcalinizante. Também é bom bochechar com limão puro, ou com chá de camomila com dolomita, e colocar extrato de própolis diretamente sobre as aftas com a ajuda de um cotonete.

Gengivite: Faça bochechos com chá de camomila morna e dolomita várias vezes ao dia. Massageie as gengivas com as pontas dos dedos molhados em azeite de oliva, 3 vezes ao dia, após as refeições e depois de escovar os dentes cuidadosamente com uma escova macia.

Caspa e queda de cabelo: Lave a cabeça com xampu de lama negra, alternando com xampu de jaborandi. Friccione o couro cabeludo com suco de limão puro e coado ou com uma loção natural contra caspa. Faça fricções com as pontas dos dedos molhados na loção todos os dias, mesmo quando não lavar a cabeça, por um mês, para resolver o problema da caspa. Se a queda de cabelo continuar, faça fricções com chá de avenca ou com sumo de espinafre por cerca de 1 a 2 meses. No entanto, convém lembrar que a causa da queda de cabelo pode estar na má alimentação, no estresse intelectual ou, ainda, na herança genética. Outra causa comum é a falta de silício no sangue. Ele pode ser suplementado, bebendo 3 xícaras de chá forte de cavalinha por dia durante 3 meses, ou tomando 2 comprimidos de cavalinha por dia.

Unhas quebradiças Deixe suas unhas livres de esmalte por algumas semanas e banhe-as duas vezes ao dia em água quente contendo glicerina pura e suco de limão. Outra sugestão é molhá-las em azeite. A água do mar também é muito útil, sempre que estiver disponível. Depois deste período, se as unhas estiverem completamente restabelecidas, pode ser usado um esmalte fortalecedor. Mas lembre-se de que o melhor para as unhas é deixá-las livres de qualquer esmalte para poderem respirar livremente.

Procure também corrigir a causa. Esta pode ser a acidificação excessiva do sangue, a falta de cálcio ou silício na alimentação ou até mesmo um problema na tireóide.

Rachaduras nos calcanhares: Deixe os pés de molho em água quente, lixe os calcanhares cuidadosamente, enxugue-os e massageie-os com óleo de fígado de bacalhau. Tome também 3 cápsulas deste óleo via oral, após as refeições, durante três semanas.

Calos duros: Faça um emplastro de alho amassado com azeite de oliva, somente sobre o local do calo, à noite. Prenda com gaze e esparadrapo e a seguir calce uma meia de algodão. Repita por várias noites, se necessário.

Suor nos pés: Lave-os com vinagre de maçã e água em partes iguais. Em seguida, pulverize com dolomita. Evite o uso de tênis e de outros sapatos fechados que tenham sola de borracha. Use somente meias de algodão. Ande descalço ou de sandálias sempre que for possível. Troque e areje seus calçados todos os dias.

Suor nas axilas: Para evitar o uso de desodorantes, que costumam conter alumínio em suas fórmulas, aplique sobre as axilas uma solução de vinagre de maçã e água em partes iguais, ou de leite de rosas ou de suco de limão. Caso prefira usar o limão, não exponha a pele ao sol para evitar manchas.

Olheiras: Experimente aplicar um emplastro de batata ralada ou coloque saquinhos de chá-preto ainda morno por 1/2 hora. Ou faça compressas quentes e frias, alternando diversas vezes, para ativar a circulação local. Se houver bolsas sob os olhos, faça compressas de chá de alecrim.

Limpeza da pele do rosto: Misture 2 colheres de fubá com 1 colher de açúcar refinado e molhe com suco de limão. Lave o rosto com água morna e deixe-o ainda úmido. Aplique a pasta de fubá e massageie cuidadosamente toda a face. Lave com água fria ou gelada, enxugue e aplique sua máscara preferida ou um hidratante natural de aveia.

Para clarear os dentes: Escove-os com pó de carvão ou esfregue-os com folhas de sálvia, uma vez por mês.

Moléstias inflamatórias, alérgicas e febris

Gripes e resfriados: Logo ao primeiro sinal, beba 2 xícaras de chá de alecrim bem quente com mel e limão. Tome sauna ou banho de vapor para aumentar o número de leucócitos (autodefesa). Faça gargarejos de água quente, limão e sal, ou de água quente com extrato de própolis várias vezes seguidas. Pingue soro fisiológico, água com sal ou Sorin, mornos, no nariz, de hora em hora, logo no primeiro dia. Coma somente frutas, especialmente as cítricas, e tome bastante suco de laranja ou suco de limão com mel e alho. Acrescente 30 gotas de extrato de própolis ao suco ou ao chá, 3 vezes ao dia. Outro remédio eficaz é o produto P-10 (peróxido de hidrogênio), que no caso de gripe ou resfriado impede a proliferação dos germes. Usar três doses do oligoelemento cobre também tem produzido ótimos resultados dentro de um a dois dias. Evite usar doces e cereais (pão, bolachas) e leite de vaca, pois estes alimentos aumentam o muco. À noite, faça uma vaporização com eucalipto e durma o mais cedo possível, colocando uma compressa aquecedora em volta do pescoço. Parece-lhe muito trabalhoso? Mas é assim que quase sempre se consegue cortar uma gripe pela raiz em poucos dias. Para evitar que você pegue uma gripe em épocas de epidemia, use alho cru ou em cápsulas, frutas cítricas, P-10 em água três vezes ao dia, além de 20 gotas de extrato de própolis, também três vezes ao dia. Tome uma sauna uma vez por semana, regularmente. Se houver febre, siga o tratamento indicado em "doenças febris", explicado mais adiante.

Inflamação da garganta: Se a inflamação for leve, ou estiver bem no início, é suficiente fazer gargarejos com água quente, limão e sal ou vinagre de maçã e sal ou, ainda, água quente com 30 gotas de própolis de hora em hora, no primeiro dia. No segundo dia, os gargarejos podem ser feitos de 2 em 2 horas e, no terceiro dia, somente 3 vezes ao dia. Se o doente for uma criança pequena, que não sabe gargarejar, dê-lhe para beber chá de camomila quente com algumas gotas de própolis e mel várias vezes ao dia. Faça uma dieta crudívora por 1 ou 2 dias. À noite, aplique um pedilúvio crescente e durma com uma compressa aquecedora em volta do pescoço. Se houver febre, siga as instruções para doenças febris.

Inflamação do ouvido: Para aliviar a dor imediatamente, aqueça meia colher de azeite, riscando um fósforo por baixo dela, teste a temperatura e pingue 3 gotas no ouvido doente com um conta-gotas. Em seguida, mantenha o ouvido aquecido com uma bolsa de água quente ou uma compressa. Depois prepare 1/2 litro de chá de camomila ou de malva bem forte, coe e coloque na panela de pressão, para fazer o jato de vapor no ouvido por 15 minutos. A seguir rale meia cebola no ralador fino, coe, aqueça este sumo do mesmo modo como fez com o azeite e pingue 3 gotinhas no ouvido doente. Deite-se sobre o outro lado por 15 minutos para que o sumo penetre bem no interior do ouvido doente, colocando nele uma pequena rolha de algodão. Repita este procedimento 3 vezes ao dia, durante 1 ou 2 dias. A eficácia deste tratamento simples se deve ao fato de que a cebola contém um antibiótico que age no local e a camomila é antiinflamatória, além de ser analgésica.

Labirintite: Em alguns casos consegue se grande melhora aplicando o jato de vapor de camomila no ouvido por 15 minutos, 3 vezes ao dia. O escalda-pés alternado e o ginkgo biloba também ajudam, por estimularem a circulação. Se não houver melhora, procure um médico ou fisioterapeuta especializado em manipulação da coluna, pois há casos em que as vertigens são provocadas por um desajuste das vértebras e conseqüente pinçamento de raízes nervosas.

Inflamação dos olhos ou das pálpebras: Lave a área dos olhos com algodão embebido em água boricada e 4 gotas de P-10 ou água oxigenada, ou com chá de camomila morno, de hora em hora. Se houver uma conjuntivite infecciosa, o suco de limão é o melhor remédio. Use-o da seguinte maneira: coloque 10ml de água destilada ou soro fisiológico em um frasquinho de conta-gotas e acrescente 10 gotas de suco de limão. Pingue algumas gotas no olho doente 5 vezes ao dia, até sarar por completo. Se os olhos estiverem irritados, aplique um cataplasma de leite coalhado, com gaze, sobre as pálpebras fechadas, por meia hora, duas vezes ao dia. À noite, faça uma vaporização com camomila ou cavalinha e, em seguida, um semicúpio de 15 minutos. Seria bom adotar uma dieta crudívora por 1 ou 2 dias. Se a inflamação for nas pálpebras, lave os olhos de manhã e à noite com xampu para crianças e enxagüe bem. Depois aplique um algodão com água boricada e 4 gotas de P-10 por alguns minutos. Em seguida use uma pomada de camomila.

Sinusite: Durante a crise, faça vaporizações com camomila, instile salmoura morna nas narinas e aspire suavemente; coloque um cataplasma de dolomita quente na testa e em ambos os lados do nariz. Para ter um alívio rápido da dor, mesmo que ele dure apenas meia hora, aqueça a região nasal com o auxílio de um secador de cabelos. Não use vaporizações de buchinha do norte, pois podem produzir estenose do esôfago. A maneira certa e eficaz de usá-la é a de fazer 4 instilações do chá da buchinha nas narinas. Mas isto deve ser feito por um médico ou uma enfermeira treinada neste tratamento, para evitar efeitos colaterais, uma vez que a buchinha é tóxica. Se você não conhecer ninguém que o faça, experimente fazer o tratamento com algum produto de farmácia de ervas, seguindo a bula corretamente.

Rinite: É uma moléstia diferente da sinusite. Pode estar associada à hipertrofia das adenóides (consulte um otorrinolaringologista), geralmente sendo de fundo alérgico. Experimente o seguinte tratamento: evite leite e derivados, chocolate, amendoim, frituras e todos os alimentos feitos com trigo refinado. Pingue 1/2 conta-gotas de salmoura morna no nariz 3 vezes ao dia. Durma com um lenço de algodão molhado sobre o nariz para respirar melhor. Compre um favo de mel e coloque na bochecha 1 colher de sobremesa do favo (a cera com o mel); não o mastigue, nem o engula, mas mantenha-o na bochecha por uma hora. A cera vai, aos poucos, desprendendo um gás medicinal que sobe pelo palato até o nariz, desobstruindo-o e fazendo cessar a coriza alérgica. Repita este procedimento de duas a três vezes ao dia, durante algumas semanas. Se falhar uma vez ou outra, ou se você por acaso engolir a cera, não há problema algum. Caso o resultado não seja satisfatório, considere agendar um tratamento em uma clínica naturista.

Tosse, bronquite e coqueluche: Aplique diariamente uma série de 12 fomentações ao peito, e à noite uma vaporização de eucalipto, seguida de um semicúpio de 15 minutos. Se o doente for uma criança, é útil deixar um vaporizador apropriado perto do berço, ligado a noite toda. Após o aquecimento do peito com fomentações ou vaporização, friccione a pele com uma mistura (3 x 1) de óleo de rícino e terebentina ou com Vick Vaporub. Evite doces, leite de vaca, pão e bolachas, pois estes alimentos aumentam a quantidade de muco. Sempre que houver um acesso de tosse, tome pelo menos 3 vezes ao dia chá quente de tussilagem ou de poejo ou então de abacaxi com mel. De manhã e à noite, tome um xarope caseiro, preparado com suco de cebola, suco de limão, mel de abelha e glicerina pura. Coloque em uma tigela 1 colher de sopa de cada um destes ingredientes e aqueça-os em banho-maria. Ou tome o xarope Pneumonex 3 vezes ao dia, seguindo a bula. Em caso de coqueluche siga também as indicações de "doenças febris".

Bronquite asmática: Como esta difere da bronquite comum quanto às suas causas, que são em geral psíquicas e/ou alérgicas, o tratamento também é diferente. Por sinal ela deveria ser tratada por um médico especializado, de preferência com internação em uma clínica naturista, especialmente quando o doente é um adulto e a doença já se tornou crônica. Se o paciente for uma criança, e a doença não estiver muito acentuada, pode ser tentado o seguinte tratamento caseiro, que dura 3 semanas e requer bastante dedicação por parte da mãe da criança. Nos primeiros três dias é importante comer somente frutas cruas, três vezes ao dia, e tomar sucos de frutas, cenoura ou verduras nos intervalos. Na próxima etapa, vá acrescentando alimentos naturais e integrais, conforme orientação do regime de saúde básico (inserido no capítulo Dietas terapêuticas), incluindo frutas secas, como ameixas, tâmaras, figos, passas, bananas, todas sem açúcar, nozes e castanhas, mel e melado, leite de soja ou de castanhas. São especialmente recomendadas as saladas ou sucos de rabanete, nabo e cebola como expectorantes, e de pimentão vermelho por causa de sua riqueza em vitamina D, que exerce importante função na prevenção das crises. Devem ser bebidos de 6 a 8 copos de água por dia, entre as refeições, porque isto é muito importante para a fluidificação do muco. Precisam ser excluídos do cardápio, definitivamente, os seguintes itens: carne, açúcar, chocolate, frituras, conservas, alimentos refinados tais como arroz branco, farinha de trigo branca e seus derivados, condimentos fortes (pimenta, vinagre, mostarda etc), café, chá-preto, chá-verde ou chá-mate e também o leite de vaca. O iogurte e a ricota fresca geralmente não causam problemas a não ser que haja alergia específica a produtos animais. O uso de ovos – sempre de galinha caipira – deve ser moderado, e o resultado cuidadosamente observado, pois pode produzir excesso de muco em algumas pessoas. Para evitar recaídas, metade da alimentação deverá consistir permanentemente de alimentos crus, o que se consegue facilmente mediante o uso de frutas, saladas, nozes, frutas secas, ricota, iogurte, azeitonas, triguilho e aveia crua. É importante aprender a mastigar bem e demoradamente, pelo menos 30 vezes cada bocado. Acrescente os seguintes chás e xaropes: algumas farmácias de ervas têm chás expectorantes compostos prontos; se não os achar, adquira chá de hortelã, poejo, erva centáurea, guaco, tanchagem, pulmonária, anis e violetas. Misture 2 ou 3 qualidades e varie a composição de 2 em 2 semanas. Use 1 colher (sopa) da mistura de ervas para cada xícara de água; afervente, desligue o fogo, tampe e coe após 10 minutos. O chá deve ser tomado quente, após acrescentar um pouco de mel, toda vez que se fizer necessário, mas pelo menos 3 a 4 vezes ao dia. A quantidade para um dia pode ser preparada logo de manhã e conservada em garrafa térmica. Outro chá muito eficiente e agradável é o de casca de abacaxi com mel. O xarope caseiro descrito no item anterior deve ser usado 3 vezes ao dia. Além disto é recomendável tomar sucos de laranja, limão, goiaba, abacaxi, acerola e outras frutas que contenham vitamina C, pois ela pode ter um efeito decisivo na resolução do problema da asma. Seu médico poderá prescrever-lhe até um suplemento de vitamina C em cápsulas, por um curto período, para acelerar a cura. O uso do P-10 (peróxido de hidrogênio em forma própria para uso interno) também pode ser um grande auxílio. A dose é de 20 gotas em 1 copo de água, 3 vezes ao dia, sempre com o estômago vazio.

Doenças febris e infecciosas: Todas as moléstias acompanhadas de febre (gripe, sarampo, catapora, caxumba, amigdalite e outras) exigem repouso no leito, redução ou abstenção do alimento sólido e medidas de apoio à eliminação de toxinas. Aos primeiros sintomas tome um laxante (1 copo de água com 1 a 2 colheres de sopa de sal amargo e o suco de 1 limão). Reduza a sua alimentação a frutas cítricas ou a sucos de frutas e verduras tomados de 3 em 3 horas, dando preferência aos sucos de laranja, lima, limão e abacaxi. Beba também muita água fresca e suco de alho com mel pelo menos 2 vezes por dia. Mantenha repouso, poupando assim a energia de que seu corpo necessita para combater a doença. Aplique um enema (clister) várias vezes ao dia para eliminar completamente as matérias tóxicas que o corpo empurra para o intestino durante o período febril. É importante ler o item Clister no capítulo A prática da hidroterapia. Outra medida imprescindível é ativar a transpiração que favorece a eliminação de toxinas através dos poros. Se o doente é um adulto e se encontra em boas condições, pode tomar uma sauna. Caso contrário, recomenda-se um suadouro ao sol (com a cabeça na sombra) ou na cama, com um "envoltório geral" (ver item específico no capítulo A prática da hidroterapia). Se o paciente estiver muito debilitado, em vez do suadouro é melhor aplicar a massagem de escova e fricção com luva molhada seis vezes ao dia, com intervalos de hora em hora. Não tente reduzir a febre se ela estiver abaixo de 38,5°C, pois neste grau ela não representa perigo e não produz convulsões, mas faz seu corpo aumentar a produção de leucócitos em até 20 vezes. Isto é muito importante, uma vez que os leucócitos são os soldados de defesa do seu organismo. Quanto mais leucócitos você produz, mais rapidamente consegue debelar a doença. No entanto, é preciso controlar a febre (se ela passar de 38, 5ºC), com compressas frias nas pernas ou no ventre, alternadamente, usando sempre uma compressa fria na testa. O cataplasma de dolomita ou argila fria sobre o ventre, trocado a cada 30 minutos, e o banho de chuveiro ou de imersão tépido são alguns dos meios adicionais, eficazes para reduzir a febre de maneira natural. Os medicamentos antitérmicos deveriam ser usados somente nos casos muito raros em que estas técnicas não conseguem baixar a febre. Além destes tratamentos gerais, use as aplicações indicadas neste capítulo para cada moléstia específica.

Problemas digestivos

Náuseas e vômitos: Aplique compressas frias no estômago com toalhas de rosto felpudas e renove-as assim que elas se aquecerem. Misture o suco de 1 limão com igual quantidade de água e tome somente uma colherada a cada 3 minutos. Quando sentir melhora, tome alguns goles de chá de hortelã bem frio. Após meia hora, experimente beber suco de frutas diluído em água, depois suco de frutas puro. Após outra meia hora, mastigue lentamente uma maçã sem casca e, duas horas mais tarde, ingira uma refeição leve. Verifique a causa para prevenir outras crises.

Dores de estômago: Podem ser resultado de tensão, de má digestão, de gastrite ou de úlcera gástrica. Na crise, tome chá de camomila ou de espinheira-santa e aplique uma compressa quente (uma bolsa de água quente sobre um pano úmido) de meia hora sobre o estômago. Não coma nada antes de a dor ter passado. Habitue-se a não comer quando estiver tenso ou ansioso. Evite frituras, café, leite de vaca e condimentos tais como pimenta, vinagre, mostarda, curry etc. Evite também as frutas ácidas. Mastigue sempre muito bem os seus alimentos. Caso seja constatada uma gastrite ou uma úlcera gástrica, comece a tratá-la com a dieta específica descrita no capítulo Dietas terapêuticas.

Azia: Beba o suco de 1/2 limão em igual quantidade de água. Aguarde por 15 minutos. Se a azia não passar, prepare 2 colheres de sopa de suco de batata crua e beba-o. Caso ainda persista, tome uma xícara de chá de camomila com 1 colher de chá de dolomita ou caulim. Siga as orientações do item Dores de estômago quanto à dieta adequada.

Gases, empachamento: Em geral são causados por má digestão e talvez por descuido na alimentação. Neste caso, procure descobrir o que está lhe fazendo mal. Mas há casos em que o estômago não produz os sucos digestivos apropriados e precisa receber um estímulo especial. Durante a crise, aplique uma compressa quente no estômago e no fígado, tome 3 cápsulas de carvão vegetal 3 vezes ao dia e um enema (clister) caso não tenha havido evacuação intestinal. Se possível, tome o banho de assento quente por 20 minutos. Durma com uma compressa aquecedora no tronco. Faça a dieta de sucos ou de frutas por 1 a 2 dias. Depois adote uma dieta vegetariana natural, evitando também o leite de vaca e o excesso de ovos e de leguminosas. Dê preferência às verduras amargas, ao nabo e ao rabanete. Se o incômodo persistir, passe a tomar 1/2 xícara de chá de taiuiá, de carqueja ou de losna, vinte minutos antes de cada refeição, para estimular a produção de suco gástrico. Se mesmo assim o empachamento continuar por mais de 7 a 10 dias, consulte um médico especialista.

Cólicas abdominais, diarréia: Adote uma monodieta de maçã, como segue: as maçãs devem ser descascadas e raladas em um ralador fino, na quantidade que lhe apetecer, e ingeridas imediatamente para evitar a oxidação. Use somente este alimento, em 3 a 6 refeições por dia, com abstenção de qualquer outro alimento. Os bebês não devem receber a mamadeira de leite. Beba bastante líquido, especialmente suco de lima, água de arroz com suco de limão, chá de broto ou folha de goiabeira, sem mel nem açúcar. Tome de 2 a 3 comprimidos de carvão vegetal 3 a 5 vezes ao dia, dependendo da gravidade do caso. Aplique um enema (clister) de chá de camomila e, se possível, faça um banho de assento quente com alfafa e um cataplasma de dolomita quente, diariamente. Se o doente for um bebê ou uma criança pequena, leve ao pediatra caso não haja melhora no segundo dia. Se for uma criança maior ou um adulto, e estiver sendo observada uma melhora gradativa, a monodieta de maçã poderá ser mantida por até 5 dias. Logo que as fezes começarem a tomar forma, inicie a volta a alimentos leves como banana-prata ou banana-maçã amassada, mingau de aveia cozido (sem leite), purê de batata sem leite nem manteiga, arroz branco bem cozido com abobrinha, até conseguir voltar ao alimento integral. Identifique a causa da crise e siga por algumas semanas a dieta para colite descrita no capítulo Dietas terapêuticas.

Constipação intestinal (prisão de ventre): Para iniciar o tratamento, aplicar um enema (clister) de 2 litros de chá de cavalinha ou de água morna (fervida) com 1 pitada de sal e 1 colher de sopa de vaselina líquida por cinco dias seguidos, logo de manhã, em jejum. Depois, para estimular os intestinos, aplique um clister de 1/2 litro de água fervida na véspera, bem fria, após o desjejum, por mais dois dias, ou até conseguir uma evacuação espontânea neste horário, sem precisar do clister. Em casos crônicos, têm havido bons resultados com a aplicação diária do semicúpio por 30 minutos. Siga as instruções do regime de saúde básico. Além disto, use diariamente linhaça e farelo de trigo, da seguinte maneira: moa sementes de linhaça selecionadas num moedor de café ou no liquidificador. Ingira duas colheres de sopa desta farinha por dia, junto com as refeições, misturadas com farelo de trigo em partes iguais. Ou deixe de molho em água 1 colher (sopa) de sementes de linhaça durante a noite, para ingeri-las pela manhã, misturadas com iogurte, ameixas-pretas, farelo e mel. Use bastante mamão e também chucrute cru feito em casa. Tome 1 colher de sobremesa de azeite de oliva extra virgem antes de cada refeição. Tome 20 gotas de peróxido de hidrogênio a 10 vol. (P-10), 3 vezes ao dia, em 1 copo de água, sempre com o estômago vazio. Por oxigenar o trato intestinal, o P-10 destrói as bactérias anaeróbias que provocam putrefação e fortalece a flora intestinal, eliminando assim a disbiose e restabelecendo gradativamente a função intestinal normal. Beba muita água, entre as refeições, iniciando o dia com 1 a 2 copos grandes de água fria ou morna, em jejum, e terminando-o com outro copo, ao deitar. Se possível, use sempre água imantada, que tem efeito revitalizador sobre o intestino. A prática de caminhadas diárias, ginástica abdominal, respiração profunda e automassagem do baixo-ventre complementa o tratamento. Se ainda assim você não conseguir o êxito desejado, tome um chá laxante 1 a 2 vezes por semana, e aplique o enema acima descrito a cada 7 dias, seguido de 2 a 3 clisteres de água fria. Continue seguindo as outras orientações até conseguir, no mínimo, uma evacuação abundante e fácil por dia. O ideal é chegar a ter três evacuações diárias.

Vesícula preguiçosa: Quando a vesícula não funciona bem, a causa muitas vezes é a inflamação e o conseqüente espessamento da parede das vias biliares que despejam a bile no duodeno. A seguinte aplicação pode ajudar a resolver esta anomalia: em jejum, tome 1/2 copo de água quente com 1 colher de chá de sal amargo (sulfato de magnésio). Em seguida, deite-se sobre o lado direito, com as pernas encolhidas, por uma hora, colocando sob a região do fígado uma toalhinha úmida e uma bolsa de água quente. O calor da compressa dilata os condutos da vesícula e o sulfato de magnésio penetra neles e os restaura. Este tratamento deve ser aplicado por 2 a 3 semanas seguidas.

Cálculos biliares (pedra na vesícula): Antes de iniciar o tratamento, é preciso conhecer o tamanho dos cálculos, para verificar se eles podem ser eliminados pelas vias biliares à medida que estas forem sendo dilatadas. O tratamento que se segue só deve ser aplicado se os cálculos tiverem um diâmetro de até 8mm. Caso sejam maiores, tente reduzir o seu tamanho com o uso de suco de berinjela e cápsulas de lecitina de soja. Só após a devida redução, e caso você deseje evitar a cirurgia de extirpação da vesícula, é que pode ser feita a tentativa de eliminar os cálculos, da seguinte maneira: misture 250ml de azeite de oliva puro com o suco de 3 a 4 limões, batendo-o com um garfo, até que ele adquira um aspecto leitoso; beba-o em jejum, em pequenos goles. Em seguida, deite-se sobre o lado direito por uma hora, com as pernas encolhidas, colocando uma compressa úmida e uma bolsa de água quente sob a região do fígado. Repita a mesma dose no dia seguinte. Durante estes dois dias aplique um jato de vapor no baixo-ventre por vinte minutos ou faça um banho de tronco de 40ºC, com 20 a 30 minutos de duração. Beba várias xícaras de chá de repolho durante o dia e adote uma alimentação bem leve, de preferência totalmente crua. Para evitar a formação de novos cálculos, mantenha uma dieta vegetariana natural, evitando alimentos pesados, como frituras e gorduras animais, e também o excesso de leguminosas. Reduza o consumo de ovos, usando de preferência só os do tipo caipira. Coma alimentos crus ao início de cada refeição (no mínimo 50% do total). Tome suco de berinjela em jejum sempre que possível e use-a também como ingrediente de suas saladas.

Parasitas intestinais (Áscaris, Oxiúro, *Entamoeba coli* e muitos outros): Antes de iniciar o tratamento, tome na véspera um laxante de sulfato de magnésio (sal amargo). Se você não quiser tomar o medicamento tradicional contra cada espécie de parasita, adquira em uma farmácia de ervas um composto antivermes formulado com menta, erva-de-santa-maria, cipó-mil-homens, folhas de nogueira e cravo-da-índia. Se o medicamento vier em forma de tintura concentrada, geralmente se tomam 40 gotas, 3 vezes ao dia, antes das refeições, ou conforme indicação na bula. Em se tratando de crianças, a dosagem precisa ser reduzida, de acordo com a idade. Solicite prescrição médica. Para auxiliar o fígado na eliminação do álcool contido nas tinturas, tome 1 cápsula de 500mg de Niacinamida, uma vez por dia. Um clister de 100g de suco de cenoura com alho e losna, aplicado à noite e retido no intestino, costuma ser muito eficaz como coadjuvante. A ingestão de alho, cenoura e cebola crua em saladas ou em sucos, assim como do coco ralado e de sementes de abóbora, também auxilia neste tratamento, que deve ser seguido por 10 dias. Intercale então uma pausa de duas semanas e repita o tratamento por mais 10 dias. Durante todo o período do tratamento recomenda-se aplicar um semicúpio de 15 a 30 minutos por dia e dormir com uma compressa fria sobre o ventre. Repita o exame de fezes no fim. Para evitar a reinfestação, tome as tinturas da mesma maneira por um dia em cada semana, sempre. Como medida de prevenção, lave as mãos cuidadosamente antes de cada refeição e sempre que voltar da rua ou tiver tocado um animal; use unhas curtas e escove-as com sabão, regularmente; não coma alimentos que permaneceram expostos às moscas; higienize criteriosamente os alimentos que serão consumidos em estado cru, mergulhando-os em salmoura com vinagre durante 20 minutos (1 colher de sopa de sal e 3 colheres de sopa de vinagre de vinho tinto para cada litro de água); em seguida lave os vegetais, principalmente as folhas, cuidadosamente em água corrente.

Esquistossomose: Prepare um sumo puro de hortelã, socando um punhado de suas folhas frescas em um pilão e coando a seguir em um pano. Tome uma colher de sopa deste sumo pela manhã, em jejum, por 15 dias seguidos. Intercale uma pausa de 15 dias e repita o procedimento por igual período. Pesquisas do Ministério da Saúde no Nordeste comprovaram a eficácia deste remédio. Como medida de prevenção, não tome banho de rio ou de lagoa, principalmente em regiões infestadas de caramujos. O mesmo tratamento tem dado bom resultado na eliminação da giárdia.

Solitária (tênia de vaca): Ainda em jejum, tome 250g (1 copo grande) de suco de abacaxi puro, sem água. Tome o desjejum somente uma hora depois. Siga o tratamento por 10 dias, faça uma pausa de duas semanas e depois repita o procedimento por mais 10 dias. Faça novo exame de fezes. Como medida de prevenção, evite comer carne de gado, especialmente se for malpassada.

Moléstias do aparelho geniturinário

Cólicas menstruais: Faça um banho de assento quente com 20 a 30 minutos de duração. Beba 3 xícaras de chá de abútua ou de agoniada em intervalos de 1/2 hora. Deite-se de bruços, colocando uma bolsa de água quente sob o baixo-ventre e outra na região lombar. Se a menstruação estiver escassa, faça outro banho de assento quente ou um pedilúvio crescente no dia seguinte. Logo que o período menstrual tiver terminado, comece a aplicar um semicúpio de 30 minutos diariamente. Continue até a véspera da menstruação do mês seguinte. Faça então o banho de assento quente e reinicie o semicúpio somente após o término da menstruação. Persevere neste tratamento por 3 meses. As cólicas provavelmente irão desaparecendo aos poucos.

Fluxo menstrual aumentado: Se isto for habitual, verifique a causa da anomalia junto ao seu ginecologista. Se for a primeira vez que ocorre, proceda da seguinte maneira: coloque uma bolsa de gelo ou uma compressa de água gelada entre as coxas e outra sobre o baixo-ventre. Mantenha-se em repouso. Tome suco de limão várias vezes ao dia, puro ou diluído em pouca água, e chá de folha de goiabeira. Tome 3 xícaras de chá de carapiá por dia, durante 3 meses. Se não for constatada uma causa grave, é possível que você consiga resolver a moléstia com a aplicação diária de um semicúpio de 30 minutos, entre um período menstrual e outro. Este banho, usado perseverantemente durante vários meses, tende a normalizar as funções dos órgãos de reprodução.

Cisto de ovário: Há uma boa chance de eliminar os cistos sem cirurgia, se eles não forem grandes ou numerosos demais. Para consegui-lo, você precisa fazer uma dieta líquida (ver capítulo Dietas terapêuticas) de 5 a 7 dias e depois seguir uma dieta crudívora por mais 3 a 5 semanas. Durante 6 semanas, aplique diariamente (fora do período menstrual) um semicúpio de trinta minutos e um cataplasma de dolomita fria de uma hora. Depois repita a ultra-sonografia. Se lhe parece difícil fazer o tratamento em casa, pense na possibilidade de fazê-lo em uma clínica naturista.

Mioma uterino: Se você quiser evitar a cirurgia de extirpação do útero, precisa saber que, dependendo do tamanho do mioma e de sua localização (intramural ou extramural), o tratamento natural pode ser eficaz ou não. Ele sempre terá de iniciar-se com pelo menos 7 dias de dieta líquida, pois é durante esta dieta que o corpo tende a eliminar as matérias estranhas, no caso o mioma. Como os miomas consistem de uma massa bem mais densa que a dos cistos, a perseverança precisa ser maior: o regime crudívoro, o semicúpio de 30 minutos e o cataplasma de dolomita fria precisam ser mantidos por vários meses. Por isto é melhor não tentar o tratamento natural se o mioma estiver provocando hemorragia. Consulte o seu médico sobre a melhor conduta neste caso.

Tensão pré-menstrual: Três dias antes do provável início da menstruação, faça um dia de monodieta de melancia. Isto elimina a retenção de líquido, fator que produz boa parte dos sintomas da TPM. Até o início da menstruação, use uma dieta leve, com o mínimo de sal possível, porém rica em cereais integrais e mel. Carboidratos concentrados produzem serotonina, que é o hormônio da calma. Procure também tomar banhos de sol, que produzem o mesmo efeito. Chás calmantes como erva-cidreira, melissa, alface ou maracujá, e o uso diário de 2 cápsulas de cava-cava, um calmante natural encontrado em farmácias de ervas, também podem ajudá-la. Aplique um semicúpio de 15 a 20 minutos de duração durante o período pré-menstrual. A médio prazo uma alimentação saudável e o uso diário do óleo de prímula em cápsulas podem produzir grande alívio do incômodo.

Sintomas indesejáveis na menopausa: Considere a menopausa como uma fase normal da sua vida e não como uma doença. Para sentir o mínimo possível de indisposição, faça as adaptações necessárias em seu estilo de vida nesta nova fase. Seguem-se algumas sugestões: exercícios respiratórios – inspirando profundamente pelo nariz e expirando completamente pela boca, várias vezes ao dia – refrescam o organismo todo, diminuindo a tendência a sentir ondas de calor. Este efeito benéfico pode ser aumentado quando você ingere aproximadamente 2 litros de água pura e fresca por dia e toma banhos frios sempre que o clima permitir. Quanto menor a soma das calorias do alimento ingerido, tanto menos ondas de calor ou "fogachos" você sentirá. Experimente intercalar um dia de dieta líquida, de frutas ou de alimentos crus (frutas e saladas em refeições alternadas) de vez em quando, e sinta a diferença. O semicúpio ou banho vitalizante tem demonstrado ser muito útil. Este tratamento, além de refrescar o corpo, tende a renovar as funções dos órgãos do baixo-ventre, inclusive dos ovários. Use na alimentação, regularmente, os alimentos que contêm fitoestrógenos. Além de fornecer certa quantidade de estrógenos, que os seus ovários estão produzindo a menos, eles possuem a capacidade de regular o nível deste hormônio, por produzirem os estímulos naturais ideais. Alguns destes alimentos são: soja (que pode ser servida em saladas, cozida ou em sua forma mais prática: aproximadamente 30g de "tofu" por dia), inhame, bardana, todos os cereais integrais, todas as sementes, tais como gergelim, linhaça, sementes de girassol ou de abóbora, germe de trigo e brotos de trigo, de feijão ou de alfafa. As sementes e os brotos são ricos em vitamina E natural. Em alguns casos, os médicos têm prescrito o óleo de germe de trigo em cápsulas, sendo comum tomar-se até 9 cápsulas de 250mg ao dia, nos primeiros meses, ou até os fogachos desaparecerem. Reduz-se esta quantidade então para 6 cápsulas e depois para 3 cápsulas ao dia, como dose de manutenção. Alguns especialistas recomendam tomar o chá de folhas de amoreira. Em muitos casos, é útil acrescentar-se diariamente 3 cápsulas do óleo de prímula (Evening Primrose), 2 cápsulas de inhame-do-méxico e 1 cápsula do milenar medicamento herbal Dong Quai (*Angelica sinensis*). Ou adquira um composto natural de todas estas ervas em drágeas, como o Pró-Estron, importado dos Estados Unidos. Para repor a progesterona deficiente, o ideal é conseguir em farmácias de manipulação um creme composto de inhame-silvestre-do-méxico, ginseng siberiano, actéia negra, bardana, *aloe vera* e óleo de jojoba ou abacate. Este creme deve ser esfregado na pele do abdome, das axilas, das mamas e das coxas, alternadamente, durante 12 dias consecutivos por mês. Tudo isto vai ajudá-la. Experimente até encontrar o melhor esquema para seu bem-estar pessoal.

Leucorréia (corrimento vaginal): Se a leucorréia for de cor amarelada, deve ser tratada com banhos de assento de cavalinha com adição de um copo grande de vinagre, três vezes por semana. Diariamente aplique uma ducha vaginal com 2 litros de chá de tanchagem e 4 colheres de sopa de vinagre, durante 7 dias. Faça o semicúpio de 30 minutos pelo período de 2 semanas e beba 3 xícaras de chá de tanchagem por dia. Se o corrimento for branco, a causa costuma ser uma candidíase (fungos). Neste caso, o banho de assento deve ser feito com chá de carqueja ou de guaçatonga com barbatimão e a ducha vaginal também, com adição de caulim (4 colheres de sopa na ducha), em lugar do vinagre. Como a causa desta moléstia é muitas vezes a putrefação intestinal, é necessário adotar uma alimentação natural e cuidar bem da função intestinal.

Prostatite e outros sintomas da andropausa: Se houver um quadro de micções freqüentes, jato de urina fraco ou entrecortado, às vezes com sensação de dor ou peso na região, é tempo de consultar seu urologista, que pedirá exames para verificar o tipo de obstrução. A maioria dos homens após os 45 anos apresenta alguns destes sintomas, mas nem sempre torna-se necessário realizar uma cirurgia. Banhos de assento quentes, seguidos de 15 minutos de semicúpio, cataplasmas de dolomita morna, no local, em forma de "T", e o uso diário de uma alimentação especial rica em vitamina E podem melhorar os transtornos na maioria dos casos. Sua dieta deve conter muita salada, com tomate, alho e brotos de feijão ou de alfafa, e molho de tomate caseiro, por causa do licopeno. Além disto deve ser rica em sementes: linhaça moída, sementes de abóbora, de girassol, de gergelim e cereais integrais. Use também o óleo de germe de trigo em cápsulas (de 4 a 6 por dia, após as refeições), uma maneira especialmente eficaz de receber a vitamina E natural, por ser mais concentrada do que no trigo em grão. Cuide bem da sua função intestinal e procure eliminar o excesso de peso. Tome cuidado também para não expor a região genital ao frio prolongado. Por isso, o semicúpio deve ser de somente 15 minutos e sempre após o aquecimento pelo banho de assento. Este tratamento também pode ajudá-lo quando a vitalidade sexual começa a declinar. (Veja mais orientações no capítulo Prepare-se para a terceira idade.)

Esterilidade conjugal: Antes de ficar desanimado quando não ocorre uma gravidez após vários anos de casamento, tente estas medidas simples, que têm dado um resultado feliz em diversos casos que já acompanhamos: primeiro verifique se é o marido ou a mulher que está com problemas; ele ou ela deve então passar para uma alimentação vegetariana natural, bem rica em sementes, além de tomar 9 cápsulas de óleo de germe de trigo por dia, após as refeições, e aplicar o semicúpio de 30 minutos diariamente por aproximadamente 3 meses. No caso de ser o marido, ele deve passar a usar roupas íntimas folgadas para não prejudicar a produção de espermatozóides pelo aquecimento indevido dos testículos. O tratamento tem dado resultado em cerca de 3 meses. É claro que nem sempre funciona, mas a tentativa é extremamente válida!

Retenção urinária: Para aliviar rapidamente este mal-estar, faça um banho de assento de calor crescente com fricção suave na região dos rins e da bexiga. Algumas horas depois aplique um semicúpio de 30 minutos. Tome 3 xícaras de chá de quebra-pedra, folha de abacateiro e/ou cabelo de milho. Não use sal e dê preferência à dieta de frutas, principalmente à monodieta de melancia, que é muito diurética. No dia seguinte repita o tratamento. Se estas medidas não resolverem a anomalia dentro de 48 horas, procure assistência médica.

Cálculos renais: Às vezes eles estão ali há diversos anos, sem provocar sintomas. É quando se deslocam para sair que começam as dores, porque freqüentemente os cálculos são maiores do que a luz das vias urinárias (ureteres e uretra). Para auxiliar a sua passagem, torna-se necessário, portanto, dilatar ao máximo as vias. A primeira providência será aplicar um enema (clister) de um litro de água quente (38-39ºC), cujo calor terá ação reflexa sobre as vias urinárias, dilatando-as. Em seguida, faça um banho de assento de calor crescente, que deve durar 20 minutos, mas pode ser prolongado pelo tempo que for necessário e suportável. Muitas vezes ele dá grande alívio por relaxar toda a região dolorida. Se sentir necessidade de urinar durante o banho, não interrompa o relaxamento das vias por levantar-se do banho quente e ir até o sanitário. Solte a urina e talvez, junto com ela, o cálculo. Beba muito chá diurético quente e não coma nada durante a crise. Depois do banho de assento, peça a alguém que lhe faça a seguinte massagem de zonas reflexas: com o dedo médio aplicam-se traços lentos e firmes em sentido horizontal entre a coluna vertebral e a omoplata, do mesmo lado da dor, durante uns 15 minutos.

Em alguns casos esta massagem tem resolvido a situação. Previna-se contra novas crises, abandonando o fumo, se for o caso, e bebendo pelo menos 2 litros de água imantada por dia. (Ver capítulo O uso inteligente da água.)

Cistite (inflação da bexiga): Tome 3 xícaras de chá de cavalinha ao dia, acrescentando 30 gotas de própolis a cada xícara. Tome um banho de assento quente com chá de cavalinha ao qual você acrescentou 1 copo grande de vinagre e faça diariamente um cataplasma de dolomita quente sobre a região da bexiga. Procure tomar um banho de sol todos os dias diretamente sobre a pele do baixo-ventre. A dieta ideal é a dieta de frutas por 2 a 3 dias. Se isto não for possível, aumente a proporção de alimentos crus e não use sal. Faça enemas (clisteres) de chá de camomila bem quentes (até 39ºC) para aquecer a bexiga pelo interior do abdome. Beba muita água, o que aliviará rapidamente o mal-estar na bexiga e ajudará a eliminar muitas bactérias. Tomar extrato de Uva Ursi, 10 gotas três vezes ao dia, também ajuda. Se for uma infecção crônica, que nada parece resolver, tente a "Dieta do balanço" (ver capítulo Dietas terapêuticas).

Sangue e sistema circulatório

Colesterol e triglicérides elevados: Ver a dieta de redução do colesterol e triglicérides no capítulo Dietas terapêuticas.

Ácido úrico elevado: Ver a dieta de redução do ácido úrico no capítulo Dietas terapêuticas.

Anemia: Veja a dieta específica no capítulo Dietas terapêuticas.

Hipertensão arterial (pressão alta): Se os medicamentos que você toma não estiverem fazendo efeito satisfatório, mantenha-se em repouso no leito por um dia, elimine a prisão de ventre, se for o caso, pela aplicação de um clister, tome somente líquidos ou coma apenas frutas, em especial a melancia. Beba 3 xícaras de chá de sete-sangrias e de folhas de chuchu, além de 3 copos de suco de alho por dia. Receita: Bata no liquidificador 1 dente de alho médio com o suco de um limão pequeno e 1/2 copo de água; coe e tome imediatamente, distante das refeições. Aplique a "faixa alta" (ver capítulo A prática da hidroterapia, item Compressas aquecedoras). Nas semanas seguintes, adote um estilo de vida mais saudável (evite o fumo e as bebidas alcoólicas, não use sal, ou use somente sal dietético sem cloreto de sódio, dispense a carne, o café, as conservas e os condimentos fortes, os refrigerantes à base de cola e guaraná. Dê preferência a cereais integrais, frutas e verduras cruas, nozes e castanhas, queijo-de-minas fresco e iogurte natural. Use bastante salada de folhas verdes, pois foi comprovado que o potássio que elas contêm ajuda a baixar a pressão arterial). Continue tomando 3 copos de suco de alho e 3 xícaras de chá de sete-sangrias ou folhas de chuchu por dia. A "faixa alta" deve ser aplicada à noite e, se possível, também no meio do dia. Crie o hábito de fazer uma caminhada de uma hora, à tarde, todos os dias. Se estiver com excesso de peso, procure eliminá-lo. A experiência comprova que a cada cinco quilos eliminados a pressão arterial baixa dois pontos. Procure evitar o estresse excessivo e superar conscientemente a sua ansiedade. Banhos mornos, respiração profunda, exercícios de relaxamento muscular e automassagens podem ajudar muito no controle das tensões. Procure também normalizar o repouso noturno e faça pequenas pausas em seu trabalho durante o dia. Programe fins de semana e férias relaxantes. Quando tiver conseguido normalizar a sua pressão arterial, procure a orientação de seu médico para a retirada gradativa dos medicamentos. E, daqui para a frente, mantenha o estilo de vida saudável!

Hipotensão arterial (pressão baixa): Programe-se para sempre iniciar o dia com uma massagem de escova e uma fricção com luva fria. Se possível, faça uma boa caminhada logo cedo, pela manhã. Se não puder, faça exercícios respiratórios, alongamentos e alguns minutos de corrida sem sair do lugar, para ativar a circulação, e planeje a caminhada para a tarde. Aplique diariamente o escalda-pés alternado durante várias semanas seguidas. Coma 5 azeitonas verdes por dia, com a salada do almoço. Na crise, caso sinta tonturas, deite-se de costas, sem travesseiro. Tome uma colher de mel de abelhas conservando-o na boca por dez minutos antes de engolir. Assim ele fará efeito mais rápido. Ao mesmo tempo, aperte o ponto de junção do seu polegar e do seu indicador da mão esquerda com o polegar direito, repetidas vezes, apertando e soltando, por dois minutos. Levante-se devagar.

Palpitações: Deite-se, procure relaxar, e coloque uma compressa gelada sobre a região do coração por 15 minutos. Isto pode ser repetido de 2 a 3 vezes ao dia. Outro tratamento indicado é o banho de braços frio de 3 a 5 minutos de duração, três vezes ao dia (este tratamento não deve ser aplicado se houver insuficiência das coronárias, isto é, estreitamento das artérias do coração). Beba chás calmantes como o de alecrim, melissa ou valeriana e tome 10 gotas de extrato composto de *crataegus*, cáctus e passiflora, três vezes ao dia. Procure identificar e resolver alguma ansiedade oculta. Se o incômodo persistir, procure o seu cardiologista.

Má circulação periférica (pés frios): Programe-se para fazer um escalda-pés alternado todos os dias por seis semanas seguidas. Adicione um chá de carqueja bem forte à água quente. Massageie os pés cada vez que sentir que estão gelados. Se for possível, faça uma sauna, seguida de ducha escocesa, uma vez por semana. A massagem de zonas reflexas, aplicada por fisioterapeuta especializado, é excelente para desbloquear as tensões nas artérias que conduzem o sangue aos pés. É indispensável fazer uma caminhada diária de pelo menos 40 minutos. Adote uma alimentação saudável e tome ginkgo biloba em cápsulas ou sob a forma de chá.

Varizes: São veias deformadas pela atrofia dos pequenos músculos que sustentam as suas paredes. Se conseguirmos que estes músculos recuperem seu vigor, seu tônus muscular, teremos uma boa melhora das varizes. Há duas maneiras de estimular estes músculos: por meio de caminhadas, subida de escadas e outros exercícios com as pernas, e por meio da aplicação diária de um escalda-pés alternado. Para aliviar a dor e diminuir o tamanho das varizes, aplique um cataplasma de dolomita fria de uma hora, sempre que puder. Cuide bem da função intestinal. A obstipação crônica piora esta moléstia. Tome chá de castanha-da-índia, e use um creme feito com esta mesma erva para as pernas, massageando-as suavemente de baixo para cima. Além disso, faça o seguinte exercício: deitado de costas, apóie os pés na parede, num ângulo de 90 graus, por trinta minutos, duas vezes ao dia; em seguida, ainda deitado de costas, "pedale" cinqüenta vezes, com movimentos amplos e lentos. Adote uma dieta vegetariana bem natural, incluindo muitas frutas e verduras cruas. Evite ficar em pé por muito tempo. Quando estiver sentado, apóie os pés em um banquinho, sempre que for possível. Se o resultado ainda deixar a desejar, procure um angiologista que aplique o tratamento da esclerose das varizes, um procedimento realizado sem dor nem anestesia, aplicado com uma seringa ultrafina.

Hemorróidas: O mais importante no caso é obter uma função intestinal perfeita (ver o item Constipação intestinal). Para aliviar dores, prurido e sangramento, sente-se em uma bacia com 20 cm de água gelada por dez minutos, várias vezes ao dia (a quantidade de água deve ser pequena, devendo abranger somente a área afetada). O cataplasma de dolomita fria no local também melhora rapidamente a inflamação. Tome hamamélis em extrato ou em cápsulas. À noite, introduza um supositório de babosa no ânus e permaneça deitado para que a erva possa ser completamente absorvida. Prepare o supositório como segue: corte um pedaço de uma folha de babosa fresca e coloque-a no congelador por algumas horas. Antes de usá-la, descasque-a e molde rapidamente um supositório, enquanto ainda estiver congelada. Repita o tratamento por vários dias.

Sistema nervoso central

Estafa, depressão, ansiedade, insônia, falta de memória: Todos os problemas do sistema nervoso central melhoram com a aplicação diária do semicúpio de 30 minutos. Isto ocorre porque esta massagem com água fria revitaliza os inúmeros nervos do plexo solar que se encontram no abdome e, assim, por ação reflexa, revigora todo o nosso sistema nervoso. Também é muito importante seguir uma dieta saudável para garantir uma nutrição correta para os nervos. Oriente-se pelo regime de saúde básico, no capítulo Dietas terapêuticas. Tome de 4 a 6 comprimidos de lêvedo de cerveja e 2 cápsulas de lecitina de soja de 500mg por dia, após as refeições, por 3 meses. O lêvedo é rico em complexo B e a lecitina reconstitui a bainha dos nervos. Ambos são revitalizantes eficazes do sistema nervoso. Se for possível, caminhe descalço sobre a grama molhada pelo orvalho por 5 a 10 minutos, respirando profundamente, todas as manhãs. Pratique exercícios físicos diariamente, começando com pequenas caminhadas e prolongando-as à medida que for se acostumando. Pegue sol pela manhã, antes das dez horas, e termine com uma fricção de toalha molhada no corpo inteiro. Sempre que possível, mantenha contato com a terra, as plantas e com a natureza em geral. Olhe para o horizonte ao longe, para colinas, rios ou lagos. Isto descansa a vista e também os nervos. Relaxe conscientemente a musculatura das costas, ombros e nuca, toda vez que se lembrar de fazê-lo. Aprenda e pratique as técnicas de relaxamento geral. Não tome café, nem refrigerantes com guaraná ou cola, nem bebidas alcoólicas e dispense o cigarro. Procure dormir o mais cedo possível, pois a revitalização do sistema nervoso central ocorre na fase do sono profundo, que antecede a meia-noite. Programe-se para conseguir tomar sauna e uma massagem relaxante uma ou duas vezes por semana. Para obter um resultado ainda melhor, siga estas sugestões para cada problema específico:

Na depressão, tome 3 xícaras de chá de hortelã ou de menta, acompanhadas por uma cápsula de erva-de-são-joão (*Hypericum perforatum*) por dia, antes das 16h. Talvez seja necessário tomar uma xícara de chá calmante antes de deitar (veja lista no próximo item). Faça um esforço para sorrir e abrace alguém.

Na ansiedade, na angústia e na tensão nervosa, é útil beber 3 xícaras de chá calmante por dia (por exemplo alecrim, talo de alface, folhas ou flores de maracujá, valeriana, melissa, capim-cidreira) entre as refeições e uma xícara de chá de lúpulo antes de deitar. Um ansiolítico natural muito eficaz é o cavacava, que se encontra em farmácias especializadas, e do qual geralmente se tomam 2 cápsulas por dia. Se não lhe for possível usar os chás calmantes durante o dia, pelas circunstâncias do seu trabalho, procure drágeas ou cápsulas de ervas calmantes.

A falta de memória pode ser um sinal de que a mente está sobrecarregada e precisa de repouso; neste caso dê-lhe uma folga! Mas pode também ser um sinal de que a circulação sangüínea está deficiente nas artérias cerebrais; neste caso, o que mais ajuda é fazer o escalda-pés alternado e tomar 3 cápsulas de ginkgo biloba diariamente por 2 a 3 meses. Outras vezes, trata-se de deficiência de fósforo no cérebro. Para receber um suplemento natural de fósforo, tome diariamente o suco de uma cebola grande misturado a igual quantidade de suco de limão puro. Coloque-o em um pote de vidro bem fechado e tome 1 colher de sopa de hora em hora entre as refeições. O suco de nabo também é excelente, pois ativa o metabolismo cerebral, melhorando a memória. Siga este tratamento por 15 dias.

Se você tiver insônia, o jantar deve ser ingerido bem cedo e consistir preferencialmente de frutas e torradas de pão integral ou de uma sopa leve, sem nenhuma proteína. O motivo para a aquisição deste hábito saudável é que a presença de proteínas no aparelho digestivo inibe por várias horas a produção de serotonina, substância imprescindível para o sono tranqüilo. Procure tomar sol todos os dias para aumentar a produção de serotonina. Antes de deitar, tome um longo banho de chuveiro morno ou faça um escalda-pés alternado para derivar a congestão de sangue do cérebro para os pés. Tome duas xícaras de um dos chás calmantes citados na página anterior ou de chá de lúpulo, neste caso o mais eficaz. Algumas pessoas conseguem adormecer melhor quando comem uma maçã antes de se recolher, mastigando-a lentamente. Ao deitar-se, procure uma posição bem cômoda no leito e relaxe conscientemente. Seu quarto precisa estar bem ventilado. Às vezes, a aplicação de uma compressa fria ao longo da coluna vertebral ajuda a relaxar. Para isto, forre a cama com plástico, cubra-o com uma toalha seca, e sobre ela coloque uma toalha de rosto molhada em água fria e bem torcida, dobrada em três partes, ao comprido; deite-se sobre ela, abrangendo a coluna vertebral desde a nuca até o cóccix. Não tema a insônia e não tente forçar-se a dormir, mas imagine-se dormindo. Permaneça deitado relaxadamente, mesmo que o sono demore a chegar. Já se comprovou que o relaxamento prolongado produz 50% dos benefícios do sono, no mesmo espaço de tempo.

Os tratamentos naturais caseiros são muito mais fáceis de aplicar do que pode parecer à primeira vista. E os resultados são tão gratificantes que você nunca mais vai querer dispensá-los. O importante é começar a ensaiá-los e depois usá-los para conhecer seu valor por experiência própria!

Se você sentir que precisa de ajuda, e se acha incapaz de seguir as orientações sozinho, pense na possibilidade de passar um período de repouso orientado em uma clínica naturista, onde você receberá todos os tratamentos necessários, com acompanhamento de profissionais de saúde compreensivos, em um ambiente que favorece o relaxamento de sua tensão.

Lista de material necessário para a aplicação dos tratamentos caseiros

- Para o banho de tronco: 1 banheira especial de assento feita de inox ou de fibra de vidro, 1 bacia de 10 litros, 1 chaleira de 2 litros.
- Para o pedilúvio crescente: 1 balde de 20 litros, 1 chaleira de 2 litros.
- Para o escalda-pés: 2 baldes de 20 litros, 1 chaleira de 2 litros.
- Para o banho de braços: 1 pia bastante grande ou 1 banheira de bebê.
- Para a lavagem intestinal (enema, clister): 1 vaso irrigador de 2 litros, 1 mangueira de aproximadamente 1,5m de comprimento, 1/2 dúzia de sondas descartáveis, tipo retal

ou uretral nº 18 para adultos ou mais fina para um clister infantil, vaselina para lubrificar a sonda.

- Para as fomentações: 1 fogareiro elétrico ou a gás, 1 panela de 20cm de diâmetro, com tampa, 1 peneira de metal deste mesmo tamanho, 4 toalhinhas do tipo visita, 1 toalha de banho.
- Para as vaporizações: 1 vaporizador, as essências indicadas para cada caso; ou 1 fogareiro elétrico e 1 panela com o chá que foi prescrito.
- Para o jato de vapor: 1 panela de pressão de 4 litros, 1 mangueira de borracha de 40cm de comprimento.
- Para a massagem de escova e a fricção: 1 escova de cabo curto, 1 escova de cabo longo (ambas feitas com cerdas naturais), 1 luva de banho atoalhada ou uma toalhinha felpuda.
- Para a faixa alta: 1 faixa de tecido de algodão de 40 x 100 (a 130) cm de comprimento.
- Para a faixa abdominal: 1 faixa de tecido de algodão de 30cm de largura por 100 a 130 cm de comprimento.
- Para as compressas na garganta, tornozelo, pulso, testa, região precordial etc.: 2 faixas de tecido de algodão de 20 x 40cm, que podem ser dobradas ao meio ou em quatro partes, conforme a indicação; ou 1 toalhinha tamanho visita.
- Para as compressas nas pernas: 1 faixa de tecido de algodão de 40 x 80cm; ou uma toalha de rosto.
- Para o envoltório geral ou suadouro: 1 faixa de 120 a 130cm de largura por 100 a 130cm de comprimento para adultos; 1 faixa de 70 a 90cm de largura por 80 a 100cm de comprimento para crianças.
- Para aplicações diversas: 1 termômetro de banho (na falta do termômetro clínico, adquirir um do tipo que se usa para banho infantil); 3 bolsas de água quente de borracha; 3 a 5

plásticos de diversos tamanhos para forrar a cama; 4 toalhas de rosto; 2 toalhas de banho; 4 toalhinhas de mão; 2 lençóis de algodão; 3 a 4 cobertores.

- Adquira ainda: Diversas faixas de tecido de lã, flanela grossa ou moletom soft, para envolver as compressas ou cataplasmas, em tamanhos correspondentes às suas necessidades. Elas devem cobrir a faixa de algodão e ultrapassá-la em 3cm de cada lado, isto é, devem ser 6cm maiores do que a faixa de algodão, tanto na largura quanto no comprimento.

Se houver necessidade de apenas um ou outro tratamento, é suficiente adquirir o material específico para aquela determinada aplicação.

MEDICAMENTOS NATURAIS

Todos os anos, vemos publicadas nos jornais longas listas de remédios retirados de circulação por ter sido descoberto que são "ineficientes e/ou prejudiciais". Medicamentos que até ontem foram prescritos pelos médicos, e utilizados com confiança pelos pacientes, hoje estão na lista negra, sendo condenados como remédios perigosos. Não é de admirar que muitas pessoas fiquem temerosas de usar tais drogas, ainda mais quando começam a ler em suas bulas as contra-indicações e os possíveis efeitos colaterais. Nesse ponto ouvem falar em medicamentos naturais e resolvem mudar de rumo para nunca mais entrar em uma farmácia alopática. Certamente não é bom assumir uma posição radical como esta; há muitos medicamentos quimicamente desenvolvidos que se mostram necessários e eficientes, inclusive muitos deles preparados a partir de princípios ativos extraídos de plantas medicinais. O Brasil exporta anualmente centenas de milhares de toneladas de ervas medicinais para a França e a Suíça. Ali os laboratórios as transformam em cápsulas e comprimidos de grande valor terapêutico.

Por outro lado, traremos somente vantagens para a nossa saúde se pudermos encontrar, entre os remédios naturais, a solução para nossa moléstia, porque na maioria das vezes eles não apresentam efeitos colaterais perigosos. Isto se deve à sua preparação mais simples e menos concentrada, sem adição de substâncias químicas, e à sua origem exclusivamente natural. Lembre-se, porém, de que nenhum medicamento, mesmo natural, deve ser tomado por conta própria. O princípio ativo das plantas é um elemento químico que produz alterações no sangue e nas funções orgânicas. Isto pode ser benéfico se houver conhecimento exato da natureza de sua doença e do medicamento natural específico para curá-la, mas pode trazer complicações em caso de erros. O melhor caminho é buscar sempre a prescrição médica.

Relacionamos a seguir alguns itens que você poderá encontrar nas prateleiras das farmácias de ervas e das lojas naturistas:

PRODUTO	PROPRIEDADES MEDICINAIS ATRIBUÍDAS
Algas marinhas (terra branca)	Ativa a glândula tireóide, por sua riqueza em iodo natural; auxilia no processo de emagrecimento por estimular o organismo como um todo.
Caulim	É alcalinizante, cicatrizante das mucosas e carminativo (atua contra gases).
Cavacava	Calmante natural em casos de agitação, ansiedade e angústia. Não provoca dependência.
Cloreto de magnésio	Reduz dores nas articulações, inclusive em casos de artrose, dor ciática, bicos-de-papagaio. Parece dissolver os depósitos anormais de cálcio.
Dolomita em pó	Pó de pedra contendo cálcio e magnésio na proporção ideal; previne câimbras, ataques cardíacos e osteoporose. É antiinflamatória e analgésica quando usada sob a forma de cataplasmas. Dá bom resultado na azia e dor de estômago quando ingerida com chás medicinais.
Enzimas naturais (líquido)	É produzido pela fermentação de diversas frutas e verduras com açúcar. Seu uso melhora a assimilação dos nutrientes e faz as pessoas magras aumentarem de peso gradativamente. Não usar em casos de diabetes.
Erva-de-são-joão (*Hypericum perforatum*)	É um antidepressivo natural que não provoca dependência.
Extrato de abútua ou de agoniada	Antiespasmódico em casos de cólicas menstruais ou intestinais.

Extrato de guaçatonga	É cicatrizante e antiinflamatório.
Extrado de própolis	Resina colhida pela abelha, que a mistura com um antibiótico natural de sua produção, para usá-la na calafetação da colméia. Desta resina o laboratório faz um antibiótico natural, usado na prevenção e tratamento de várias infecções, por ser estimulante do sistema imunológico e antimicótico.
Fibras de trigo e biscoitos de fibras	Estimulantes dos movimentos intestinais, o que auxilia naturalmente na eliminação das fezes.
Geléia real	É o alimento exclusivo da abelha-mãe, rainha da colméia, e responsável pelo seu tamanho (o dobro das abelhas comuns), sua longevidade (2-3 anos em vez de 45 dias) e sua fecundidade (ela põe até dois mil ovos por dia). Trata-se de um poderoso restaurador de energias para pessoas debilitadas, idosas ou anêmicas. Pode ser encontrada pura, ou misturada com mel, ou desidratada, em cápsulas.
Ginkgo biloba	Ativa a circulação sangüínea. Vários medicamentos alopáticos o utilizam como princípio ativo, com a mesma indicação, porém com maior concentração.
Ginseng e Pfaffia panniculata	Tônicos do sistema nervoso e calmantes da dor nos casos de doenças reumáticas.
Guaraná em pó	Contém forte concentração de cafeína, o que o torna um excitante do sistema nervoso central; ativa todas as funções orgânicas, mas seu uso não é recomendável, a não ser em casos muito especiais, por produzir sérios efeitos colaterais e, normalmente, não possuir valor terapêutico algum, agindo apenas sobre os sintomas.
Lecitina de soja	Proporciona a diminuição do colesterol e dos depósitos de gordura nos tecidos, a redução de cálculos biliares e a reconstituição da camada de lecitina na bainha dos nervos, o que a torna útil no combate ao estresse.
Levedura de cerveja	Rica em vitaminas do complexo B; purifica o sangue em caso de furunculose e espinhas; é estimulante do apetite e benéfica para o sistema nervoso.

Loção de erva-baleeira com cânfora	Eficiente antiinflamatório e analgésico de aplicação local.
Mel com própolis e eucalipto e/ou agrião e/ou bromelina	Reúne as propriedades dos seus componentes para casos de tosse, gripe, resfriados. Existem diversas marcas de xaropes compostos à venda.
Óleo de fígado de bacalhau	Rico em vitamina D; serve para prevenir a osteoporose e o raquitismo, pois propicia a fixação de cálcio nos ossos. Entretanto, há risco de aumentar o colesterol, por conter gordura animal.
Óleo de germe de trigo	Rico em vitamina E, é útil na menopausa, na andropausa e em casos de esterilidade conjugal. É energético e combate os radicais livres.
Óleo ou extrato de alho	Diminui a pressão arterial; previne gripes e outras infecções.
Pomadas de própolis (algumas com mel ou confrei)	São cicatrizantes, antipruriginosas, usadas contra espinhas, furúnculos, herpes e micoses.
Pomada de veneno de abelha	Eficaz quando usada em fricções, para reumatismo e artrite, por estimular as autodefesas no local afetado.
Sementes de linhaça	Possuem efeito semelhante às fibras, como laxante suave.
Stévia em pó	Adoçante natural sem calorias. Reduz a glicose no sangue e, portanto, é indicada para os diabéticos. Recomendamos procurar o pó de cor cinza, que seria o pó natural das folhas, ou comprar as próprias folhas e fazer o chá.

Além destes produtos existe no mercado uma infinidade de extratos e cápsulas, contendo pós de plantas medicinais, vitaminas e minerais, que são usados como diuréticos, calmantes, emagrecedores, afrodisíacos, reconstituintes do sistema nervoso... Mas não seria prudente usarmos todos estes remédios naturais, mesmo que sofrêssemos de todas as moléstias que eles prometem curar. Pois se assim fizermos estaremos incorrendo exatamente no erro que a medicina natural se propõe a combater: tratar dos sintomas em lugar de atacar e vencer as causas. Além disto, estaríamos incorrendo no risco de intoxicar o nosso sangue com o excesso de substâncias novas e que talvez sejam discordantes entre si. Se, em nosso entusiasmo de termos encontrado suplementos alimentares naturais contendo cálcio, vitaminas B, D e E, magnésio, zinco, potássio etc., tomarmos todos estes suplementos, imagine só como ficaria nosso sangue! Sobrecarregado de determinados sais minerais e vitaminas, ele estaria em risco de perder seu equilíbrio químico, uma vez que certos elementos, quando ingeridos em excesso, chegam a antagonizar outros nutrientes.

Como nossa cultura nos habituou a buscarmos a cura através de cápsulas e comprimidos, achamos a transição mais fácil quando descobrimos as cápsulas naturais. Dizem que "sendo natural, não faz mal". Concordo, desde que você saiba avaliar corretamente a substância da qual necessita e que a sua apresentação e a maneira de utilizá-la sejam, em sua essência, verdadeiramente naturais.

Alguns exemplos: Seria mais natural comer pão de trigo integral com o germe do que engolir cápsulas de óleo de germe de trigo; tomar banho de sol para produzir vitamina D do que recebê-la pelo óleo de fígado de bacalhau; e mais natural usar alho picado na salada do que engolir cápsulas de extrato de alho. Também seria mais natural tomar o chá de folhas de carqueja ou losna quando estamos com problemas no fígado e bem menos natural usar um extrato alcoólico destas plantas.

FARMÁCIA NATURAL CASEIRA

MEDICAMENTO	USO
Água boricada	Para a lavagem dos olhos.
Água oxigenada	Para a desinfecção de pequenos ferimentos.
Água vegeto mineral	Em compressas, no caso de entorses ou contusões.
Algodão, esparadrapo e gaze	Para pequenos ferimentos externos.
Carvão vegetal	Neutraliza as toxinas no aparelho digestivo; pode ser usado em casos de diarréias, gases, cólicas e intoxicação alimentar.
Cáscara-sagrada (em cápsulas)	Laxante. É prático para ser levado em viagens. Use 1 a 2 cápsulas à noite para conseguir o esvaziamento intestinal na manhã seguinte. Pode provocar cólicas. Não deve ser usado com freqüência.
Caulim (terra branca, purificada em laboratório, para uso interno)	Cicatrizante, alcalinizante e antiinflamatório: Acrescente 1 colher (sobremesa) a cada xícara de chá de camomila ou malva, em caso de gastrite, colite, úlceras do estômago ou duodeno (atua contra gases). Faça bochechos em inflamações da boca. Pulverize para combater frieiras nos pés. (Ver pág. 280.)
Dolomita em pó	Ver pág. 280.
Essência de eucalipto ou de camomila	Para inalação com vaporizador elétrico.

Extrato de arnica	Para hematomas e contusões. Misture algumas gotas no cataplasma de dolomita ou argila e aplique no local. Tome 10 gotas diluídas em água três vezes ao dia para diminuir as dores articulares e musculares.
Extrato de própolis	Adultos: usar 30 gotas em 1/2 copo de água três vezes ao dia, em caso de resfriados, gripes, cistites e infecções em geral. Crianças: metade da dose, conforme a idade (ver a bula). Pode ser aplicado puro para desinfecção de pequenos ferimentos, bem como em micoses nas unhas e entre os dedos. Em caso de aftas, aplicá-lo no local com um cotonete.
Glicerina pura	É útil para compor o xarope caseiro contra tosse e para banhar unhas quebradiças.
Levedura de cerveja	Ver pág. 281.
Loção de erva-baleeira com cânfora	Para dores articulares, reumáticas, dor ciática, entorses, contusões. Massageie a região com o creme até que ele desapareça. Pode ser aplicado também em picadas de insetos, com bons resultados. (Ver pág. 282)
Mel de abelha	Tome 1 colher (sopa) em caso de queda de pressão arterial, ou com chá quente, limão e alho, em resfriados e tosses.
P-10 (Peróxido de hidrogênio a 10 volumes, próprio para ingestão)	Lavagem dos olhos ou pálpebras: 4 gotas sobre um tufo de algodão molhado em água boricada. Coadjuvante no tratamento de gastrites e úlceras do estômago: ingira de duas em duas horas 20 gotas em 1 copo de água. Preventivo de gripes, resfriados e outras infecções; combate a disbiose, normalizando a flora intestinal. Nestes casos, tome 20 gotas em 1 copo de água, três vezes ao dia, fora das refeições.
Pasalix ou Passiflorine	Drágeas de ervas calmantes.

Pneumonex	Xarope expectorante com bromelina. Adultos: usar 3 a 4 colheres (sopa) por dia, em caso de tosse. Crianças: reduzir a dose, conforme a idade.
Pomada de própolis	Ver pág. 282.
Sementes de linhaça	É um laxante suave. Deixe de molho à noite 2 colheres (sopa) em 1 copo d'água e coma pela manhã, em jejum, juntamente com 4 ameixas pretas. Ou então triture no liquidificador, sem água, e espalhe 2 a 4 colheres (sopa) desta farinha sobre os alimentos.
Sulfato de magnésio (sal amargo)	É um laxante forte. Use 1 colher (sopa) cheia em 1 copo de água com limão em caso de prisão de ventre ou logo no início de uma doença febril. Para crianças, use 1/2 a 1/4 da dose, conforme a idade.
Vick Vaporub	Para fricções no peito e costas, em casos de tosse e bronquite.
Vinagre de maçã	Aplique em um tufo de algodão e aspire cem vezes seguidas em caso de dor de cabeça. Passe na pele, diluído com água em partes iguais, para combater pruridos ou após o banho para prevenir doenças da pele. Use nas axilas como desodorante. Para gargarejos, use 1 colher (sopa) em 1/2 copo de salmoura quente no caso de inflamação da garganta.

A farmácia caseira deve conter ainda diversos chás de ervas, sempre guardados em potes fechados.

Estes chás e medicamentos naturais poderão representar um grande alívio em casos de pequenas indisposições que ocorrem no dia-a-dia, pelo menos até que você consiga consultar o seu médico.

CHÁS	USOS
Espinheira-santa	Coadjuvante no tratamento da gastrite e das úlceras gástricas.
Camomila e malva	Ambos são antiinflamatórios e analgésicos. Indicados em casos de dores de estômago ou intestino. Aplicar em forma de compressa, vapor ou bochechos nas inflamações dos olhos, da boca, dos ouvidos e em casos de sinusite.
Carqueja	É digestivo, hepatoprotetor, desinfetante, ativador da circulação. Usar o chá contra má digestão e empachamento; útil para lavagens intestinais e vaginais e em banhos de feridas e frieiras.
Cavalinha e tanchagem	Desinfetantes das vias geniturinárias. Tomar o chá, usar em banhos, em lavagens vaginais ou em gargarejos, conforme a região afetada.
Erva-doce ou funcho	Tomar 3 xícaras ao dia, em caso de gases no aparelho digestivo.
Alecrim	É fortalecedor e calmante do coração. Útil no combate às gripes e resfriados, quando tomado logo aos primeiros sintomas.
Brotos e folhas de goiabeira	Usado com bons resultados no combate de diarréias.
Hortelã, poejo e menta	Restauradores do sistema nervoso. São antidepressivos naturais. O seu suco é vermífugo. São também expectorantes (tomar com mel, em caso de tosse).
Melissa, capim cidreira, flores de maracujá e lúpulo	Chás calmantes, sendo o lúpulo o mais forte deles, muito eficaz em casos de insônia. Beber 3 xícaras durante o dia, em caso de tensão, ou beber 2 xícaras de chá de lúpulo à noite, contra a insônia.

Tenha em seu lar um bom livro sobre plantas medicinais para conhecer melhor os remédios naturais da horta e do campo.

CONCLUSÃO

Você pode ter saúde, acredite!

Você me acompanhou até aqui, leitor amigo, até este último capítulo, e isto me gratifica muito! Porque só pode haver duas espécies de motivação para ler até o fim um livro que lhe diz constantemente que você deve mudar seus hábitos de vida: talvez você tenha perseverado na leitura movido por um interesse excepcional pelos princípios da Naturopatia. É provável que esteja fazendo planos para praticá-los em sua vida ou até tentando convencer seus amigos sobre o que leu. Parabéns! Pode ser também que esteja buscando a solução para algum problema de saúde que o incomoda há muito tempo e com o qual não se conforma. Parabéns por isto também! Que sua perseverante atenção às minhas orientações possa contribuir para que você reconquiste sua saúde plena!

Se você me perguntar como eu sei que possivelmente você sofre de um problema de saúde crônico, respondo-lhe que infelizmente – com raríssimas exceções – somente os doentes crônicos são os que buscam auxílio na Naturopatia.

É que, no início, a doença parece fácil de resolver, e o doente, portanto, não se propõe a rever seus hábitos de vida ou a aprender terapias que até então desconhecia. Mas quando os remédios deixam de fazer efeito e o mal-estar aumenta gradativamente, alguns, justamente os "inteligentes e corajosos", como diz o Dr. Bircher Benner, se arriscam a fazer uma experiência com a alternativa natural.

Por isso é comum sermos procurados por pessoas que nos dizem: "Doutor, será que ainda existe solução para o meu caso? Já passei por nove cirurgias, trinta remédios, hipnose e até curandeiros, para ver se eu me curo..." E nossa resposta, baseada em inúmeras experiências anteriores, é sempre esta: "Não desanime! Perder a esperança é a pior coisa que lhe pode acontecer. Deixe a Naturopatia dar um impulso em seu organismo, e vamos ver como ele reage! Você nasceu com saúde e foi programado para continuar saudável!"

Para incentivá-lo, gostaria de fazer agora alguns relatos de experiências, listando desde casos simples até casos nos quais parecia não haver esperança alguma. Ao constatar que todos tiveram final feliz, você certamente se sentirá motivado a adotar a Naturopatia.

OSTEOMIELITE: Um rapaz de 26 anos, que um ano atrás havia sofrido um acidente de moto do qual resultou uma fratura exposta do cotovelo, veio procurar nossa clínica. Com a fratura já consolidada, restou-lhe um ferimento aberto no braço, que não cicatrizava. Seu médico havia diagnosticado uma osteomielite e ele estava utilizando antibióticos fortes, sem resultado. A ferida era extremamente dolorosa e apresentava muita secreção purulenta. Como faltavam apenas dois meses para o seu casamento, não havia condições de ficar internado na clínica. O rapaz recebeu nossa orientação sobre uma dieta saudável e a aplicação diária de cataplasmas de argila medicinal no local do ferimento. Após alguns dias, encontrou, no cataplasma recém-tirado, um pequeno fragmento de osso junto com grande quantidade de pus. A argila medicinal fez seu corpo eliminar o que estava causando a infecção! Uma semana depois, a ferida estava cicatrizada e ele pôde casar-se na data prevista.

OTITE MÉDIA (INFECÇÃO DO OUVIDO): Uma menina de 13 anos sofria terrivelmente com uma infecção do ouvido desde os três anos. Por mais que a tratassem, nada resolvia. A infecção era tão grave que o pus escorria de ambos os ouvidos, dia e noite. Nossa orientação foi a de fazer uma dieta de alimentos crus por alguns dias e de comparecer à seção de hidroterapia da clínica três vezes ao dia, para aplicação do jato de vapor de camomila e do suco de cebola morno no ouvido. Ela seguiu toda a orientação e, após três dias de tratamento, a secreção purulenta e as dores pararam completamente! Todos ficaram surpresos com um efeito tão rápido num caso tão grave.

SINUSITE CRÔNICA: Outro caso quase inacreditável é o de uma senhora de meia-idade que sofria de sinusite havia muitos anos. Procurou-nos para receber uma orientação, pois se recusava a fazer a cirurgia. Recomendamos-lhe a vaporização com camomila, que lhe aliviaria a dor. Após um mês de tratamento, ela relatou que após algumas poucas vaporizações a dor havia desaparecido e nunca mais voltou a atormentá-la. Considerava-se curada, pois mesmo pressionando fortemente os pontos da face, antes doloridos, não sentia dor alguma.

DIARRÉIA CRÔNICA: O presidente de uma grande empresa multinacional estava sofrendo de diarréia havia cinco meses e estava debilitado de tal maneira que não conseguia mais assumir suas funções. Internou-se em nossa clínica e recebeu uma monodieta de maçã ralada por cinco dias, no fim dos quais a diarréia parou, sem a necessidade de ingestão de qualquer tipo de remédio. Permaneceu conosco por três semanas, para desintoxicar-se e recuperar suas energias, e voltou ao seu cargo com muito mais disposição do que tivera antes da moléstia. O segredo desta monodieta é que ela alimenta o doente enquanto subtrai das bactérias causadoras da diarréia a proteína sem a qual elas não conseguem sobreviver.

DISTROFIA MUSCULAR PROGRESSIVA: A mãe de um rapaz de 17 anos nos ligou do Canadá, perguntando sobre a possibilidade de tratarmos a doença do filho. Havia quatro anos que ele estava perdendo a força muscular e nenhum centro médico do Canadá ou dos Estados Unidos lhe dava esperança de cura. Caminhava com muita dificuldade, jogando as pernas para a frente, sustentado pela força dos músculos lombares, que ainda se mantinham relativamente fortes. O rapaz estava macérrimo, seu rosto e costas estavam cobertos de espinhas – devido à intoxicação crônica. No início não foi fácil convencer esse adolescente, revoltado com as decepções sofridas nos últimos quatro anos, a colaborar com o tratamento. Mas assim que começou a sentir mais força nos braços e a caminhar com mais facilidade, decidiu fazer sua parte. Conseguiu ficar na dieta de sucos por quarenta dias, fator que determinou o "ponto de retorno" do seu organismo. Permaneceu no tratamento por três meses, engordou vários quilos, ficou livre das espinhas, subia escadas com facilidade e recuperou inteiramente a saúde, a ponto de poder jogar basquete.

DEPRESSÃO E NEURASTENIA: Um empresário de 43 anos, em depressão profunda havia nove meses, perdera 30kg, e estava bastante desnutrido porque sentia repulsa total pela comida. Chorava freqüentemente, cambaleava de fraqueza e não conseguia dormir, apesar de tomar quatro calmantes por dia. Assim chegou à nossa clínica: desanimado, calado, fumando quarenta cigarros por dia, para tentar controlar a ansiedade. Nos dois primeiros dias, tentamos persuadi-lo a alimentar-se, mas, quando ele conseguia comer alguma coisa, vomitava. No terceiro dia, foi orientado a fazer um dia de dieta líquida e a tentar deixar os medicamentos de lado. Sentiu-se bem e, à noite, conseguiu dormir por quatro horas seguidas. No dia seguinte, sentiu fome e começou a alimentar-se bem. Passou a dormir a noite inteira, a participar das caminhadas, dos tratamentos e das reuniões sociais. Depois de apenas nove dias, estava equilibrado, feliz e apto a reassumir suas responsabilidades profissionais. Foi gratificante ouvir seu testemunho à equipe do Retiro no dia de sua despedida: "Vocês me devolveram o prazer de comer e dormir. Não preciso mais de remédios, larguei o cigarro e agora sinto que a vida é maravilhosa! Vocês me devolveram a vida! Graças a Deus e muito obrigado a vocês!"

HEPATITE CRÔNICA: Um executivo vindo do Norte do Brasil chegou à clínica em estado lamentável. A hepatite estava minando suas forças já havia um ano, a ponto de deixá-lo impossibilitado de administrar sua empresa, que, por falta de sua direção, estava entrando em sérias dificuldades. O paciente estava muito magro, não tinha o mínimo apetite, encontrava-se fraco e desencorajado, e sentia um mal-estar constante no fígado. O teor de sua bilirrubina no sangue estava quase quatro vezes mais alto do que o valor normal, o que produzia uma coloração amarelo-esverdeada na pele e nos olhos. Além dos tratamentos gerais de desintoxicação orgânica, nosso cliente recebeu aplicações de seis horas de duração na ducha contínua (ver capítulo A prática da hidroterapia), e uma dieta terapêutica. Em poucos dias a bilirrubina se normalizou, o apetite voltou e o seu peso começou a subir. Foi uma alegria vê-lo cheio de energia e de novos planos para o futuro! Até hoje ele goza de uma saúde admirável, voltou a administrar a sua empresa e tornou-se prefeito de sua cidade por duas vezes.

INSUFICIÊNCIA CARDÍACA CRÔNICA: Uma dona de casa de 33 anos, mãe de seis filhos. Vinha sofrendo há três anos de uma insuficiência cardíaca muito grave, que lhe causava violentos ataques de tosse, a ponto de fazê-la vomitar e, por vezes, até mesmo desmaiar. Estava muito anêmica e sentia-se completamente debilitada; as crises de tosse e de falta de ar não a deixavam conciliar o sono e a impediam de caminhar mais do que alguns poucos passos. Resolveu, então, confiar na Naturopatia, e, após um tratamento de três semanas, sua falta de ar e a tosse haviam desaparecido. Ela conseguia dormir e se alimentar bem e dava várias voltas na pista de cooper, sem ficar com falta de ar. Soubemos que atualmente está cuidando normalmente da educação de seus filhos e de seus afazeres domésticos.

LEUCEMIA AGUDA: Por causa de sua grave doença, uma jovem de 21 anos precisava submeter-se a sessões de quimioterapia três vezes por semana. Seu médico lhe havia dito que isto era necessário, pois sem este tratamento poderia morrer dentro de poucos dias. Nos casos de leucemia aguda, os leucócitos aumentam com enorme velocidade em detrimento das hemácias, que são fundamentais para o transporte de oxigênio para as células. Ela nos procurou para receber "algum remédio natural para ficar mais forte". Quase não parava em pé; usava um lenço na cabeça, para esconder sua calva, pois a quimioterapia lhe havia feito o cabelo cair. A cor do rosto, inclusive dos lábios, era cinzenta; e o cateter que haviam instalado em seu pescoço, para aplicação da quimioterapia, lhe causava freqüentes infecções, obrigando-a a ingerir antibióticos constantemente. Nós lhe recomendamos que se internasse imediatamente na clínica, e iniciamos o tratamento natural, enquanto ela continuava se submetendo às sessões de quimioterapia, três vezes por semana. Em pouco tempo os médicos do Hospital do Câncer notaram uma melhora em seus exames e lhe permitiram estabelecer um espaço maior entre as sessões. A seguir lhe pediram que só retornasse após duas semanas. Depois marcaram sua consulta para dali a um mês; finalmente, retiraram-lhe o cateter e lhe pediram que retornasse somente para controle após seis meses, porque não viam mais necessidade da quimioterapia! Após três meses de tratamento com a Naturopatia, ela teve alta de nossa clínica, em bom estado geral e com os exames de sangue praticamente normais.

ABSCESSO MALIGNO E PARALISIA: Uma jovem de 20 anos veio do Nordeste em busca de cura para um abscesso maligno na mama. Ela não conseguia aceitar a cirurgia e o tumor estava em estágio bem adiantado. Além disso, era paraplégica. Não andava havia dez anos e as pernas eram finas, frias, azuladas e completamente insensíveis. Na época, 18 médicos a examinaram, mas o diagnóstico não dava margem a nenhuma esperança de recuperar os movimentos: havia ocorrido uma lesão dos nervos durante a anestesia raquidiana, quando ela passou por uma cirurgia de bexiga aos dez anos. Em vista deste relatório, deixamos de lado suas pernas e concentramos o tratamento no abscesso. Nestes casos, sempre que o estado geral de saúde do paciente o permita, recomendamos seis semanas de jejum terapêutico. Eu disse que nós resolvemos deixar de lado as pernas da paciente, mas seu sistema nervoso não se esqueceu delas. Após trinta dias de jejum, a paciente chamou-me com urgência e, ao me ver, gaguejou: "Não sei o que está acontecendo, mas parece que senti o roçar do cobertor em minhas pernas!" Nosso médico a examinou imediatamente e constatou a volta dos seus reflexos e de uma pequena sensibilidade nas pernas paralíticas. É claro que, desde aquele momento, utilizamos todos os meios naturais ao nosso alcance para estimular a recuperação dos nervos lesados: fisioterapia, massagens, urticações, cataplasmas de argila, hidroterapia... Após três meses de tratamento, nossa jovem paciente saiu da clínica andando, apenas com a ajuda de um andador. Ainda apresentava alguma dificuldade, mas foi melhorando gradativamente e mandando-nos seus relatórios, até que, após um ano e meio, conseguia caminhar, como se nunca tivesse ficado numa cadeira de rodas. Também o tumor havia desaparecido por completo. Com a saúde restabelecida, ela voltou a estudar, casou-se e teve dois filhos, que amamentou normalmente em ambas as mamas.

ICTIOSE, A "DOENÇA DO PEIXE": Um menino de 9 anos, que sofria de ictiose desde os primeiros meses de vida, foi trazido ao Retiro pela mãe. Seu estado era deplorável: macérrimo, sem cabelos, sobrancelhas ou cílios, tinha o corpo todo, inclusive a cabeça e o rosto, coberto de escamas grossas e duras, marrom-claras, que lhe provocavam um prurido insuportável, dia e noite. Sua mãe precisava segurar suas mãos para que ele não se coçasse, pois cada escama arrancada produzia um forte sangramento. E logo depois, no lugar da ferida, crescia uma nova escama. Nas plantas dos pés havia uma camada tão grossa de calosidade em forma de escamas que ele mal conseguia caminhar de tanta dor. E, pior ainda, as escamas haviam se alastrado também, em uma fina camada, sobre as córneas, tornando-o praticamente cego. Devido à cegueira e à discriminação dos colegas, ele já não freqüentava a escola havia dois anos. Ansioso pela cura, ele enfrentou corajosamente uma dieta terapêutica de sucos de frutas e verduras por duas semanas e seguiu todos os tratamentos que lhe foram prescritos. No fim da primeira semana já enxergava o suficiente para poder se locomover sozinho. Após 21 dias, sua pele já estava quase limpa, restando apenas algumas "ilhas" de escamas sobre os braços e as pernas; caminhava normalmente, e os cabelos, sobrancelhas e cílios estavam recomeçando a crescer.

CISTICERCOSE: Um representante comercial de 52 anos fora aposentado por invalidez, há dois anos, porque ficara cego e mentalmente incapaz devido à formação de três cistos de tênia de porco no cérebro. Não havia possibilidade de removê-los cirurgicamente. Foi aplicado o tratamento convencional para matar os cistos com um medicamento tóxico, que os deixa calcificados e evita que cresçam. Mas, não podendo ser removidos, continuaram a exercer a mesma pressão no cérebro. O tratamento no Retiro durou 23 dias, e a melhora foi gradativa e constante. A visão foi voltando aos poucos, assim como o raciocínio e a independência pessoal, à medida que o organismo, durante o processo de desintoxicação, reabsorvia os cistos calcificados. Na visita seguinte ao neurologista, verificou-se com espanto, pela radiografia (repetida três vezes), o desaparecimento total dos cisticercos! Seis semanas depois, ele voltava a exercer a sua profissão, dirigindo a sua caminhonete pelas rodovias de São Paulo e Minas Gerais.

ESCLEROSE MÚLTIPLA: Uma linda jovem de 26 anos, residente nos Estados Unidos, sofria de esclerose múltipla, moléstia crônica que vai destruindo as fibras nervosas e, com isto, reduzindo gradativamente os movimentos. A moça estava no início da doença, mas já não dominava os dedos das mãos, a ponto de depender de ajuda para se vestir e para as demais tarefas do dia-a-dia. Após uma estada de 21 dias no Retiro, recuperou parcialmente os movimentos. Dois meses depois, mandou-nos um recado, dizendo que seguia rigorosamente nossas orientações e que não apenas se vestia sozinha como voltara a tocar órgão na igreja! Embora nem todos os casos de esclerose múltipla tenham sido tão bem resolvidos, é importante fazer uma tentativa com a Naturopatia. Sempre haverá melhora, que será tanto maior quanto mais cedo se iniciar o tratamento.

PSORÍASE: Fomos procurados por um jovem coberto da cabeça aos pés por eczemas secos e escamativos. Quando fazia a barba, o rosto ficava vermelho-escuro, praticamente em carne viva. Ao caminhar, as escamas se desprendiam pelo atrito das calças, e ele deixava atrás de si um rastro de pele seca. Sabendo disto, escondia-se, tímido e depressivo, de todos os outros hóspedes da clínica. Seu tratamento durou vários meses mas, no fim, sua pele ficou limpa e macia como a de um adolescente. Feliz com este resultado, pediu-nos um emprego, e chegou a trabalhar por dois anos em uma de nossas clínicas. Parece milagroso e inexplicável, mas não é. O fato é que a psoríase é o resultado de uma eliminação, pela pele, das matérias tóxicas acumuladas no corpo durante anos. Quando elas são expulsas completamente, pelo tratamento de desintoxicação orgânica, não há mais o que eliminar, e a pele volta então à normalidade.

BRONQUITE ASMÁTICA: A asma é uma doença crônica de difícil tratamento por ter causas não só alérgicas mas, muitas vezes, também psíquicas. Uma senhora de meia-idade nos procurou porque sofria de asma havia dez anos. Foi admitida em "estado de mal asmático" (crises contínuas), apesar de estar usando altas doses de medicamentos por via inalatória e endovenosa diariamente. Sofria de insônia, depressão e havia emagrecido muito. No entanto, após uma semana de tratamento na clínica, já não necessitava mais de medicamento algum, porque as crises haviam cessado. A paciente permaneceu no Retiro por quatro semanas. Quando teve alta, já havia engordado 5kg, dormia a noite toda, praticava a respiração profunda e sentia-se muito bem. Este resultado rápido na eliminação das crises se deve, em parte, à aplicação da massagem de zonas reflexas, que nós sempre aplicamos nos casos de bronquite asmática.

HIPERTENSÃO ARTERIAL GRAVE: Além de estar com a pressão arterial muito alta (210 x 110mm) ao chegar ao Retiro, um senhor de 70 anos sofria também de insuficiência cardíaca crônica, sentindo cansaço ao mínimo esforço. Estava tomando todos os medicamentos que lhe foram prescritos, mas eles não conseguiam mais baixar a pressão. Após um tratamento de dez dias, sua pressão arterial havia baixado para 150 x 90mm, sem tomar qualquer medicamento. Havia perdido 4,5kg do seu excesso de peso e apresentava excelente disposição física e mental.

OBSTIPAÇÃO INTESTINAL CRÔNICA: Uma senhora de 55 anos sofria de obstipação (intestino preso) havia trinta anos. Seu intestino só funcionava quando ela recorria a laxantes fortíssimos, os quais, mesmo assim, já não estavam quase surtindo mais efeito. Seu ventre era globoso, vivia cheio de gases, e ela reclamava de um mal-estar generalizado, em virtude do empachamento contínuo. Após vinte dias de tratamento no Retiro, teve sua primeira evacuação intestinal espontânea. Ficou tão entusiasmada que saiu correndo pelos corredores do Retiro, contando a todos o que havia acontecido. Desde então a sua função intestinal normalizou-se completamente.

MIOMA UTERINO: Uma senhora de 40 anos, portadora de um mioma uterino intramural grande, só pôde permanecer na clínica por cinco dias, por ter três filhas pequenas para cuidar. Nestes dias de tratamento, fez a dieta de sucos. Demos-lhe a orientação de seguir em casa, pelo tempo que conseguisse, uma dieta totalmente crudívora, a qual ela seguiu fielmente por seis meses. Apesar de cozinhar para a família toda, ela mesma só ingeria alimentos crus. Depois ela nos disse que já estava tão acostumada à dieta que nem sentia mais vontade de comer qualquer tipo de alimento cozido. Uma ultra-sonografia confirmou que o mioma havia desaparecido por completo.

CISTITE CRÔNICA: Depois de se submeter a uma cirurgia de próstata, um senhor de 60 anos contraiu uma infecção urinária que o martirizou por um ano e meio, deixando-o fraco, inapetente e intoxicado pelos antibióticos que lhe eram receitados constantemente. O número de leucócitos na urina considerado normal é de até 10 mil leucócitos por mililitro de urina. Os exames deste senhor chegaram a mostrar 1.270 mil leucócitos! Sua urina era quase que puro pus... O principal tratamento que ele seguiu em nossa clínica foi a "dieta do balanço". Após três semanas, seus exames de urina mostravam 5 mil leucócitos por mililitro, e isto sem tomar uma gota de remédio!

COLITE: O caso que relato a seguir é o de um paciente que sofria de doença de Crohn, um tipo especialmente grave de colite. Este paciente, de 40 anos, era incapaz de assimilar qualquer tipo de alimento, inclusive líquido, pelo estado de grave ulceração em que se encontrava todo o seu intestino. Ele gemia de dor constantemente, e quando tomava um copo de suco mordia o travesseiro para não gritar. Estava completamente desnutrido, macérrimo, com uma cor acinzentada, e seus exames de sangue acusavam grave anemia. Ele não pôde ficar conosco por mais de dez dias, por motivos particulares. Quando partiu, estava quase tão fraco quanto na chegada; apenas o tom de sua pele havia melhorado um pouco. Parecia ser um caso perdido, porque é impossível conseguir a solução de uma doença tão grave com um tratamento de apenas dez dias. Mas, como sempre fazemos, lhe explicamos com todos os detalhes a dieta e os tratamentos a serem seguidos em casa. Tempos depois, recebemos a visita de um senhor simpático, corado e musculoso, que dizia ter sido nosso paciente. Chegara do Rio de Janeiro para dar um testemunho em nosso culto na capela e agradecer a Deus pela sua cura. Ninguém conseguiu reconhecê-lo, até que ele nos disse o seu nome. Era o mesmo homem que parecia ter os dias contados, poucos meses antes! Ele havia seguido à risca a dieta recomendada e reconquistou a saúde completa nestes seis meses. Como lembrança, deixou-nos seis fotos, sendo três anteriores ao tratamento e três recentes. Nós as guardamos como troféus da Naturopatia.

OBESIDADE: Uma senhora obesa de meia-idade havia lutado contra a obesidade desde os 13 anos, passando por diversos regimes e tomando todas as fórmulas para emagrecer, nacionais e estrangeiras. Aos 55 anos, pesava 115kg (seu peso ideal seria de, no máximo, 60kg). Estava, como sempre, fazendo regime e tomando fórmulas, mas, apesar disto, engordando 1/2kg por semana. Ao ouvir falar da Naturopatia, convenceu-se de que esta finalmente a ajudaria. Veio para a nossa clínica decidida a ficar 21 dias e perder 21kg. Entretanto, durante as três semanas de tratamento perdeu somente 3kg, o que era previsível, uma vez que para desintoxicar-se ela teve de deixar de lado as fórmulas que tomava. Chorou decepcionada, até que o médico lhe explicou que seu metabolismo estava completamente descompensado após tantos anos de fórmulas e regimes diversos. Sua tireóide havia sido artificialmente estimulada durante mais de quarenta anos e agora, sem medicamentos, precisaria de algum tempo para retomar o funcionamento normal. Era isto que havíamos procurado conseguir durante a sua estada na clínica. O médico pediu-lhe que fosse perseverante em seguir as orientações sobre dieta e exercícios que ele estava lhe entregando. Ela compreendeu, confiou e seguiu as instruções. Dois anos mais tarde, retornou à clínica, relatando sua experiência: no primeiro mês, após o retorno ao seu lar, ela conseguiu eliminar 10kg, sem usar medicamentos e sem sentir fome! no segundo mês, perdeu mais 8kg, no terceiro mês 4kg, e desde então, "sem muito fanatismo na dieta", continuou perdendo entre 1 e 2kg por mês. Agora pesava 70kg e viera para eliminar os 10kg que ainda a separavam de seu peso ideal. Ficou três semanas na clínica e alcançou seu objetivo.

Se você se identificou com algum destes casos e sua esperança renasceu, agora é sua vez de pôr mãos à obra!

Tudo vai lhe custar esforço, vai requerer mudanças em seu estilo de vida, vai exigir dedicação ao tratamento, luta, perseverança e paciência. A Naturopatia não é algo que se possa usar rapidamente para driblar a dor e voltar aos hábitos anteriores. Ela exige mais do doente do que tomar alguns comprimidos.

Buscar seus benefícios significa comprometimento com os seus princípios e o retorno às suas leis, escritas em cada célula de seu corpo. Mas o investimento lhe parecerá ter sido pequeno quando você tiver alcançado sua meta, a conquista da saúde positiva e vibrante de um ser humano em toda sua força e criatividade.

Você pode ter saúde. Acredite!!!

OBRAS NATURISTAS PARA CONSULTA ADICIONAL

- **A cura da mente através da terapia nutricional**
  Pat Lazarus – Editora Campus – Rio de Janeiro – RJ
- **A cura e a saúde pelos alimentos**
  Ernest Schneider – Casa Publicadora Brasileira – Tatuí – SP
- **A energia da dieta dos sucos**
  Pamela Serure – Editora Campus – Rio de Janeiro – RJ
- **A saúde através do naturismo**
  Antonio Thomé – Edições Vida Plena – Itaquaquecetuba – SP
- **A saúde brota da natureza**
  Jaime Bruning – Editora Educa – São Paulo – SP
- **Alimentação ideal para uma saúde perfeita**
  Andrew Weil – Editora Rocco – Rio de Janeiro – RJ
- **170 receitas para recuperação da saúde**
  Catharina Walzberg – Associação Retiro – Jarinu – SP
- **Delícias da cozinha natural, volumes I e II**
  Eliza Biazzi – Casa Publicadora Brasileira – Tatuí – SP
- **Delícias naturais para o bebê**
  Elisa Biazzi – Casa Publicadora Brasileira – Tatuí – SP
- **Destrua sua depressão antes que ela destrua você**
  Auster Duarte – EDIFURB – Blumenau – SC
- **Pare de envelhecer agora**
  Jean Carper – Editora Campus – Rio de Janeiro – RJ
- **Plantas que curam**
  Sylvio Panizza – Editora Ibrasa – São Paulo – SP
- **Qualidade de vida com saúde total**
  Augusto Fajardo – Sociedade Brasileira de Nutrição e Qualidade de Vida – Rio de Janeiro – RJ

- **Roger conseguiu curar-se da AIDS**
Bob Owen – Edições Paulinas – São Paulo – SP

- **Saúde pelas plantas**
Eliza Biazzi – Casa Publicadora Brasileira – Tatuí – SP

- **Sete dias para começar a viver**
Elias Oliveira Lima – Casa Publicadora Brasileira – Tatuí – SP

- **Sucos para a vida – o poder terapêutico das frutas e hortaliças**
Cherie Calbom e Maureen Keane – Editora Ática – São Paulo – SP

- **Você pode ter saúde!**
Série de vídeos e CDs com palestras de Catharina Walzberg – Asociação Retiro de Recuperação da Saúde – Jarinu – SP

- **Jornal Vida Integral** – São Paulo – SP (e nas bancas)

- **Revista Vida e Saúde** – Casa Publicadora Brasileira – Tatuí – SP (e nas bancas)

SAÚDE DIA-A-DIA

DEEPAK CHOPRA

TORNE-SE MAIS JOVEM, VIVA POR MAIS TEMPO
CORPO SEM IDADE, MENTE SEM FRONTEIRAS

BIBLIOTECA DA SAÚDE PERFEITA:
• DIGESTÃO PERFEITA • ENERGIA ILIMITADA • DOMINANDO O VÍCIO
• SONO TRANQÜILO • PESO PERFEITO

BILL MOYERS

A CURA E A MENTE

ANDREW WEIL

CURA ESPONTÂNEA
SAÚDE IDEAL EM 8 SEMANAS
ALIMENTAÇÃO IDEAL PARA UMA SAÚDE PERFEITA

BRIGITTE MÜLLER & HORST H. GÜNTHER

REIKI

CATHARINA WALZBERG

VOCÊ PODE TER SAÚDE. BASTA QUERER

JAIRO MANCILHA & LUIZ ALBERTO PY

O CAMINHO DA LONGEVIDADE

JOÃO CURVO

A ARTE DE SE CUIDAR
A DIETA DO YIN E DO YANG PARA GORDOS, MAGROS E INSTÁVEIS

JOÃO CURVO & WALTER TUCHE

AS CINCO ESTAÇÕES DO CORPO

LEÃO ZAGURY & TÂNIA ZAGURY

DIABETES SEM MEDO

SHERWIN B. NULAND

A SABEDORIA DO CORPO

Este livro foi impresso na Editora JPA Ltda.,
Av. Brasil, 10.600 – Rio de Janeiro – RJ,
para a Editora Rocco Ltda.